幼儿教师的教育智慧

胡华 · 编著

复旦大学出版社

胡 华

在实践中，我对"教师是一个什么样的人"的要求是非常高的。我认为，一旦选择了幼儿教师这个职业，就得让心灵走向真善美的境界。这样，我们才能用世间的美好去影响儿童。明确了这一认识之后，我们才能对"什么是教育？""教育要培养什么样的人？"等问题进行自我叩问。在实践中，正是这些思考让教育者具有了某种脱胎换骨的潜质。

"关系是教育的本质"。对于"教育关系"的构建而言，需要有一个人率先做出改变，真正拿出改变的姿态来，我希望自己是那个人。如同我们倡导教师要倾听儿童一样，在管理中，我时刻提醒自己要倾听教师的声音。

郭 佳

我是郭佳老师，也是爱花、爱孩子们的佳佳老师。2004年2月，我来到了花草园。和孩子们生活的每一天，都能感到生活如花般绚烂！一间教室不只是物理意义上的空间，更是心理意义上的空间；一束鲜花不只是用来装扮生活，更是一种教育资源。教育孩子也可以如对待这束花一般，用心欣赏、用心浇灌、用心热爱。

李 文

我是李文老师，2007年加入了花草园的大家庭。和孩子们一起生活，我获得了一个重要的认识：尊重儿童，是要用耐心给他们的成长一些时间。哪怕是孩子做得不够好，也不能让他们难堪，以免伤害他们幼小的心灵。我们要在精神世界里崇拜孩子，在生活世界里关爱孩子。我喜欢用文字记录孩子们的成长瞬间，这些瞬间也成了我不断成长的见证。

王彩霞

我是王彩霞老师，从2006年1月来到花草园至今，已经有18年了。在这里工作，我能够感觉到"缓慢"的力量，正是这种"缓慢"让我生出了"智慧"。用"智慧"把日常生活过成诗，活出一种美好而自在的感觉，这不仅是态度，更是一种能力。

张 蕾

我是张蕾老师，2006年4月来到花草园。在花草园，我理解了什么是"真正的教育"，放下预设和精心的设计，不去追求那些华丽的、外在的目标，用心感受孩子们生活的当下，不用期待结果，只需静待花开……

田 巍

我是田巍老师，2004年12月，我成了花草园的一员，这里的每个人都变成了我的亲人，我们也成了彼此的依靠。这里不仅是我工作、生活的地方，也是生命修行的道场。在这里，我成了一名"长期主义者"，我会经常审视自己的起心动念，关注内心的平静与中正，努力保持着"有觉知"的生活态度。

李美杰

我是李美杰老师,2016年5月来到花草园工作。工作中,总是能遇到很多的问题和困难,但孩子们总能给我"不一样"的答案。我喜欢跟随孩子们的脚步,去寻找、发现、创造生活中的一切美好!

罗希悦

我是罗希悦老师,2013年2月,我成了花草园的一分子。在这里,跟随孩子们一起生活,我看到了生活的意义,我们一起关注生活的当下,再一起投入热烈的、富有创造性的生活之中。我也在成为"更好的自己"的路上,一路前行。

甄 珍

我是甄珍老师,2010年3月我来到了花草园。在这里,我越来越能真实地表达自己,喜欢静静聆听内心的语言。我发现,当我有勇气不断地回看时,也为自己带来了很多的成长与改变。

王钰诗

我是王钰诗老师,2013年8月来到花草园。在这里,我越来越清晰地认识到,儿童是我们的导师。在生活的河流里,我们向孩子们学习,保持着心灵上的自由,也保持着对未知的敬畏。我认为,在教育实践中,教师只有与自己生命的河流相互辉映,才能将教育做到根底上去。

唐 彬

我是唐彬老师，2016年2月来到花草园。和儿童一起生活，少不了温润的陪伴、彼此的共情与爱的滋养，还有那些相互的"看见"。当然，由"看"到"见"，既是明心见性的过程，也是教育路上永无止境的追求。

阎玉新

我是阎玉新老师，2016年2月来到花草园。成长路上有着很多未知的挑战，当我把心灵置于当下，向儿童靠近，打开心扉与他们交流时，所有的挑战和问题，都会引发出新的思考，这些思考引导我走向了一条不断成长之路……

郑岚吉

我是郑岚吉老师，2022年大学毕业后我来到了花草园工作。我认为，儿童是天生的游戏家、冒险家。作为新教师的我，要真正理解儿童，就要不断思考自己与儿童的关系。只有与儿童共情，教育才会有温度。和儿童一起生活，我感知到了生命的意义。

李 洋

我是李洋老师，2017年5月，我来到了花草园。在这里，教育可以很简单，带着体验和孩子们一起用心生活，用心过好每一天；教育也可以很复杂，在生活化的课程里，我们创造出了一种诗意、一种"心灵美境"。在我们共同生活的这个"小世界"里，创造无处不在……在我心中，这就是美好的教育。

曹云香

我是曹云香老师，也是孩子们口中的香香老师，2019年2月，我成了花草园人。这里的生活与工作，拓展了我对世界的认识，也丰富了我对儿童和生命的认识。和孩子们生活在一起，我总会被他们身上的天真所感染。不是他们变成了我的样子，而是我变成了他们的样子。

高贵、有趣、接地气的点灯人

——致花草园与所有的幼儿园教师

华东师范大学中国智慧研究院、教育学部　古秀蓉博士

这是一篇迟到了将近一年的序文，因为这本书初产于2022年冬天。作为书序，它本应该在三八妇女节之际送出；或者至少该在暑假前送出；再晚，也应该在教师节之际送出——因为，每一个节点都有太多理由向这一群世界上最可爱的人献礼。但是，因为这本书人人皆景，篇篇动人，我的内心常常泛起数不清的共振涟漪而不能平静，常常眷恋于每一个温馨故事而不忍远去，最后总因为没有找到最满意的可以赞颂和描述这一群人的最适合语词而搁笔。

于是，我等到了花草园对这本书不断修订的六一版、暑假版、教师节的配音版、胡老师的自序版、第一次排版、第二次排版……在这一年飞逝的时光中，我辗转坐落于江浙小城、京城小院、巴蜀古城、意大利瑞吉欧小镇、青藏高原、魔都新港的幼儿园，特别有幸聆听了不同地方的幼儿园老师们的教育生活故事，越发地共情到她们在"少子化"时代的压力和"形式化"繁重工作中的担忧与困惑，以及生活的窘迫。而每每让我泪目的却还是她们在讲幼儿的生活故事时的灿然一笑和爱意欣赏，以及那份对生活的释然和接纳。"先和眼前的孩子们过好现在，不想那么多"的务实态度，的确让人可以在诸多不确定或莫须有的焦虑中暂时安下心来。

本书的配音版传来后，几乎成了我这几个月的睡前安眠之音——因为，这些对话是那么鲜活温暖与勇敢有力，这群离孩子世界最近的人，随时让我落回有儿童所在的新生大地，让我可以想象此刻的花草园以及花草园孩子的现在与未来，去想象中国教育与中国社会可能发展出的一种新文化。

这一天，我正边听阿香和胡华老师对话的配音版，边拾起毛笔涂抹传统国画"寒梅飞雪"，再次体味到"留白"造雪的妙处，突然，我一直在寻找的文眼就"得来全不费工夫"了！那个能传达幼儿教师这个群体形象的关键词，在胡老师和阿香关于一条鱼的生命对话里不是自然而然地吐露出来了吗？我何必要去统计篇幅，寻找共性？何必要去再造语词，生成概括？她们关于职业生命的对话中流露的自然情意和表达智慧早就在那了："没有哪个职业如幼儿教师这个职业高贵、有趣又接地气。"而我需要做的，仅仅是在花草园教师表达出的无数童年"留白"处，不留痕迹地表达自己的确来过，如幼儿一般，来见识过她们的高与贵，来感受过她们的趣与美，来被她们深深扎根于现实生活土壤的地气滋养过。

一、高与贵——幸福生活的创造者

孩子的视界一般是有魔法的，但是，花草园里的老师，却有意淡化天降魔法，而是和孩子们一起用双手创造，呈现看得见的幸福生活过程。当我们看见这样一种教育生活的样态，总不由得感慨："花草园像孩子们的魔法世界一样，怎么变出来的？"

所以，离开魔法的传说，走近这一群和孩子们笑抱在一起的花草园老师，接近的是一颗颗看似普通却又无比高贵的从业者的心。说花草园老师高贵，绝不是指传统等级社会世袭王公贵族的阶级身份高贵，也不是指工业消费社会教育的成本高、价格贵，而是她们在中国当代社会中展现的三种难得的"高与贵"：

其一，生活追求境界高，情意珍贵。

花草园老师和孩子们一起追求他们认为的"按自己节奏呼吸"的生活，做生活的"享用者"。这种生活境界的追求，对每一个身处内卷与求快的中国现代进程中的参与者来说，无疑都是相当高难度却又非常宝贵的，因为：

时代在催促人们"加快步伐出成果"，花草园老师却要理性冷静地做农夫与园丁，翻土浇水，守护生命种子的童年之根；

世界在投喂人工智能强大的逻辑理性并为其狂欢，花草园老师却要悬置抽象的语言世界，满怀爱意地牵着孩子看蜗牛去散步、看天空真实的云彩；

人类用钢筋混凝土的城市高楼切割开天空，同时为自己制造了身体与认知的茧房，花草园老师和家长却总是最先听到孩子们对大人生活的好奇与质疑，常常被孩子们引导着打破茧房、仰望星空。

当"老师"这个称呼仅仅被用在社会教育关系中呼喊时，伴随的行为和情意本身决定了这个称呼是否有高贵的内涵。幼儿对自己喜爱的老师喊出的那声"老师"，不带杂念，满是依恋和期盼；反之，如果在有身体压力和情感漠视的关系中，孩子小声嗫嚅一声"老师"，身体语言却写满了抗拒、畏惧和敷衍。所以，传统的以下敬上有距离感的"高贵"，肯定不是花草园孩子对老师的行为与情意。恰好相反，花草园老师跟孩子就像没有高下之差的生活伙伴。在他们眼里：成为我自己，我们在一起，按自己的节奏呼吸与思考，致力于寻找童年快乐的密码，创造每日每周每月的幸福生活，才是花草园生活最高境界的追求与最珍贵的"师生"情意。本书每一个故事都在传递这种共同信念与情意往来，也正是花草园园长、老师与孩子们用行动对他们心目中的"高与贵"达成的新的共识。

其二，童年联结质量高，经验宝贵。

花草园家长们和长大的孩子回首童年时，都庆幸拥有花草园中高质量的童年。即使孩子逐渐长大，淡忘了事情本身，但花草园童年体验过的关爱、支持、信任、畅快、愉悦、自由，以及生命节奏的自主感和充满创造欢喜的成就感，深深地沉淀进身体记忆和情绪体验中，向内可能储存为童年的潜意识部分，向外可能奠定初步的社会性特征。

在花草园，师幼关系的情感联结异常紧密且多元，老师不仅是孩子走出家庭、踏上社会生活的启蒙者，更是童年生活的陪伴者，是可以说悄悄话的亲密伙伴，也是遇到困难时的大力水手和温暖大白。另外，课程生成性和生活流动的包容性也非常高，花草园老师们认为幼儿是有能力的学习者，从进园前的适应铺垫，到大班的毕业心愿，许多饱满的课程都能自然地生长出来，充实了儿童的幼儿园三年时光，这无疑是宝贵的人生经历。最后，也是最重要的，花草园师生的日常生活与对话充满禅意。在看似空框的生活化课程中，园长与老师，老师与幼儿，在共同生活中一起创造丰满了每一个日子，在对话中交流思想，丝毫没有专家术语、教师语言和儿童话语之间的语言壁垒。这种生活沉淀的智慧思考与生活态度，不仅仅是属于老师的教育智慧，也是属于孩子和家长的生活智慧，为每一个这份生活的参与者的未来打好心智基础。

其三，心性定力要求高，回馈珍贵。

和"老师"不一样，"教师"更像是个社会身份词，高贵与否和社会现实的各种评价标准比如知识学历、经济收入、供需关系、政治参与地位等相关。"幼儿园老师"似乎不像"大学老师"那么令人肃然，在学历要求上似乎也是门槛最低的。因此在以知识输出为主的教师职业链条中，常常被看作最开端的教育工作者，甚至被称作"高级保姆"。到现在，中国幼师的职称晋升都还是按照小学教师的档次名目来评定。而管理或指导幼儿教育的，经常是离幼儿生活最远的中小学背景的教管人员或大学老师。

但是在生活越来越数字化的智能时代，因为和幼儿一起生活的关系，幼儿教师的工作样态在社会职业中却逐渐成为一道独特的风景：尊重生命生长的自然根基与成长节奏，坚持与儿童身体共场、呼吸交互的人际互动，并伴随智能工具的发展对外讲述幼儿教育生活的现场故事。

所以，在现代工业与智能时代，幼儿教师是一种对心性定力、身体活力和现代生活应对能力整体性要求很高的职业，同时对长大了的成年人而言，这也可能是拥有最珍贵的智慧回报的工作。

如果说，人类世界的智能时代，孩子离自然的大地生活最近，那么，随时因为幼儿而蹲下的幼儿教师则是成人职业世界里最有可能感受到大地自然呼唤的职业者。

如果说，智能时代的人类和知识精英们创造的人工智能共生共存，容易让人重脑忘身，心空气躁，那么，幼儿教师工作必需的耐心沉气，每日2小时户外时光和陪伴孩子的一日朴素生活，还真的可以收获新时代赋予的身体补益、情绪价值和沉淀出的教育生活智慧。

这本娓娓道来的花草园教师的实践故事与智慧对话，重新诠释了我们这个时代幼儿教师这份职业的"高贵"：生活追求的境界高，童年联结的质量高，心性定力的要求高，因为这"三高"而收获"三贵"——情意珍贵，经验宝贵，回馈珍贵。有这样的三个高与贵，老师和孩子就一起完成了幸福生活的创造过程。

二、趣与美——游戏精神的守护者

在这本书里，14位花草园老师分享她们读理论版的《幼儿教师的教育哲学观》的阅读卡，讲述她们经历的一个个鲜活的教育故事，建立反思性联结，并在和胡华老师的对话中进入了更深更广的教育哲学思考。不论是故事讲述，还是双人对话，这些老师，大都因为孩子的生活故事而唤起了自己的童年记忆，激活了内心沉睡的那个小孩，以此来共情眼前的儿童，从而以当下大人的身份与力量成为眼前儿童游戏精神的坚定守护者。而同时，也让自己展现出人性中幽默与童趣的一面，对自己相关的童年经验进行了新的有力的意义重构，进而让童年经验转化为涵养自己的专业精神资源，从而更开放包容地走近儿童。这是一个非常奇妙而精彩的过程，也是幼儿教师一个个有趣的灵魂舒展开的过程，既是对儿童的支持，更是接纳现在的自己，并勇敢地走近那个童年期完整的自己。巍巍老师、李文老师、唐彬老师、张蕾老师……读她们的故事，我的想象穿越了几十年生命历程，但两端触动到的童心却是相似的。

其实自主选择幼儿教师这个职业的人，内心的那颗童心自然是比其他职业的人要清澈明亮得多，爱孩子也是这个职业最基本的职业情感要求。但是，我们也经常看到，爱出者就一定爱返吗？不一定。你爱孩子，孩子可能并不爱你。社会性的爱是一种情意的沟通和交流，需要语言媒介，需要爱与美的表达语言。马拉古兹说孩子有美丽多变的一百种语言，但我们有些大人却常常只有说话和文字两种语言表达。没有共同语言，是很难长久地爱的。你看不见孩子的一百种生动语言表达的爱，孩子也对你老生常谈的爱感到乏味无趣，自然就一拍两散了。而孩子的爱的表达，大多是在生活安全感基础上，通过环境榜样习得、精彩故事熏陶和自由游戏玩乐生长出来的。所以，要成为一个看得懂孩子的爱的老师，需要具有相当的游戏精神和爱的美感。在看李洋老师和孩子们把"病号饭"变成"爱心饭"的生活游戏时，我再次被触动了。懂得孩子的爱的语言，能够看见儿童幽默的老师一定是一个有趣的人，而不是一个冷漠或说教的人。严厉或许在学业监督和技能练习长久上有用，但严厉背后的那份深沉的爱却是幼儿阶段难以理解的，幼儿阶段的爱还是以身体智力情感的安全感为基础。在满足安全感后，他只对世界上有趣好玩的事情感兴趣。

但是，我们主流文化中"看见儿童"并"支持游戏"的历史并不长，中国很多大人的童年都是在"耳提面命""吃得苦中苦方为人上人"的提前忧虑文化中走出来的，"业精于勤荒于嬉"作为教育文化被泛化扩展到儿童成长的每个阶段与各个方面，所以历史上的懂事儿童大多顶着"早熟"的脸，缺少幽默，难得有趣。得益于脑科学带来的早期学习理论的革命，当然，最得益于国家脱贫解决温饱进入小康的经济发展，以及智能时代大家对抑郁症的担忧，我们开始越来越重视儿童早期的社会–情感学习的积淀，开始重视儿童游戏中的学习价值和精神价值。但是，何谓游戏精神？是不是小时候游戏经验多的大人才能理解孩子的游戏精神？小时候没怎么玩过的大人如何去支持当下孩子的游戏需求？

我敬重的博士生导师王振宇老师曾经对"游戏精神"下过一个描述性定义，他认为游戏精神就是一个人自主创造和愉悦地体验生命的能力、生存的价值与幸福生活的积极精神，在教育中表现为对以游戏本身为目的的认可，对儿童期的尊重和敬畏，认为个体的成熟体现在重新体验儿时游戏的认真态度以及重新审视儿时积累的早期经验。[1]因为和儿童一起生活而重返童年游戏精神的心路探索，在花草园老师的教育故事中多次出现：食物点名、大便自由、撕纸、冻冰花、抓阄、病号饭变爱心饭、放屁本领、打针游戏……这些都是幼儿的生活日常事件，孩子们对生活的游戏性态度唤起了老师的游戏精神，一起创造了一个又一个动人的幸福童年片段，极大地满足了孩子把生活中的每一个日常都要过成游戏的精神需求；而气质和经历那么不同的老师们，也让空框的生活化课程充满了游戏精神。她们悬置自己的教育预设，重构了自己的童年经验，收获了一个趋于完整而崭新的自己。游戏精神，作为人的自主性、适应性、创造性、幽默感和社会化的内在动因，可能真是幼儿园教师与儿童生活经验能产生联结与共情的内源性精神。

共处花草园生活的当下，日子不仅要温饱，还要有趣而美好。如果说，哲学智慧不离真实生活中的真诚与好奇，那么，教师们去亲近和支持幼儿的游戏精神，可能正是唤醒幼儿内在生活智慧的那把钥匙，幼儿展开的才是活泼泼的、灵动的儿童的哲学；教师因为守护孩子的游戏精神而重返童年，与孩子共情，安全地放出那个内心的小孩，联结现在的认知，突破个人气质与童年经验的限度，可能对教育实践中的智慧体悟也更加勇敢与自然，从而开显既接地气，又隽永深广的教师哲学。

花草园这么多老师能从生活化课程实践中发展出个体的教育哲学智慧，胡华老师作为

1　王振宇（2021），《幼儿教育中的游戏精神和课程意识》，参见《从活教育到活游戏》总序第1页，上海交通大学出版社。

园长，给予每一位老师的安全感与自由感功不可没。就像老师们守护儿童的游戏精神，传递给孩子足够的安全感与自由感一样，胡老师在对话中也屡次表达自己是自觉地"保护老师那种天真而质朴的能量"，支持他们"以儿童为师""以自己为方法"，寻找成人和儿童之间那相通的"人心"。心向世界敞开，世界就可以成为儿童成长的游戏场；心向生活敞开，过去与未来就可以在现在的游戏场中被创造出来。

三、接地气——用心生活的点灯人

在我看来，花草园的教育探索是在中国学前界经历向世界各国教育浪潮的开放学习之后，自觉地向上承接了陈鹤琴先生开创的中国现代"活教育"与陶行知的"教育即生活"的生活教育等现代教育的传统，并在反思社会飞速发展的中国教育现代化的挑战时，自觉地在现代教育生活与中国传统哲学智慧之间建立精神性联结，以以教师与幼儿一起合作创造幼儿园生活为核心，发展出极具中国人生活特征的教育话语。

比如，在本书的教师对话中，随处可见老师们对教育生活中"名与实""道与技""身与心""心与神""气与性""群与己""知与慧""日用""留白""烟火""气场""诗意""境界""本心"等的切身思考与对话。这些具有中国精神文化特质的语言在充斥着现代西方教育学词汇的教育研究中早就式微，但又在中国人的日常生活与精神交流中随处可见。语言是存在之家，很长一段时间，中国教育的理论研究者与实践探索者似乎总是隔着一层语言的壁障，从语言上看是生活在两个世界。理论研究者脑子里满是抽象的或舶来的理想词，想要在实践中寻找相应的对照物而不得；一线教师们每日和孩子们生活在一起，用着孩子听得懂的生活语言沟通，却又被批评为理论素养不高。

所以花草园生活化课程发展出来的教育生活语言，扎根于花草园四季流转中儿童身体参与的生活创造与师幼的日常交流，作为思考的工具，经过了鲜活的教育生活洗礼，使中国人的精神性表达的生活词汇在现代教育学中重新出场并焕发出生机，将历史文化、现代日常生活与幼儿园教育生活的内在精神联结成了共同的表达语言，让幼儿与教师的教育生活与日常生活世界的思考相连，真正成就学前教育"一日生活皆教育"的目的，也让园里的生活智慧可以迁移到园外完整的生活世界，并在创造未来的生活世界中不断生长。生活的呈现可以有时空性，但内心对幸福生活的追求与思考却是不分时空的。

花草园人自觉、轻松地鼓励孩子们在生活中觉察"心"与表达"心"，生动的一百种语言联结了真实的童心生活，联结了成人历史的经验，让每一个在场的人都有了共同的精神语言，就像在生活的流变中有了不变的钥匙，成就了所有动人与幸福的沟通。

幼儿教师教育哲学观的探索是在花草园18年越来越扎实与包容的生活化课程中自然而然生长出来的，这是一个极具教育家自觉实验性质的教育场，找到了那把通往当代儿童心灵种子的钥匙，心门相通，气韵流转，就会息息相生。这种始于儿童生命本身又上达哲学精神的生机与智慧的确惠及这个场域里的所有人，让儿童、家长、教师以及听故事的我们，都不忘用心生活。

"人同此心",尤其是在幼教工作中,能俯身与儿童一起"同心",是非常难的,需要极大的慈悲与游戏精神,只有这样,才可能真正地和儿童一起创造出花草园一般趣味盎然的心文化幸福生活。

但是,我们知道,花草园的探索很难,生活化课程生长出来的幸福与智慧大多还只在小小的花草园和幼儿教育界,需要让更多的人看见儿童,看见幼儿教师,看见这份通向幸福"心"生活的新文化,看见这份因为儿童而让成人放下优越感的慈悲关怀,看见因为儿童而唤醒内在童年的游戏精神,也看见我们的确还需要更多的守护力量。

如果说,狩猎和农耕社会重视体力,工业和智能社会重视智力,成人在儿童面前最难放下的是自己的优越感,那么,在未来,科学还没有完全解开的"心"的奥秘,"童心"是否真的会离人类追求的幸福更近一些?花草园"以儿童为师"的生活化课程的教育探索,的确打开了共同生活的"心"门;而花草园老师,也在这一过程中,逐步打开心门,浸润心田,浇灌出自己的教育智慧之花。

感谢花草园,感谢所有的幼儿教师,感谢你们让我们看到儿童的美好,让我们看到生命本就拥有的柔中带刚的力量,以及自然可以绽放的智慧之花。

序

我能做的很有限，

只是站在他们身边，

用一种温暖的视角

呈现幼儿教师生活本身的纷繁复杂性与丰富多样性，

展示出平常人的生命意义，

让"沉默的大多数"的声音被听见。

《幼儿教师的教育哲学观——通向幸福的教育之道》一书出版至今已有两年。没想到，这本稍显晦涩的专业书籍在出版后一年内竟然印刷了四次。读者的反馈与评价也很高。

一位一线教师读完这本书后，和我分享了她的思考与感受：

1. 一本好书，既是行动的工具，也是精神的伊甸园。

2. 教育的过程中，按图索骥不如向内寻找，叩问自己。

3. "一花一世界"，学会观察与欣赏身边每一位教师的长处，博采众长的同时也可以打开思路。

4. 学习、追问与思考可以让自己保持成长的状态。

5. 成为自己，才能在教育中释放属于自己的那道光。

6. 如果你还没有找到属于自己的教育信仰，不要气馁，可能它还在量变的路上。

也有很多园所将这本书列为教师的必读书目。这既令我感动，也让我惶恐。因为这本书当时是按照学术范式写作的，对一线教师来说，读起来并不那么"友好"。但有这么多人喜欢它、阅读它、讨论它，说明在今天，教师们急需找到一条通向幸福的教育之路。于是，我萌生了一个想法，能不能按照幼儿教师的工作场域与实践逻辑，再编写一本对教师来说更接地气、更好读，也更能引发共情的书？

就这样，去年（2022年）冬天，利用长达三个月的停学季，我和教师们展开了一对一的对谈。我们选择了14位教师的45篇教育笔记，和他们一起讨论了一个核心问题：在实践的现场，那些即兴的教育智慧是如何产生的，又是如何通向了个人的教育哲学观？

在和他们交谈的过程中，我选择了不加批判地倾听，在交谈中不断地提出一些新的问题。我们的心理位置是平等的，教师们的状态也是松弛的、自由的。这样，一些模糊的、不甚清晰的东西变得逐渐明朗化与清晰化，教师的个人智慧也渐渐浮现出来。

我和每位教师的对谈都花费了一个小时甚至更长一些的时间。这一倾听、讨论、"打结"的过程持续了几个月。之后，他们将这些对谈过程再整理成文字。我认为，这些文字既是教师对自己教育思考的再思考、对教育反思的再反思的一种还原与记录，也是一场我们共同对美好教育的探寻过程。

现在，《幼儿教师的教育智慧——来自实践现场的倾听与对话》一书即将问世，很想谈谈这本书写作过程中的一些思考。

第一，写作初心。

在学前教育领域，很少有人谈及幼儿教师的教育哲学观。当《幼儿教师的教育哲学观——通向幸福的教育之道》一书出版后，我们也看到了一些坚持，并且给同行带去了鼓舞力量。但这本书结论性和观点性的东西有些多，如果没有一定的理论训练，读者很难领悟到其中的"道"，也容易丧失阅读的勇气。

2020年，我们的微信公众号增加了"教师手记"这个新的板块。这一板块记录的都是当下教师"倾听儿童"之后所书写的教育故事。每次推送后，后台都会收到很多同行的留言。这个板块之所以受喜欢，是因为老师们从这些故事中读出了教育细微之处的美好。幼儿教师的教育智慧是在实践的场域里生长出来的，充满了细节与颗粒感。"教师手记"所选的内容，多是教师在教育现场的一种价值选择和创造。我感觉，这些创造的部分是他们个人引以为傲的，因为他们从中体会到了职业价值感。正是这些价值感的积累成就了他们的专业能力与专业信念。

这本书的写作遵循了一种对话模式。教师们先找到他们在阅读《幼儿教师的教育哲学观——通向幸福的教育之道》一书中最容易引起共鸣的部分，也是最能引发个人思考的文字，然后讲述自己的教育故事。最后，我再和他们进行一次深度对谈。

有一个很有趣的发现，每位教师的"教师手记"前引用的《幼儿教师的教育哲学观——通向幸福的教育之道》一书的内容虽不尽相同，但却涉及了书中几乎所有的章节。这是不是也体现了心灵的一种契合度呢？

第二，幼儿教师教育实践背后隐藏着什么？

无论是哪种教育形态，教师都是最关键的。教师教育实践中最核心的要素是什么？我想，应该是"我是一个什么样的人"这一自我认识。在教育现场，教师在儿童面前呈现的是其全部人格，而不只是所谓的"专业"技能。你是什么样的人，就会有什么样的思想和行动。儿童的能量场是敞开的，能感觉到教师的一颦一笑、一举一动的变化，教师的一个眼神都能对儿童产生影响。

在实践中，我对"教师是一个什么样的人"的要求是非常高的。我认为，一旦选择了幼儿教师这个职业，就得让心灵走向真善美的境界。这样，我们才能用世间的美好去影响儿童。明确了这一认识之后，我们才能对"什么是教育？""教育要培养什么样的人？"等问题进行自我叩问。在实践中，正是这些思考让教育者具有了某种脱胎换骨的潜质。

花草园的教师大多是"长期主义者"。让幸福走进教育过程，是花草园教育的初心。但让幸福走进教育过程的关键并不在于技术，而在于教师人性的回归。在和儿童相处的时候，如果我们能够保持一份审慎、一份庄严，时刻把儿童当作镜鉴来反省自己，就能获得人性的超越。

在对谈中，我听到了很多教师的自我剖析，也看到了他们的调整与改变，之后，他们再度满怀热诚，走向儿童。当然，在这样的能量场进行对谈，对我们彼此而言，都是一次深度疗愈。这一过程究竟给他们带来了什么？在后记中我们分享了他们的感受……

第三，对幼儿教师这一社会角色的重新认识。

幼儿教师的核心素养是什么？我并没有试图回答这一问题。花草园教师身上普遍具备一种"倾听着的教育者"的特质。好的教育的开端并不是"干预"，而是"倾听"。扎根十几年的幼儿园教育实践，让我很相信"倾听"的力量。

当代社会，科技理性快速发展，我们一直倡导"回归"的理念，但是快节奏的工作和生活没办法让父母全身心地陪伴儿童。人类多年沿袭的沟通方式和对话方式在今天反而变成了一种稀缺品。从这个角度来看，幼儿园教师在一定意义上承担着倾听者和沟通者的角色。

从某种程度上说，花草园教师的教育智慧大都来自他们对幼儿教师这一角色的重新定义。我主张，教师要"面向事物本身""悬置成见"，这样，教师才能亲近世界，倾听儿童的声音，倾听世界的声音。

第四，管理者需要构建出一种真实关系。

"关系是教育的本质。"对于"教育关系"的构建而言，需要有一个人率先做出改变，真正拿出改变的姿态来，我希望自己是那个人。如同我们倡导教师要倾听儿童一样，在管理中，我时刻提醒自己要倾听教师的声音。

在这本书里，我描绘了这样一种路径：我来倾听教师，教师去倾听儿童……而倾听者的姿态也是儿童和教师的关系性质变化的关键所在。这本书有一个很独特的地方，每一个故事后，都有我和教师们谈话的音频文件，大家可以扫码倾听这些真实与真诚的声音，从中汲取一些感悟与力量。

完成这本书的过程，也是我再次审视自己管理思想的一个过程。构建一种对话的关系场域，需要一种真正意义上的共同体。幼儿园有些事情做不好，并不是因为大家的无所作为，而是因为管理者太有作为了。管理者是被赋予必要权力和合理责任的人，他的责任是带领大家实现共同体的目标，而不是一种个人目标。

第五，专业成长中的个人品质。

教师专业品质形成中最重要的个人特质是什么？我特别看重"真诚"的力量，"真诚"是优先于知识和技能的。对教师的考量，我也很少评价教师的专业技能，更看重的是教师是否真诚，是否能用自己的真心拥抱儿童。因为人一旦真诚，就会自己找到解决问题的力量。

我们这一次的对谈和以往一样，是非常真诚的。大家可以谈自己的优点，也可以谈自己的缺点，我接纳教师所有的表达。然而，拥有真诚并不是一件容易的事情，这需要一个人心存对教育和儿童的敬畏，以及对自我有限性的认知和接纳。

当我感受到教师的犹豫或者怀疑时，也愿意给他们时间和真心，让他们不断地打开自己。留在这里工作的老师，都是能够真诚面对自己的人。

最后，我想表达一个观点，极致的专业就是诗意。

很多人好奇，花草园教育是如何做到既深刻又有诗意的？当教师将专业做到极致时，他们真诚地走进了儿童的内心，教育自然就有了诗意。儿童本身就是诗意的存在。在这里，我们没有刻意追求诗意，但当教师们能够听到儿童，和儿童一起生活的时候，诗意自然就在其中了。

感谢讲述教育故事的可爱老师们，他们真诚的表达常常让我茅塞顿开，受益匪浅；特别感谢给《幼儿教师的教育哲学观——通向幸福的教育之道》一书作序的古秀蓉博士。这次，我请她继续为本书作序，她欣然应允，她的序为本书增色不少。

感谢我的家人，他们一直鼓励我、支持我。这本书即将完成的时候，90岁高龄的父亲在五月安然离世。父亲是这个世界上最疼爱我的人，也是一个很温柔的人。他这一生，用温柔化解了很多的不安与不顺。我的内心也是温柔的，这一点很像父亲。我和古秀蓉博士交流的时候，她说，"温柔的心的力量是没有男女两性之分的，它极有可能是人类从生物性的体力状态，经过头脑的认知状态之后的一种心力状态"。

我愿一直是一个温柔的人，对世界温柔，对万物温柔……

胡　华

2023年6月23日于家中

目录

第二部分

75

游戏——儿童是有能力的"学习者"

第四部分

家园合作——我们是"同行者"
203

后记 没有他人的看见，我们无法成为自己
231

幼儿教师的教育智慧——来自实践现场的倾听与对话

生活

生 活 —— 我 们 是 生 活 的 "享 用 者"

我们是生活的"享用者"

一束鲜花
拓展了生活空间，
也拓展了教育空间

幼儿教师这个职业需要充沛的感情，这不仅仅是由教育对象的特点所决定的，也因为这个职业教育信念的形成通常和教师个人的情感紧密相连。一位教师曾经这样说："我的工作从来不是我谋生的手段，而是一种喜爱，一种信仰，因为我愿意和孩子一起过上一种创造性的生活。"从我们的研究中也能发现，具有教育哲学观的教师不仅情感丰沛，还具有强烈的个人发展的主动意识和动力。能够抵达远方的，从来不是一个人的能力而是使命感。当教师秉承这样的教育信念：他们不仅为幼儿园工作，也在为自己工作，甚至是为这个伟大的民族工作，他们身上的使命感，会让他们洋溢着蓬勃的创造力和精神力量。

……

从这个意义上说，若想帮助教师形成自己的教育哲学观，就需要让他们对儿童、工作保持充沛的情感，同时在对教育拥有诗意向往的同时，自觉形成教育信念。教师的教育信念本质上是人文精神和教育理想相互融合的产物，最终指向教师的教育哲学观，这是一种朝着真善美的个人心理倾向。

——《幼儿教师的教育哲学观》

（第九章 幼儿教师教育哲学观形成的因素及提升策略，第124—125页）

幼儿教师的教育智慧——来自实践现场的倾听与对话

我每周都会买一束鲜花放在教室里

郭佳 老师

写于2021年11月3日

教育的梦想可以很大，但也可以微小而具体。教育孩子也如同如对待一束花一样，用心欣赏、用心浇灌、用心热爱。

又是一周的开始，楼下的门卫师傅像往常一样打来电话叫我取花，我飞奔下楼，将花束取了回来。

每到周一，我预定的鲜花会准时送到园里，每周给班里买一束鲜花，这件事我已经做了六年了。

每周一束花

鲜花对我来说既是自然中最美的一部分，也是生命的象征，它意味着植物生命的绽放与延续。我们常说"一花一世界"，儿童更像一朵朵的鲜花，等待着我们去呵护。

作为一位在花草园工作十七年的老教师，我是一个非常热爱生活的人。在我的心中，教室就应该像家一样，所以每周我会订一束花。这束花会摆在窗台上，也会摆在办公桌上，装点着孩子们的生活，也装点着我的心境。一周结束后，鲜花枯萎，我会和孩子们一起把鲜花分成一个个小花束，用麻绳捆绑后悬挂风干做成干花。

就这样，我们班成了全园鲜花和干花最多的班级，教室里处处摆放着各种各样的花束，走到任何地方都可以闻到花香。胡老师每次来我们班都感叹道：你们班是全园最美的教室！

就是因为这些鲜花，我和孩子们之间也有了更多的联结，我们都很爱这些鲜花，每天来园的第一件事，就是去看看花开得怎么样。就这样，在我们的注视下，不仅鲜花开得美，我们的教室里也呈现了一份特有的美感。

我选择将对孩子们和对这份职业的热爱用"每周一束花"的方式来表达，这背后，也有着我对教育的独特理解。

每天面对这么多孩子，有时候也会很疲累。但是特别累的时候，一眼望过去，看到那些鲜花，心情一下子就放松了下来。因为这一束束鲜花，让我和孩子们之间有了更多的对话。因为这一束束鲜花，让我对每周的工作充满了向往。我想用照顾鲜花的心情来照顾孩子们。

每周一的收花时间，我都会停下脚步，找一个靠近孩子们的地方，搬来一张桌子，跟他们一起修剪花枝，然后插到不同的花瓶中。我们班里除了鲜花，还有很多形态各异的花瓶。鲜花，花瓶，都成了班级环境中不可缺少的一部分。

开学初的一天，丁丁抱着一束精致的绣球花跑到我面前对我说："佳佳老师，这是我送你的花，它的名字叫绣球。"

我问："为什么要送我花？今天是什么特别的日子吗？"

"不是的不是的，因为我知道你喜欢花，所以就想送你花，因为我觉得这朵花就是你！"丁丁说。

很快我就收到了丁丁爸爸的信息："丁丁回来和我们说，您每周都会在班里放不同的花，他让我们给家里也买花，这样家就会更美、更幸福。"

看来我的做法对孩子们的家庭生活也产生了影响。

平时孩子们特别喜欢围在一起聊天，他们总是聊起教室里的哪个角落是他们最喜欢的。

小依说："我看到我们在中班时挂在窗前的干花，现在移到了图书馆，窗前有很多空着的挂钩，那一定是给新的花留着的位置。"

cici说："我最喜欢教室里每个有花的角落。因为干花都是用我们班的鲜花做的，这样不浪费花，还能把我们的教室变得美美的。"

花花说："教室里的每个角落我都喜欢，因为有花和草，还有佳佳老师在，有她在，我们就会生活得又温暖又幸福。"

我问他们为什么喜欢被花装点过的教室，他们说"有花的教室才是花草园的教室。""我们小朋友都是花花，所以要和花生活在一起。""鲜花和干花都陪伴过我们，它们是能够给我们生活带来美好的……"

一些思考

我喜欢把我们的班级当作"家"一样来布置，大到玩具架、桌椅的摆放，小到一枝花放在哪个花瓶更漂亮，这种生活中的艺术感以及精致感，孩子们也可以拥有。

卖花的店主曾经问过我："你每周都自掏腰包买花，图个啥？"我在挑选花朵的时候从不考虑价格，因为和我们共同创造的美好相比，这些付出是值得的。

这个学期，我们开始学习如何像儿童一样"享用生活"。把喜欢的生活和喜欢的工作结合在一起，就是一种享用！作为教师的我们完全可以按照自己的喜好来创造喜欢的工作环境，这样的真善美生活，孩子一定能够感受得到。

一束花摆在那里，常常提醒着我：教育孩子也可以如对待这束花一般，用心欣赏，用心浇灌，用心热爱。

这背后也传递着一个信念：一位教师是什么样的人，和他一起生活的孩子就能感受到怎样的世界。

就这样，我们和孩子们一起敞开了一间教室，设计了一种情景，感受了一种变化，以及变化中的生动，只有身处这种变化之中的儿童生活，才能呈现出教育最美好的样子。

一束花带给我的思考很多，它为我们提供了诗意生活的一种可能性，也帮助我和孩子们，从感官出发，产生了一种审美性的联结。

与郭佳老师的**对话**

胡华：还记得你第一次给幼儿园买花的时间吗？

郭佳：我记得好像是七年前的11月，孩子们的艺术活动月。当时，我们为了课程的创造，请孩子们从家里带来了许多鲜花，班里顿时充满了花香。孩子们围绕着鲜花，猜着花的名字，闻着花香。看到他们那么喜欢花，我就想：要不要以后每周都给教室里买一束花呢？就是从那一周开始，我决定每周买一束鲜花放在教室里。就这样，我的买花之旅开启了。每当鲜花快要凋谢的时候，我们会一起把它们挂起来制成干花，我们的教室就这样变成了花的海洋。之后，只要有我在的教室，一年四季都会充满花香。

胡华：你为什么特别喜欢鲜花？

郭佳：我是个特别喜欢花的人。我家里养了很多花，它们会在不同节气里交替开放。每到节日或一些特殊的日子，我都会买一些鲜花庆贺。幼儿园是我的第二个"家"，一周有五天的时间我是和孩子们一起度过的，我也想用鲜花把这个家装点得舒服、精致一些。这个行为让我和环境都发生了变化，这让我感觉，自己在做着一件很有意义的事。

胡华：买花这件事，你坚持了这么长时间，背后的动力是什么呢？

郭佳：其实我内心是渴望被肯定的。在花草园，每个老师都有自己的优势，我也希望自己能够找到属于自己的优势。我喜欢艺术，热爱鲜花，为什么不让它成为一种优势呢？用鲜花装点教室，这是我擅长的。其实，最开始买花的时候也没想那么多，把鲜花摆在教室仅仅是为了观赏。慢慢地我发现，孩子们会借助鲜花进行很多的创造，比如他们会在美工区里画鲜花，也会用拼插玩具拼成相机，在鲜花前拍照。女孩子会用掉落的花瓣做香包和花瓣书签……我和孩子们也一起借由鲜花创造了很多美好。因为这束鲜花，我和孩子们之间有了更多的互动。渐渐地，我的心仿佛找到了一个支点，变得踏实起来。我发现，自己可以借助一束鲜花，和孩子们一起过上诗意的生活。就这样，一束鲜花不仅拓展了我们的生活空间，也让教育的空间不断扩大。

胡华：你的故事解释了个人爱好是如何与教育理想融合的。在这一过程中，你有新的认识吗？

郭佳：我爱这份工作，对这份职业也一直有着饱满的情感。对我而言，教育的梦想可以很大，但也可以很微小而具体。和孩子们过美好的日子，一种如鲜花般美好的生活，这个追求是不是很简单又不那么简单呢？

音频 1-1
郭佳老师的教育故事

"感同身受"
让我更理解、接纳孩子

　　教育智慧生成的自由状态也是教师不断追求的一种理想生活方式，教师与儿童之间相互融合，互为主体，教师对幼儿职业有了坚定的信仰，并且具有了一定的使命感。这种自由状态的教育智慧与其说是一种状态，不如说是一种境界。正如多米尼克·贾尼科（Dominique Janicaud）所说，"仔细思考智慧的内涵，就会发现它是一种让人追求而非拥有的东西"。[1]这是一种积极、乐观、向上、创新、幸福、愉悦的生命状态，也是个人追求真善美的至高境界。

——《幼儿教师的教育哲学观》

（第七章　幼儿教师教育哲学观的生成，第107页）

如果孩子在幼儿园里不能实现"大便自由"，
我们的教育能说是成功的吗？

李文 老师

写于2022年3月23日

　　和儿童一起生活，我们能够发现，儿童的精神世界是丰沛的。但在生活上，他们依然是需要我们照顾的孩子。

1　［法］多米尼克·贾尼科.父亲的最后30堂哲学课［M］.张宪润，译.长沙：湖南科学技术出版社，2010：110.

"淘气"的粑粑

我是小二班的李文老师，也是两个孩子的妈妈。阅读月里，爸爸妈妈会一起参与我们的课程，每天午睡的时候，孩子们会听着爸爸妈妈们讲的故事入睡。

上周四的午睡时间，听着故事的扬扬突然起身，去卫生间拉粑粑。两分钟后，我听到扬扬喊："老师! 老师!"我走进卫生间，看见他站在便池边。

我问他："是你拉完了粑粑要擦屁屁吗?"

扬扬有些担心地说："老师，我拉在裤子里了。"

我低下头看了看，内裤上有粑粑。

我一边拿出纸一边笑着说："哇，看来你的粑粑有点淘气呀，都跑到了你的裤子上。"

扬扬一听，噗嗤一下乐了，他对我说："我拉了个淘气的粑粑!"看得出来，他的表情一下子就轻松了起来。

我给他擦完屁股后，去拿了更换的衣服。结果在脱衣服的时候，扬扬发现自己的腿上也有粑粑，就赶紧告诉我说："老师，我腿上也有!"

我拿毛巾又给他做了清理，并对他说："你这次的粑粑实在是太淘气了，跑到了你的腿上，还跑到了你的肚皮上。"就这样，扬扬轻松地换好衣服，躺在床上睡着了。

起床后，孩子们在卫生间看到了扬扬换洗下来的衣服，就问："这是谁的衣服呀?"

正在一旁洗手的扬扬高兴地说："是我，是我，你们知道吗? 我拉了一个淘气的粑粑，把裤子都弄脏了!"此时的扬扬神情轻松，完全没有担心是不是会被小朋友嘲笑。

离园前的圈谈

离园前的圈谈时间，我问孩子们："你们有没有过把粑粑拉到裤子里的经历呀?"大部分小朋友都说有。

我接着问："粑粑拉到裤子里，你有什么感觉?"

楪楪说："感觉脏脏的。"

小碗说："很臭很臭。"

文远说："我想赶紧把裤子脱了。"

平平说："感觉很不舒服。"

小白说："我怕妈妈说我。"

顺顺说："我担心奶奶说我。"

——说："有时候我会担心他们说我，有时候不会。"

汤米说："如果我故意拉在裤子里，就会被妈妈说的。"

我对小朋友们说："每个小朋友都不希望拉到裤子上。但是，你们还很小，会因为一些特殊的情况拉到裤子里，你们不用担心，家里人和老师都会及时帮你们清理干净的。"

"那么，如何才能不把粑粑拉在裤子里呢？"

平平说："有粑粑要赶紧去厕所。"

糖果说："可以请妈妈还有老师帮忙。"

小碗说："想上厕所不能憋着。不然就来不及，就会拉在裤子里。"

平平说："拉臭臭的时候要蹲好，还要拽好自己的衣服。"

小碗说："要保护好肚子，不拉肚子就不会拉到裤子里。"

我对他们说："你们说得太好了！不能为了多玩一会儿就忍着不去，上厕所的时候，要蹲好、拽好衣服。还有，平时要注意卫生，不要让自己拉肚子，如果吃坏了肚子，就容易拉稀粑粑，也容易弄脏裤子。"

一些思考

对于小年龄的孩子来说，粑粑拉到裤子里是一件常见的事情，他们来到幼儿园后，教师们如何看待这件事情，对他们的心理影响是很大的。

如果我们批评斥责，就会给他们带来不安的情绪，也会给他们的心理上带来影响。有的时候，即使我们没有言语上的指责，孩子们依然能够从大人的表情中觉察我们的情绪，他们会觉得，在幼儿园拉粑粑这件事可能会让老师不高兴，也可能会拒绝在幼儿园拉粑粑。

当我用轻松的语气告诉扬扬"你的粑粑有点淘气"的时候，他不仅放轻松了，而且特别开心，好像我在和他做一个游戏。听到他用轻松、欢乐的语气告诉身边的小朋友"我拉了个淘气的粑粑"的时候，我也很开心，我知道，把粑粑拉在裤子这件事没有对他的心理产生不好的影响。

对于小班的教师来说，除了每天带着孩子们完成必要的课程学习与游戏，生活照料也是非常重要的内容。我们希望孩子们都能够在这里轻松、安定、愉悦地生活。

我们总说，要理解儿童、热爱儿童，理解和热爱并不仅仅体现在游戏活动和教育活动里，生活中的接纳也是非常重要的。试想，如果我们连这样的"犯错"机会都不给他们，又如何支持他们的成长呢？

孩子是敏感的，他们会因为老师的一个厌烦的表情，或是一次斥责而放弃在幼儿园里大便……如果一个孩子在幼儿园里连大便自由的机会都没有，我们的教育能说是成功的吗？

胡华：你怎么看待孩子在幼儿园大便这件事？

李文：孩子在幼儿园大便是一个非常重要的健康指标，他们是不是真正喜欢幼儿园，内心是不是很放松，都可以通过大便这件事来判断。很多孩子不愿意在幼儿园大便，可能就是因为内心不够放松，缺少了一些安全感。其实我们大人也是这样，只有心神是安定的、放松的，才能很好地解决如厕问题。

胡华：对幼儿园老师来讲，能做到耐心细致地给孩子擦屁股也算是很好的照料了，你不仅给孩子擦了屁股，还在孩子把便便弄到裤子上和身上时，对他进行了心理疏导。你为什么要这么做呢？

李文：我担心他拉在裤子后因为害怕老师的批评而紧张，我不想看到孩子紧张、害怕的样子。我小时候也有过类似的体验，一旦做错了事情，家人就会责骂我，甚至是冷落我，那种感觉很难受，我不想让孩子有这样的体验。我们都曾经是孩子，也会犯错，况且，把粑粑拉在裤子里也不是什么错，我想让孩子知道，把粑粑拉在裤子里在老师的眼里是件很正常的事情。

胡华：你好像一直具有某种"感同身受"的能力，这种能力在工作中给你带来了什么？

李文：我觉得这种能力让我能更好地理解孩子。他们的很多行为，哪怕是一些不寻常的行为，我都能很平静地面对，不轻易批评他们，更多地从他们的角度去思考。我经常把自己当成孩子，和他们一起玩耍，想他们所想，与他们共情。孩子们很喜欢和我在一起，能感觉到他们很爱我，也很信任我。

胡华："感同身受"这种能力对幼儿教师来讲是一种天赋。这种能力有没有困扰过你？

李文：大部分时候是没有的，但偶尔也会有。很多时候，我把自己放得很低，也像一个孩子一样和他们一起玩、一起闹、一起开心。但有时候，也会感觉缺少了一种教师的姿态，好像不像教师应该有的样子，这时候，我就会怀疑自己。

胡华：你觉得，幼儿教师应该有的样子是什么样子？

李文：大学时我去幼儿园实习，指导老师组织孩子们开展游戏，会把孩子的各个方面安排得很好，指导老师好像很有指导能力。来到花草园工作后，我看到的是另一种教师的样子，老师不仅组织孩子游戏，还参与到孩子们的游戏中，孩子和老师的关系是亲密有爱的。在这样的环境里，我也慢慢成长成了现在的样子。

在工作中，我慢慢找到了一个方法，当不知道答案的时候，就看孩子们的眼神。从孩子的眼神中确认我和他们的关系，也确定自己的做法是否正确。这里的环境是宽松的，胡老师和同伴对我的认同、支持和鼓励，让我更坚定了自己的做法。"教师对幼儿教育职业有了坚定的信仰，并且具有了一定的使命感。这种自由状态的教育智慧与其说是一种状态，不如说是一种境界。"[1]从这一点来说，这些坚持足以给自己安慰，因为我在追寻着一种境界的提升。

音频 1—2
与李文老师的对话

1   胡华.幼儿教师的教育哲学观[M].复旦大学出版社,2022:107.

对儿童的同理心
让我拥有了更多的教育智慧

　　从某种意义上说，是儿童开启了幼儿教师建构自己教育哲学观的大门。

　　如果没有对话，教育就失去了意义。对于幼儿教师而言，开启其心灵钥匙的应该是儿童。因为儿童生动、鲜活，又有无限的包容性，总能够触发成人灵魂的开关。幼儿教师对儿童的看法直接会影响到对自己教育的看法。在教育过程中，如果教师经常能够听见幼儿随口就说出的充满哲思的话语，一方面会让教师对幼儿的认识更加清晰，另一方面，教师也会通过幼儿对某件事物的看法，重新审视自己的哲学观。正如一位老师所言，"恰恰是儿童这种最纯粹、本真的东西，直击我们的心灵，引发我们的思考"。

——《幼儿教师的教育哲学观》

（第四章　对话——幼儿教师教育哲学观的形成基础，第55页）

秋燥需要多喝水，
孩子们想出了什么好方法？

田巍 老师

写于2022年9月28日

　　儿童的学习，有时并不需要大人教他们什么，他们自己就能很好地运用经验，完成对信息的一种深度加工。很多时候，他们也是我们的老师。

我们发明了一台专属的"饮料售卖机"

入秋了，天气干燥，我们总想让孩子们多喝一些水。开学以来，每当我们提醒孩子们喝水的时候，总有一些孩子不情愿，要叫好几次才肯过来喝一点水……怎样才能让不喜欢喝水的孩子愿意喝水呢？

有一天喝水的时候，我听见孩子们在聊天：

茉曦说："周末，我去了环球影城，喝了一种冰淇淋味的饮料，真的好喝！"

东辉说："我也喝过，我还喝过一种橙汁，特别甜。"

合宜说："我喝过很多种饮料，我还去过很多超市，里面的饮料可多了，每次我都自己选。"

……

听到孩子们兴高采烈地聊着各种味道的饮料，一个想法跳入了我的脑海：我们可不可以请孩子们把自己喜欢的饮料画下来，做一个我们班专属的"饮料售卖机"呢？这样大家就能根据自己的需要喝到不同口味的"饮料"了。（编者按："饮料售卖机"中装的是白开水）

当我把这个想法告诉孩子们的时候，孩子们高兴极了，都跑过来帮忙，想要画自己喜欢的"饮料"。很快，孩子们就画下了多种"饮料"。但是，"饮料"的种类太多了，我们的"饮料售卖机"又没有那么大，不能全部装下，怎么办？

经过讨论，孩子们给出了自己的解决办法：这些"饮料"可以全部保留，但过一段时间后，就换一些，这样每个"饮料"我们都能尝到。只是我们需要定期给"饮料售卖机"上新货。

"饮料"有了，但是怎么买是个问题。小宇说，饮料一般都是5元一瓶，太贵就不好卖了。睿涵说，有一些饮料是小瓶的，可以便宜一点儿……经过一番激烈的讨论，我们根据"饮料"瓶的大小，给每种"饮料"标定了从2—5元不等的价格。馥宜还在投币口帮忙画上了人民币的面值……就在大家忙着定价、调试"饮料售卖机"时，馥宜又在一旁利用剩余的材料，自制了一个小型的"饮料售卖机"，她说也想把它带回去放在家里用……

一切准备就绪，孩子们起床后，"饮料售卖机"上线了，孩子们激动得拍手大叫，高声欢呼，东辉兴奋地呼喊着："快去洗手，咱们去尝尝各种饮料！"孩子们排着队购买"饮料"的样子真是壮观……

我们都爱喝"可乐"

孩子们对新来的"饮料售卖机"很好奇，每次选择"饮料"的时候都很仔细。

一天，可乐和好朋友们一起来买饮料，金果买了杯"橙汁"，可乐选了"柠檬水"，元宝选了"可乐"，元宝笑嘻嘻地走到可乐跟前说："可乐，我喝的是可乐！"金果也笑着说："我喝的也是可乐！"可乐有点生气了，说："你们喝的就是白开水。"大家都不笑了，悻悻而去。

看着可乐有点不开心，我小声地说："就因为你叫可乐，我们喜欢你，所以才有很多小朋友喝这个'可乐'噢！"

佳珣说："可乐，你不要生气，他们喝的是饮料又不是你。"

可乐歪着头想了想，对周围的小朋友说："我可不是能喝的'可乐'啊！"

大家都笑了……

每个人有自己喜好的"口味"

我们的"饮料售卖机"投入使用已经好几天了，在下午离园圈谈的时候，我问孩子们："这几天，你们使用'饮料售卖机'有什么感受？有什么新发现？"

东辉说："我每天都尝试了不一样的"饮料"，每一种都好好喝。"

梓宸说："我发现有的时候排队的人太多了，等的时间有点儿长。"

馥宜说："你可以和排在前面的小朋友商量一下，告诉他你太渴了，能不能让你先买。"

信楠说："人多的时候，你可以等一会儿，等人少的时候再去。"

郝合宜说："我只喝我自己设计的茶叶饮料，特别好喝，因为这是我最喜欢的普洱茶，我希望大家都来尝一尝。"

馥宜说："没想到我设计的草莓公主饮料被这么多人喜欢，我太高兴了！"

一些思考

对孩子们喝水这件事情，我和很多人一样总觉得孩子喝水少了容易生病，所以，有时候就会强迫孩子们去喝水。但是，中班的孩子不知道喝水的重要性吗？他们是知道的，只是不喜欢喝水这件事被强迫着去做，他们喜欢自己的事情自己安排，所以才会出现叫了好几次才来喝水的情况。

儿童的游戏就是他们生活的样子，游戏就是他们的生命状态。借由这个"饮料贩卖机"，我看到，孩子们"入戏"很快，他们实在是比我们大人有趣多了……

这件事也让我重新审视了"儿童视角"。其实，孩子们的喜爱里，一定有满足他们内在成长需要的东西。满足了，他们就会自然地向成人希望的价值观靠拢。

这件事，也让我想起了一位心理学家曾经说过的一句话：人是不能改变的，除非他感受到被爱；人是不能改变的，除非他感受了很多尊重；人是不能改变的，除非他被允许不改变也是可以的！

与田巍老师的**对话**

胡华：如果用自己的话给幼儿教师的教育哲学观下一个通俗的定义的话，你会怎样表达？

田巍：我觉得，教育哲学观是我们自己在工作中总结出的一种经验、一种智慧。也是我们在实践中，形成的一套对教育的认识与看法。这些观念和看法是属于自己的，而且我们能清晰地感觉到它，它在我们的头脑里、身体里、心灵里。

胡华：在实践现场，教师通常会有一种即兴的智慧。这个案例中，你表达的就是教师的即兴智慧，这种活动无法设计，甚至无法预测，那么，你是怎么理解幼儿教师的即兴智慧的？

田巍：那天，就在那一刻，我一下子受到了孩子们的启发，好像感觉到了一些他们的需要，或者他们想要的一种有趣的东西，我很想按照他们的想法把这一切都做出来。我感觉它是从我的身体里发出来的，就好像是一种本能。

　　孩子们有自己的语言表达方式，在和他们的日常对话中，我总是能够听到藏在他们语言背后的逻辑。只要我认真去听，就会找到他们的逻辑，也能发现他们跟我们成人很不一样的视角。我对儿童始终是有好奇心的，也有一份同理心。

胡华：你自己最像儿童的地方是什么？是什么让你一直愿意去倾听他们，去寻找他们背后隐秘的世界？

田巍：我和孩子们在一起的时候，很容易听见、看见他们的想法，因为我一下子就想到了自己小时候的那些小梦想、小点子，但在现实生活中却很难被实现。现在，我感觉自己有能力去帮助孩子们实现这些梦想，这样，就和过去的自己有了时空里的重叠。所以，我对孩子们的那些有趣的想法都很好奇，很想知道他们还想怎么做。

胡华：是不是这份工作满足了童年时那个未曾被满足的自己呢？

田巍：是的，就是有种治愈感。其实，每一次跟孩子们的碰撞，都是在修复我童年里那些没有实现或没完成的梦想，所以，对我来说这是一种治愈，我能把自己小时候想干的事都干一遍，好像这样就完成了一次成长。有人说，人的童年有两次，一次是自己的童年，一次是陪伴儿童成长的童年。对我来说，这是一份特殊的礼物。

胡华：这个故事中，你感受最深的是哪一部分？或者说哪个部分给你带来的体验最为独特？

田巍：我觉得，最打动我的是孩子们创造的那一部分。我们决定做这个设计的时候，他们会说出好多他们日常见过的、知道的饮料，他们还会设计一些奇奇怪怪的饮料，比如海盗饮料，就是画着骷髅标识的，还会设计一些他们想象的饮料，比如公主牛奶。他们的游戏能力太强了，小美会问能不能打包饮料。后来，这个饮料店一直在做，他们还做了外卖。他们喝水的时候会说，哎呀，我喝到的是什么味的水，其实都是白开水，但他们赋予了这个东西以充分的想象……我们成人就会说喝水很重要，但是孩子们能把喝水变成游戏，这是特别有意思的事。

胡华：在游戏能力方面，成人完全没法和儿童比。儿童只要一个引子，就会引发无数的可能性。他们的这种延展话题的能力，对教师意味着什么？

田巍：对我来说，这会是一种引领、一种发现——他们自己想要完成的事情，根本不用成人干预或者指导。很多时候，儿童的学习只是需要一个平台，他们并不见得需要大人教他们什么，因为他们自己就能够很好地理解、很好地创造、很好地运用经验，完成对信息的深度加工。他们也是我们的老师。

音频 1-3
与田巍老师的对话

以前的我害怕改变和变化，现在的我享受变化

真正的对话是"每一位参与者都真正心怀对方或他人当下和特殊的存在，并带着在他自己与他们之间建立一种活生生的相互关系的动机而转向他们"。[1]因此，对话的基本运动是转向他人。

......

对话的发生过程也是对话双方充分意识到自身的独特性、尊重他人的过程。用心灵完成的对话需要对话者从各自固守的"领地"中跳脱出来，在边缘地带先尝试完成一次交融，之后，将这一领域不断扩大。在这一过程中，渐渐使自己走近他人，再用他人的目光反观自己，从对话中实现新的思想、精神和情感的联结。对话的过程成为了心灵同频共振的过程。

——《幼儿教师的教育哲学观》

（第四章　对话——幼儿教师教育哲学观的形成基础，第48页）

花草园里的"自助餐自由"是如何实现的？

王彩霞 老师
写于2023年3月1日

> 孩子进餐时，感受到的不只是食物的味道，还有一份尊重。孩子们享受的也不是食物本身，还有一份爱与信任。

1　[奥地利] 马丁·布伯.人与人 [M].韦海英，译.北京：作家出版社,1992:30.

在花草园里，好好生活一定离不开"好好吃饭"这件事。"好好吃饭"就像我们对待每一天的生活，充满热忱，永不敷衍。

开学第一天，午餐是丰盛的自助餐。中午，我们所有人（老师们和孩子们）围坐在一起，分享着美味，畅聊一个上午的美好，一起享受同端碗、共"举杯"的温情时刻……

这次的自助餐，孩子们可以自己决定和谁坐在一起、坐在哪一个位置上，还可以自由选择先盛哪一个菜、盛多少……

说实话，之前我的心里是有担心的：孩子们能掌握好菜量吗？他们会不会只挑自己喜欢的食物盛？饭菜会不会弄得到处都是？进餐的时间会不会延长……但当那一刻来临，时间放缓，所有的担心都烟消云散。

中午散步的时候，我和孩子们聊起了这次自助餐：

汤圆说："我给自己盛的菜有点多，下次就有经验了，我会先少盛一些，如果好吃，再多盛。"

嘟嘟说："原来我是可以自己盛饭的，我感觉自己一下子就长大了。"

小沐说："我觉得自助餐太神奇了，园长妈妈怎么知道小孩子喜欢自助餐呢？"

加一说："我们可以多几次自助餐时间吗？"

园长妈妈听到孩子们的想法后，和保健室商定，每周五的畅游日也是孩子们的"自助餐日"，大班的孩子们可以每天中午自主取餐。

既然孩子们这么喜欢自助餐，我和他们又一次展开了讨论：

你们为什么喜欢"自助餐日"？

嘟嘟说："有了自助餐，吃饭时心情更愉快了，吃着自助餐听着音乐，太享受了。"

六六说："每个学期我们的生活都有变化，'自助餐日'是这个学期的一个新变化。"

丁丁说："吃自助餐的时候，我感觉自己更轻松，因为可以按照自己的想法来吃饭。"

自己取餐和老师分餐有什么不同？你们更喜欢哪个？

番薯说："老师给我们盛饭时，虽然我也可以选择不吃肉，但不像我自己可以决定吃不吃肉，这个感觉是不一样的。"

ππ说："我更喜欢自己盛饭，在家里一般都是爸爸妈妈盛好，很少让我自己盛，因为他们认为'小孩不会'。"

元午说："在家里，爸爸妈妈可以让我盛米饭，可是从来没有自己盛过菜，他们觉得小孩这样做有危险。"

坦坦说："我觉得，我们的幼儿园更懂小孩。"

怎么才能吃好"自助餐"？

小之说："虽然是自助，但是也不能浪费食物。"

甜筒说:"我们可以每次少盛一些,然后多去盛几次。"

加一说:"盛饭的时候要排队,要轮流,盛饭的时候不能弄洒。"

暖暖说:"如果弄洒了,我们也可以自己清理。"

幼儿园里实现"自助餐自由"是一件容易的事吗?

小沐说:"我觉得不容易,先是要有想法,之后需要食堂的师傅们做好美味的饭菜,李老师还要分多次拿到班里来。"

昊昊说:"吃自助餐的时候,我们的吃饭时间变长了,老师和食堂的师傅们需要等待我们。"

坦坦说:"我发现,吃自助餐的时候,自己盛饭的勺子变小了,还有了小夹子,这说明完成这样的自助餐,需要有人用心为我们准备合适的餐具。"

"自助餐日"带给你们的感受是怎样的?

加一说:"我觉得自己可以为自己'服务'了,长大的感觉就是这样吧?"

菠萝说:"我感觉老师们更相信小朋友了,老师们认为小朋友可以自己照顾好自己。"

ππ说:"吃自助餐会让我觉得吃饭是一件轻松愉快的事情,我希望所有的幼儿园都有自助餐。"

甜筒说:"一边吃饭、一边和好朋友聊天,我觉得吃自助餐就像在家里吃饭一样,好像一家人在一起生活。"

一些思考

哲学家朱利安·巴吉尼在《吃的美德》里写道:"良好的食物都有着非凡的潜力,缓解我们的生存焦虑,提醒我们哪怕是在最糟糕的时候,正常的平凡生活也很美好,并能再度降临。"

新学期进餐形式的变化,让孩子们也有了更多思考的机会。吃自助餐不仅让孩子在进餐时找到了真正属于自己的放松时间,感觉吃饭不是一件按照成人"要求"必须完成的事情,而是自己的一种选择,我们借助"自助餐日"这样的形式赋予了孩子生活中更多的自主权。

在进餐的那个时刻,孩子们感受到的不只是食物的美味,还有一份信任和尊重,带着这样的情绪进餐,享受的也不再是食物本身,还有一份爱与信任。

好好生活的地方就是家……孩子们在享受这份宝贵的"自由"时,也在尝试着承担起相应的责任,这何尝不是一种学习呢?

胡华：我们对待食物的态度，也是我们对待生活的态度。你是一个会做饭的人吗？食物对你来说意味着什么？

王彩霞：我属于那种会做饭的人。简单的家常菜，都挺拿手的。我们家做饭，不是一个人的事儿。以前跟爸爸妈妈生活的时候，一些重要的日子我们都会包饺子，但不是只有妈妈忙碌，我和爸爸都会到厨房里给妈妈打下手。结婚成家后，做饭是我和孩子爸爸共同的事情，也是全家人一起的事情。我们会商量今天吃什么，你想吃什么，我想吃什么，然后一起去逛菜市场。回到家中，也是全家人齐上阵，有摘菜的，有洗菜的，有做主厨的，也有负责善后的。如果只有我一个人在家，我会给自己做一个简单的轻食。简单的食物、简单的烹饪方式，自己慢慢品尝食物本身的味道。

有一年的美食月，我和孩子们一起做疙瘩汤，孩子们负责洗菜、切菜，我负责拌面做疙瘩。和孩子们做疙瘩汤的时候，我的脑海中浮现的是妈妈做疙瘩汤的情景。她用的是什么样的方法，什么样的顺序，全在我的记忆里。我跟随着那个记忆一步一步地完成。现在想起来，觉得当时做的疙瘩汤特别美味。

胡华：把习以为常的生活细节转化成教育，在这里似乎每天都在发生。我们并没有那么多的刻意设计。你觉得，这些转化遵循了什么路径？

王彩霞：对孩子们的表达不做评判，不下结论。一旦我们对孩子有了评判、下了结论，就会在我们和孩子之间立起一个屏障。那一刻，我们和孩子们之间的关系就被切断了，后面孩子们再讲什么，我们也看不到、听不到了，就阻断了把生活细节转化成教育的可能性。

很多时候，生活中未知的东西反而能转化成为更好的课程资源，这也是教育中特别鲜活的存在。只要臣服于当下，我们的心态、情感、情绪都会跟着这个事流动起来，体验到幸福的感觉。

等我们再回忆起这件事的时候，那种幸福感还会停留在我们的头脑里、身体里，当拥有了这种美好记忆时，下次再遇到这样的事情，又会不自觉地去进入这样的一个模式，推进工作和生活。

从我个人的成长经历来看，教师要先学会觉察，觉察自己，觉察他人，觉察关系。只有对自我的觉察，才能转而觉察他人，然后才愿意主动地去建立起一种新的关系。

胡华：在花草园，我们为什么总是能不断地创造，让每个人的生命有一个积极的面向，这个积极面向对儿童来说意味着什么？

王彩霞：其实每一个创造都是在当下创造了一种能量场，一个积极的、正向的，具有滋养作用的能量场。这样的能量场，会让我们感觉特别舒服。

对孩子们来说，他们能感受到自己的小心愿、小梦想被成人珍视。开学日的第一次自助餐实现之后，孩子们每周都会十分期待周五的自助餐日。说实话，实现"自助餐自由"并没有那么容易，会有很多现实的困难，比如：每个孩子都要自助，午餐的时间就会延长；孩子们在操作的过程中会把饭菜洒到地下，给老师增加了许多工作量……但我们看到了孩子们的心愿，这里所有的人都愿意去"成全"这份美好。

孩子们的生活是什么，无非就是这样简简单单的日常，平常、反复、琐碎，在看似平常的小事里，孩子们生发出一种稳定的情绪是很宝贵的。这一天，孩子可以按照自己的意愿选择和谁一起进餐，选择吃多少、吃什么，这个时间段，他们特别放松。

当他们拥有很多自主权的时候，才有更多的力量去做自己想做的事情。

胡华：自助餐只是我们日常生活的一个小片段，你理解的花草园教育的核心是什么？

王彩霞：我们总是突破常规做一些新的尝试，这是多年来文化的积淀。在我们的理解中，儿童是一直成长、不断变化的生命体，我们要不断跟随这个生命的成长，需要追随他们做出一些改变和突破。

儿童教育，不简简单单是面向儿童的，也是面向成人的，它会让两个生命产生交集、建立关系，不断产生新的力量和智慧。

以前的我特别害怕改变和变化，但是现在的我特别享受变化。变化让我看到了一个未知的自己。在这样一个惧怕变化的时代里，很多人抱残守缺，但在这里，我和很多人一起拥抱了变化、爱上了变化。因为变化里有生机。

音频 1—4
与王彩霞老师的对话

真正的观察
是一种陪伴中的体察

　　"生活世界"是不同于日常生活的，由文化、社会和个体三者间互动建立起来的世界，我们也可以称其为教育生活世界。我们提倡回到教育现场，就是要让教育摆脱"工具理性"的束缚，实现真正的解放和身份的认同。教师教育哲学要求教师回归教育的生活世界，只有这样，教师教育才能获得坚实的根基。因为教师回归生活世界，才能够作为实践者和行动者，深入儿童的生活世界与精神世界。

——《幼儿教师的教育哲学观》

（第九章　幼儿教师教育哲学观形成的因素及提升策略，第134页）

"病号饭"，是只有生病了才能吃的饭吗？

李洋 老师

写于2021年10月13日

> 真正的观察一定不是站在远处审视孩子们的行为，它应是一种陪伴中的体察，当我们能够和孩子们共情时，观察才是有效的。

"病号饭"，是什么？

　　周四早上，在家养病的佑佑终于归队了，随之而来的，是保健陈老师的贴心嘱咐："佑佑的身体刚刚恢复，晨检的时候他说自己还是没什么胃口，我们给他申请了病号饭。"

一旁的孩子们听到了以后，开始议论起来：

"咦，病号饭？"率先听到的牛牛诧异地看着我们，"那是病人才能吃的饭吗？"

"也不一定啦，病人可以吃，身体出现了一些小情况，比如胃口不太好的人也可以吃。"陈老师回答他。

"那病号饭是不是和我们吃的不一样呀？"大橙子问。

"当然不一样啦，一样还叫什么病号饭。"佑佑的脸上写满了神气。

"那，你会吃到什么呢？""病号饭里有什么呢？"……大家七嘴八舌地问道。

"嗯……"佑佑抬头想了半天："我也不知道，到了中午你们就知道啦！"孩子们的讨论告一段落。

每个人都想吃一口

午餐时间终于到了。"你知道吗，佑佑的'病号饭'是面条哦！"德助神秘地趴在他身边的每一位小朋友的耳边说了一遍，很快，大家都知道了今天佑佑吃的是"面条"。"我也好想吃面条呀！"麦子说。

"如果给我尝一口面条的话，我肯定会好好吃菜的！"一向不爱吃蔬菜的苏文说。

"我平时最爱吃面条了，今天我也想吃一口。"当当也说。

……

看得出来，孩子们都想尝一尝面条的味道，给佑佑盛了一碗以后，佑佑说："老师，可以把剩下的面条分享给大家吃吗？"

瞬间，原本埋头吃饭的孩子们都抬起了头，看着彭老师手里的面条。"当然可以啦，只不过这些面条不多啦，每人只能分一小口。"彭老师告诉他们，"而且也不一定每个人都能吃到。"

"那我们吃完饭你再给我们，吃得慢的小朋友就没有了。"安安说。安安的提议得到了很多小朋友的认同。

"我吃得慢，可是我还是想吃到面条。"点心悄悄说。

"那就让彭老师努力给你留一点。"坐在她旁边的麦子说。

"那就请你们先专心吃饭吧！"

每个孩子都吃到了"病号饭"

话音刚落，孩子们的声音戛然而止，又开始了"干饭"模式。而每一个变空了的小碗里都会出现几根面条，孩子们就仿佛看到了从天而降的惊喜一般，以迅雷不及掩耳之势吃进嘴巴里。

就这样，一小碗"病号饭"经由佑佑的提议，变成了20多份不是病人也能吃的"病号饭"。

散步的时候，佑佑来到了我身边："洋洋老师，我觉得'病号饭'可以叫'爱心饭'了。"

"为什么呀？"我问他。

"因为我把它分给了大家，大家今天都对我笑了，还有人对我说谢谢呢！"他咧开嘴笑了。

一些思考

这碗"病号饭"，原本是保健老师考虑到佑佑的身体，给他特别定制的午餐。可是当这个新鲜的词突然出现的时候，围绕着它的讨论也随之开始，孩子们迫切地想知道它是什么，又为什么会存在。

当得知大家都很想尝尝面条，而面条还剩下不少的时候，佑佑提出了把面条分享给大家的想法。而接收到这份"爱"的孩子们，又回馈了佑佑很多美好，一声谢谢，一个微笑，一个拥抱……一碗"病号饭"在孩子们爱的传递中，变成了佑佑口中的"爱心饭"。

"爱出者爱返"，这样质朴且深刻的道理，就真实地存在于孩子们生活的每一个瞬间。一碗面条中，有孩子们对未知的思考与讨论，有他们为自己能够吃到它想尽一切办法的努力，有关于分配的讨论与行动，还有爱与被爱。

这些，不正是孩子们"回归生活"的学习与生活吗？

与李洋老师的**对话**

胡华：你是怎样理解"教育必须回归教育的生活世界"这句话的含义的？

李洋：在幼儿园里，我们可能有意无意地会带着一种"专业"的身份和儿童相遇，以一种居高临下的态度看待儿童。如果这份"专业"光谈能力，不谈情感，一定会有问题的。一旦回归到生活世界里去，我和孩子们之间没有了身份上的差异，可以以一种平等的关系真实地生活在一起。孩子们可以展现出他们最真实的样子，我也能更好地理解他们。

成年人的精神世界受社会、文化的影响很多，总是有太多的条条框框，儿童的精神世界更有灵性，他们用更真实、朴素的情感来面对生活。只有回到生活里，教师的真实才能与儿童的真实相遇。

胡华：在"病号饭"这个故事中，你收获了什么？

李洋：看到孩子们开心的样子，我很有成就感。这也让我做出了一些改变，这些改变有行为的，也有思想层面的。一个是我对儿童的看法有了变化，孩子们总在聊天，我似乎从未认真地倾听过他们。另一个改变是我了解儿童的方式有了很大的改变。如果说对话是走近儿童的方式，以前我常常会把对话的发生限定在课堂上，这次我发现，真正的教育藏在那些日常的聊天之中。

胡华：在课堂上和儿童的对话，与在生活中和儿童的对话有什么不同？

李洋：在课堂的对话中，我更容易看到自己想要看到的孩子，因为课堂对话是成人主导的，儿童会表现出趋同性。但在生活的对话中，孩子们更容易展现出他们本来的样子，我们更能看到真实的孩子。

胡华：你感觉，一般所提的观察儿童和我们花草园倡导的观察儿童有什么不同呢？

李洋：很多时候，大家会把孩子们当作研究对象，研究里也带有评价的眼光，给人一种"冰冷"的感觉。我们的观察往往是和孩子们在一起，倾听、陪伴他们，与他们共情，这样的观察更具情感特质，也更温暖。真正的观察一定不是站在远处审视孩子们的行为，而是一种陪伴中的体察。

音频 1—5
李洋老师的教育故事

和孩子们相互成全，
我成了更好的老师！

教育是一种意义生成的活动。教育中发生的不仅仅是知识的转移，还应该有一种超越于知识之上的意义生成。换言之，教育对话的过程是教育者与被教育者共同完成的意义分享与创生新意的过程，其结果不是要消除差异性，而是双方在经验共享中完成一种相互影响和相互成全。这一认识也意味着，传统的知识传授观应该走向对话与合作之中的全新的知识建构与生成。[1]我们认为，对话中的创生精神是对话的灵魂所在。

——《幼儿教师的教育哲学观》

（第四章　对话——幼儿教师教育哲学观的形成基础，第49页）

我们班只有三张带轮子的床，
谁来睡？

李文 老师
写于2021年11月24日

在日常生活中，儿童与教师的关系是相互成全，教师成全儿童的需要，儿童则给予了教师更多的信任与尊重……

1　冯茁，曲铁华.教育对话的本体论解读——哲学解释学的视角[J].教育科学,2008(01):1—5.

我们幼儿园的地方很小，一个教室既要充当活动室，又要充当睡眠室。每到中午小朋友午休的时候，老师会把床拉开；其他时间，会把床摞起来，所以每个班都会有三个带轮子的床。至于这三张床谁来睡，完全是随机的，我们没有做过多的考虑。

"我也想要一个带轮子的床"

下午起床时，正在穿衣服的扬扬看着自己眼前带轮子的床，说："我也想要一个带轮子的床。"当我向孩子们提及扬扬的想法时，很多小朋友也跟着说："我也想要！"扬扬一个人的"愿望"，成了很多人的"愿望"了。

每天离园前，我们都会围坐在一起谈谈当天的感受或者遇到的问题，我们用这样圈谈的方式进行离园前的告别。今天，"谁来睡带轮子的床"就成了我们圈谈的话题。

你为什么喜欢带轮子的床？

文远说："带轮子的床高一点。"

棵棵说："带轮子的床和大家的床都不一样。"

阳阳说："带轮子的床只有三个，我也想要。"

小碗说："带轮子的床可以移动啊！"

平平说："带轮子的床可以推着走。"

宥宥说："带轮子的床在最下面，上面能放很高的床。"

开开说："带轮子的床很特别。"小白说不想睡带轮子的床："我怕轮子滑走撞到墙上。"身边的棵棵说："别担心，小白，不会的。"说完他还补充道："和故事《我很担心》里的一样，你担心的事大部分都不会发生。"

你愿意把带轮子的床让给其他小朋友吗？

了解了孩子们的想法之后，我打算问问目前睡带轮子床的三个小朋友的想法。"你们愿意把带轮子的床让其他小朋友也体验一下吗？"文远马上拒绝："我不愿意！"汤米和Vincent没有说话，我走近问汤米，汤米思考了几秒钟说"可以"。Vincent也表示可以。

我们不强求文远，有两个可以轮换的床，孩子们的愿望也是可以实现的。

那么，我们该如何满足孩子们的愿望？

孩子们的床在开学时就贴好了名字，如果换床睡，老师需要不停地更换名签，这是个很费力气的工作，我需要和班级老师再沟通。

我把事情的大概告诉了保育任老师，本以为任老师会担心"会不会麻烦？"谁知，任老师笑着说了句："可以啊！"我和小美老师商量轮换的频次，为了不让孩子们等得太久，我们决定一周换一次。这样，争取学期结束前，每个孩子都能体验到带轮子的床。

谁先来体验带轮子的床？

"有个好消息要分享给大家，我们有两张带轮子的床可以轮流给你们睡，每周轮换一次。那么谁先来体验带轮子的床呢？"问题一抛出，大家都举手说想先尝试。

棵棵说："我先来吧，我最想睡带轮子的床。"

朵朵说："我睡觉很安静，我先换。"

高兴说："我最喜欢带轮子的床，可以晃来晃去。"此话一出，就遭到了其他小朋友的反对："睡带轮子的床，不能晃来晃去。"高兴这才意识到好像自己说错话了，马上说："我不会晃来晃去，我能好好睡觉。"

只有坐后排的开开指着前面的小朋友说："让宥宥先换吧。"我很惊讶，别人都想自己先体验，开开怎么就想到了别人呢？开开说："宥宥很想换，她第一个举手的。"由衷为他点赞！

小美老师见状说了句："那大家就抓阄吧。"

"什么是'抓阄'？"小琬问。

我正要给他们解释，阳阳大声说："老师，我们抽奖吧！"孩子们一听抽奖，又激动又兴奋："抽奖！抽奖！"是啊，抓阄不就像抽奖一样嘛。这真是个好主意！

开始抽奖！

我做好了签，小美老师找来了抽奖的箱子，孩子们期待的抽奖就开始啦！

每个人从箱子里拿出一张卡片。小碗看到卡片上什么也没有，乐呵呵地说了句："没关系，下周还能抽呢！"好几个抽到空白卡片的小朋友也跟着说："没关系，下周还可以抽奖。"开开拿着空卡片问宥宥："我的没有，你的呢？"完全没有失落的情绪。

当高兴小朋友看到手中的卡片画有带轮子的床的图案时，兴奋地尖叫！最后，高兴和朵朵获得了下周体验带轮子的床的机会，高兴手里握着卡片不舍得放下。

离园前整理衣服的时候，文远突然对我说："老师，我再睡一段时间，也把床让给其他小朋友！"我对他竖起大拇哥说："谢谢你，文远，期待你和大家分享带轮子的床的那一天！"文远笑了。

一些思考

幼儿园的教室是孩子们和老师共同生活的地方。孩子们有权力提出自己的要求和想法。我们会倾听每个孩子的想法，并把它转化为教育契机，借由每日的"圈谈"引发他们对问题进行表达、思考并尝试解决问题。

在我们眼中，一张带轮子的床平淡无奇，但对于孩子们来讲，它却是稀缺的、珍贵的。他们很好奇，提出想要体验带轮子的床的希望，这也是他们合理的心理需求。

从老师的角度来看，让每个孩子轮流体验带轮子的床会增加很多工作量。在孩子的想法和老师的犹豫之间，我们三个老师选择尊重孩子们的想法，把确定权交给他们，因为他们才是自己生活的主人。

和孩子们在一起的生活中，类似这样的问题有很多，我们也想把它作为对自己的一次练习和学习：我们如何看到儿童的需要？我们愿不愿为他们提供一些心理上的帮助与支持？至少在我们看来，当他们的愿望得以满足时，每个人的脸上都洋溢着喜悦和幸福的神情。

与李文老师的**对话**

胡华：三个带轮子的床换来换去是非常麻烦的，大部分人不愿意做这件事情，为什么你们不怕麻烦呢？

李文：我们确实没有想过换床麻烦这件事，只想着要满足孩子们的一个心愿。后来和班级老师沟通如何换床的时候，感觉到确实有些不好操作。但为了不让孩子们失望，我们还是决定坚持。很多时候，麻烦也是一种幸福，就像一个妈妈爱着自己的孩子，是不会嫌麻烦的。当我们帮助孩子们完成他们的心愿，看到他们因此而开心、满足的时候，内心是非常有成就感的，这也会让我们觉得这个"麻烦"很值得！

胡华：对话中的创生是对话的灵魂。这个故事里的创生主要体现在哪些方面？

李文：创生就是打破常规。不能总想着以前是怎么做的，别人是怎么做的。这个故事里有情感的创生。带轮子的床确实很特别，如果我是一个孩子，也会有扬扬那样的想法。所以听到扬扬的表达，我是能够理解的。如果情感上没有创生空间的话，就很难接纳、理解孩子，更不会站在孩子的角度去思考问题。当我从对错的认识中跳出来，去到一个更宽广的情感和认知空间里时，我和孩子的内心是同频的，情感上是有连接感的。换床这件事，我一个人肯定做不成，班里的其他老师也很赞同、支持孩子们的想法，我们所有人达成了一种共识，让这个事情变成了一件特别美好的事。

胡华：创生的目的是相互影响与相互成全。在这个故事里，你成全了儿童，儿童成全你的是什么？

李文：孩子们成全我的太多了！我觉得现在的自己比以前更自信、更有力量，这都是孩子们给予我的。孩子就像一面镜子，我们会重新确认自己是什么样的人。孩子们给我信任，我会觉得自己是有力量的；他们给我爱，我会觉得自己是值得被爱的。孩子们给了我信念、勇气、力量……他们召唤着我，让我变成更好的自己，我从心里爱他们、感谢他们。

胡华：你怎么评价自己呢？

李文：我觉得自己是个好老师。但有的时候也会犹疑，因为按一般的标准来讲，我又不能算是一个好老师。我不太会表达，也不善于处理人际关系，如果上公开课，我就会紧张，这些都不是我擅长的。如果在别的幼儿园，我可能会被认为是个很一般的老师吧。但在花草园，我很坚定地认为，自己就是一个好老师，因为我热爱儿童，喜欢和孩子们聊天，愿意倾听他们内心的想法，能和他们共情，关爱他们，看到他们绽放的笑容，我内心是很幸福的。在我心里，一个好老师就是心灵能和孩子们交融在一起，能用情感陪伴他们，这样看，我就是一个好老师啊！

胡华：你工作中的幸福感是从哪里来的？

李文：我很确定的是，和孩子们在一起的时候就感觉自己很幸福。孩子们的纯真、善良、追求美好的热情常常会触动我，影响我。我的幸福感还来自在花草园的工作，我可以和孩子们一样做真实的自己，而不是做一个所谓理想中的教师，同事们之间的无限理解与包容以及家长们的支持，都会让我感受到这份工作的美好。

音频 1—6
与李文老师的对话

我学会了像儿童那样关注当下的美好

　　幼儿教师需要拥有教育哲学观的生活视角。"回到事情本身",即回到教育本身去发现教育的奥秘和价值。追寻教育的本质与意义,需要幼儿教师重返教育的现实世界。现实世界不单单指教师每天经历的简简单单、平平淡淡的那些日常,[1]更包括背后的反思与看法。

　　对于幼儿教师而言,每天的繁忙工作让他们很难顾及那些转瞬即逝的教育生活背后的思考,但他们却需要这样一种素养,即让自己能够抽离教育现场,却又能回到事实本身审视自己的教育生活。这一行为,不仅是对自己哲学素养的提升,也是推动专业发展强大的内部动力。

——《幼儿教师的教育哲学观》

（第九章　幼儿教师教育哲学观形成的因素及提升策略,第133—134页）

遇到问题时是抱怨? 还是创造?

罗希悦 老师

写于2022年9月14日

> 遇到问题,一旦停止抱怨,就能够让自己从情绪中跳脱出来,放下、接受自己的情绪,进入到一种平静的状态中去,好的教育才有可能发生……

---

[1]　李永涛.论幼儿教师的哲学素养——现象学视角[D].华中师范大学硕士学位论文,2015.

这是一份有点平凡又有点"琐碎"的工作

幼儿园的教师和中小学的教师不同，我们不光要关照儿童的学习，他们的生活也需要我们照料。就拿花草园来说，每一个班的空间有限，教室既是活动室也是睡眠室，孩子们的床平时会垒起来放在教室的一边，中午睡觉前，老师们会和保育老师一起负责抬床，孩子们就由另一位老师带着去散步。

今天中午抬床的时候，我的小拇指不小心被上层滑落的床砸到，疼痛感瞬间袭来，我的眼泪也差点要掉出来，坚持抬完床后，微微老师负责照看孩子，我来到了保健室。保健室的侯老师帮我检查了伤口，看到我红肿的小手指，侯老师取来冰块，帮我的手指冰敷了几分钟之后，红肿很快就消退了。

睡前，用冰块降降温吧

这几天北京的"秋老虎"威力不小。回到班里，因为天热的缘故孩子们还没有睡着，有的孩子额头上渗出了细细的汗珠。我拿着手里的冰块，跟孩子们说："天气这么热，小悦老师的手里有一块小小的冰块，谁想降降温？"

我一边说一边走到孩子们身边，用纸巾包住冰块，顺着他们的床一个一个走过去，将冰块放在孩子们的额头上"冰镇"三秒钟。

第一个接受冰镇的是斗三，冰块碰到斗三额头的一瞬间，她发出了"嘶……"的声音，开心地说："好凉快啊！"

晨晨和泽泽则觉得3秒钟太短了，把我拿着冰块的手一直摁在脑袋上，恨不得可以一直冰着。

冰块"走"到顶顶的床边，他用被单盖住了头顶，说："我就不用冰镇了，我不热。"他的做法倒是提醒了我，"不愿意被冰镇的小朋友也可以像顶顶这样盖住就可以啦！"

连平时很难入睡的肉肉也一反常态早早躺好，闭上眼睛露出微笑，像是早就准备好被冰镇降温。

冰块继续往前走，小七的身体接触冰块的一瞬间，人也入戏了，整个人就像被冻住了，一动不动。

就这样，冰块从每一个孩子的床边走过，在孩子们的额头上停留，孩子们也似乎因为冰块的意外惊喜接触，反而一个个都安静地躺好了。

这个时候，顶顶问我："小悦老师，你的手里为什么会有一块冰块？"

我说："因为刚才抬床的时候，我不小心砸到了小手指，就去保健室找老师用冰块冰敷了一下。"

笑笑马上说："那你的手指好了吗？"

林林更是直接从床上坐起来，要来帮我检查手指。我说"好多啦！没有伤到骨头，只是有点红，冰块可以让红肿慢慢消退。"

森森说："老师们每天都要抬床，好辛苦啊！"

金果说："老师们抬床太辛苦了，所以我要好好睡觉，睡醒了我来帮你们抬床！"

金果说完就平躺着一动不动，准备睡了，其他的小朋友纷纷躺好了。

我手里握着小小的冰块，心里突然觉得特别温暖。

一些思考

没想到，一个小小的冰块在睡前短短的十几分钟里，竟能给我和孩子们带来这么多的乐趣，还有感动。所谓好的关系、好的师幼互动并不是刻意设计好的，当一个问题来临，只要游戏的那颗心在，对孩子的关爱在，这一切都会自然发生。

这件事情也让我想了很多。在生活中，很多人受伤之后，会抱怨给自己带来伤痛的原因，也会迁怒于他人，甚至会自怜自艾。奇怪的是，当我把注意力放在孩子们身上的时候，我竟然忘掉了自己的伤痛……

教师节刚刚过去。每年的教师节都会让我对这份工作有新的理解。其实我们从事的是一份非常平凡的工作，照顾孩子们的生活，也和孩子们一起学习、游戏，这样的工作在很多人的眼中并没有太多的技术难度，甚至是枯燥乏味的，但我却不这么认为。我在花草园已经工作9年了，也从一个有点急躁的年轻老师变成了一个经验丰富的"老"教师，我热爱这份平凡的工作，也愿意跟孩子们一起成为生活享用者，这改变一点一滴，却也滋润着心田。

遇到问题时，是抱怨，还是创造？答案其实就在我们每个人的心里！

与罗希悦老师的对话

胡华：哲学家并不是最有哲学知识的人，只要我们能够投身到生活里去，都能够学会对生活进行反思。其实，这件事是很容易滑过去的，特别是受伤，很多人会有抱怨心。你为什么选择这个感受来书写？

罗希悦：其实，那天受伤后我心里也有点不开心，当保健室的老师帮我处理好了伤口又作了冰敷后，孩子们正在午睡，我手里拿着冰块，特别想把这种清凉感也分享给孩子们。让人惊喜的是，当冰块从小朋友们的额头上一个一个地掠过后，他们的反应让我特别喜悦，那一刻，伤痛和烦躁完全没有了，我们都沉浸在游戏的喜悦里。这种喜悦感持续了很长时间，我想把这个转化的过程写下来。

胡华：我们总说儿童身上有一种天然治愈的能量，他们带着信任、热情和我们在一起。成人爱评判是非、审视对错、权衡利益，可儿童总在期盼着生活中美好的事情发生。你发生改变的关键是什么？

罗希悦：我们关注的是怎样跟孩子们一起去过好的生活，心是向内走的，但是如果关注一些外界评价、上级部门的检查，心就向外走了。我们不如多把关注点放在美好的事情上，多向孩子们学习，当我们内心有足够多的美好时，就可以抵御外界的消耗。这是两条不一样的路，我们向内走，从里面长出了一颗大心脏；但带着大脑不断向外看，看得太多了，心神就会飘忽不定，反而容易错过这些美好。我感觉自己的哲学观也是在向内走的过程中不断形成的，所以，我们要学会向内走。

胡华：你谈到了自己的向内走，但你也能向外，看到事实，然后再审视自己的所思所想，这是一种习惯吗？

罗希悦：在当下，它是我的一种工作和思考的习惯。其实越是美好的东西越是简单。随着年龄的增长，内心要回归简单，回到初心，找到赤子之心的那个感觉。我觉得，这样的思考方式也特别适合跟孩子们一起生活的人，因为孩子们简单又美好。审视自己比审视别人要容易，审视自己的时候，只是在内观自己的感受，就像是在跟自己完成了一次对话，不复杂，也不需要旁人的介入。

胡华：对"幼儿教师需要拥有教育哲学观的生活视角"这句话，你是怎样理解的？

罗希悦：生活视角里蕴含着朴素的生活态度，教育哲学观其实也是一种非常朴素的实践智慧。生活是由平凡的日常构成的，教育哲学观是我们在平常的日子里和孩子们一起生活时慢慢长出来的。幼儿园的生活就是由一个个教育现场组成的，非常即兴和平常，但就是这样的生活，才值得我们停留、驻足、品味。教育和教育哲学观都是在日常生活中因为我们有意识的停留才产生的一种深刻感悟。

胡华：拥有教育哲学观并不是向上走，而是要向内看，这一步我们称其为"回归"。如果教育和生活是割裂的，教育哲学观永远无法形成。幼儿园里的教育应该如何和生活融合呢？

罗希悦：生活是哲学观产生的土壤。我们常常说"好的生活才是好的教育"，很多人一谈哲学就觉得高深莫测，但思想正是从生活实践中来的。我们总说"艺术来源于生活，但又高于生活"，其实哲学也是这样，它来源于生活，是生活智慧的结晶。就像我们的生活化课程，也在完成着从"生活"到"生活化"的过程，我理解的"化"，是回归平常的生活再从中思考和提炼，把它转化成儿童视角和教师视角的过程。我们在进行生活化课程创造的时候，热火朝天、忙忙碌碌的，就是在回归一种哲学的态度。

胡华：个人的哲学观一旦建立后会很坚固吗？你的教育哲学观在建立过程中有过摇摆吗？

罗希悦：我是有过摇摆的。以前，我总觉得这是对职业选择不确定的摇摆，但现在看，其实是因为没有形成一个属于自己的教育哲学观，所以才会摇摆。咱们这里的"共同体"给了我一种很强的助推力，也提供了巨大的能量。感觉每个人就像一棵树，种在土地上，外界大风吹的时候，这棵树就会不那么稳，但实践的根基和我们的文化就像一双手，帮着这棵树埋土固根，就这样，我的教育哲学观也变得越来越坚定。只有回归教育的生活世界，教育哲学观才能获得坚实的根基。

音频 1-7
与罗希悦老师的对话

共情通常发生在 "一念之间"

　　当对话者开始在交流、互动与分享中让思想、精神和情感不断碰撞、汇聚、融合的时候，一个共享性的对话空间就开始出现，它打破了思维的边界、情感的边界，使有限成为了无限……

　　　……

　　可以说，具有联结感的对话才是真正意义上的对话。对教师而言，具有共情能力就显得尤为重要。只有共情，才能在面对儿童的时候，听到他们内心的声音，实现心灵层面的交流，完成心灵对话。在这样的对话中，教师也会通过孩子富有哲思的话语解开心中的疑惑。对话，让教师发现人存在的意义，感受人性的丰富和深刻，也开始领悟对话中蕴含的深刻与哲理。

——《幼儿教师的教育哲学观》

（第四章　对话——幼儿教师教育哲学观的形成基础，第48—49页）

孩子们叫老师的名字是不礼貌的行为吗？

田巍 老师

写于2021年10月27日

　　对话能够把教育中一个有限的问题无限地延展。我们每个人心里都有一个更好的自己，借由和儿童的对话，我们得以与更好的自己相遇。

秋游活动后，班里留下了几颗南瓜，孩子们非常喜欢这几位"南瓜先生"，每天都要去看一看、摸一摸。我们也经常一起围着南瓜玩游戏，其中我们最爱玩的游戏就是"传南瓜"！

今天我们又玩起了"传南瓜"。大家坐成一个圆圈，边说口令，边拍手传南瓜。口令是"谁的南瓜传给谁"，传到最后一个人是可乐，他可是个游戏高手，只听他说："拍拍手，传南瓜，可乐的南瓜传给巍巍！"说完就把手里的南瓜塞到了我手里。

这时，小美小朋友站起来说："你应该说传给'老师'，不应该叫她'巍巍'。"

可乐愣了一下，看向我，然后歪着头对小美说："可是她就叫'巍巍'呀，老师也有名字呀！"

小美说："反正小朋友不可以随便叫老师的名字，因为这样没礼貌。"

一时间，立刻有几个人都站起来围着可乐说："对！这样没礼貌。"面对好几个小朋友的"围攻"，可乐有点招架不住，眼圈红了……

叫老师的名字和叫小朋友的名字有什么不一样？小朋友叫老师的名字，可以吗？小朋友叫老师的名字真的是不礼貌吗？

我也很想了解孩子们的想法，于是我们停下游戏，一起聊起了这个话题。

你喜欢老师叫你的名字，还是叫你"小朋友"？

暖宝说："我喜欢老师叫我的名字，因为我的名字更好听。"

大宝说："我都喜欢，因为我喜欢老师。"

可乐说："都喜欢，因为'可乐'是我，'小朋友'也是我。"

我们可以叫老师的名字吗？

小路说："可以，因为人人都可以叫对方名字。"

吴双说："可以，因为我也会叫妈妈名字。"

晨晨说："可以，我会悄悄地趴在老师耳边叫。"

泽泽说："不可以！因为我还不知道老师的大名呢！"

湉湉说："不可以，因为妈妈说不可以就是不可以。"

东东说："老师是大人，小孩不能叫大人名字，这样不礼貌。"

小美说："小朋友不可以随便叫老师的名字，这样会显得没礼貌，但是老师同意你叫名字，你就可以叫。"

什么时候可以叫老师的名字？什么时候叫他们"老师"？

晓顿说："玩游戏的时候可以叫名字，比如说'巍巍，巍巍你在哪里？'因为如果你不唱她的名字，她就不知道叫的是自己。"

金果说："说甜甜话的时候也可以叫名字，妈妈就会说'我爱你——金果'。"

米豆说："上课的时候要叫老师。"

妞妞说："我需要帮助的时候就会叫老师，因为老师是会帮助小朋友的。"

壮壮说："要回家的时候叫老师，只有老师才能把我们送出去。"

伊伊说："我觉得想妈妈的时候也可以叫老师，因为老师可以帮忙给妈妈打电话。"

泽泽说："在班里可以叫老师的名字，在外面就要叫老师了，因为我奶奶就是在家里叫我狗蛋儿，在外面就叫我端泽。"

这时，小美又追问了一句："巍巍老师，那你到底喜欢我们叫你的名字，还是喜欢我们叫你'老师'呢？"

"你们猜猜我喜欢什么呢？"

伊伊说："我猜你喜欢我们叫你老师，因为当老师就是很棒的事情。"

元宝说："我猜你喜欢听我笑嘻嘻地叫你的名字吧。"

金果说："我叫什么你都答应了，你肯定是都喜欢的。"

伊伊又说："我猜你喜欢我们，我们叫什么你都不会生气的。"

我被孩子们天真的话语逗笑了。

"今天要先谢谢小美的问题，让我们有了讨论的机会。你们叫我的名字，是因为喜欢我，想和我做朋友吧？（小朋友们点头。）老师是我自己喜欢的工作，所以，当我被你们叫老师的时候，就像在提醒我自己还有一个重要的使命——帮助和陪伴你们长大。最后，我想告诉你们，叫什么不重要，真心地相互喜欢才重要。现在，让我们用自己的方式来表达一下对彼此的喜欢吧！"

这时候，孩子们纷纷过来抱住了我，我们抱成了一大团，久久没有放开……

一些思考

自古至今，我们会尊称老师一声"先生"。直接叫老师的名字，在我们的文化中会被认为是没有礼貌的行为。

叫老师的名字，究竟是一种亲切感，还是没礼貌的行为？不要急着给出绝对的答案，因为这背后隐藏着教育的价值。今天，孩子们提出了问题，我们一起讨论了问题，才有了对这一问题的清晰认识。

这次讨论让我感觉到了孩子们对我的喜爱，当他们拥抱我的时候，我感觉自己内心生出了一种温暖的力量。我终于知道，情感才是我们在一起的重要联结。

10月即将过去，我已经开始期待11月与他们在一起共同的学习与创造了……

与田巍老师的**对话**

胡华：孩子们叫老师的名字，在我们的习俗中会认为是一种冒犯。在这个故事里，你当时的"一念"是什么?

田巍: 可乐小朋友是我们班里非常会游戏的孩子。在我们玩"传南瓜"游戏的时候,他说: "把这个南瓜传给巍巍。"我看见他因为在游戏中叫了我的名字而被其他小朋友批评,他 们认为这样很没礼貌。当时的一刹那,我很心疼他,我不愿意孩子受委屈,想帮他化解 这个危机。这就是当时特别朴素的一个念头。

胡华: 你当时的一念,只是很想保护孩子。你是一个非常容易和孩子共情的人吗?

田巍: 刚接触孩子的时候,我是非常自我的,很难共情孩子们。真正的改变是从我们的 生活化课程开始的。我从能听见孩子们说话开始,到能感受到他们的感受,再到他们不 说话,就能懂他们想要表达的意思……就像《小王子》一书中所说的那样,我们愿意在 孩子们身上花时间,这会让我们的关系发生改变。

胡华: 你和孩子们一起把这个话题做了延展。这个过程中,最触动你的地方是哪里?

田巍: 最触动我的是,孩子在辩解时的那种小心翼翼。孩子们拿捏着自己和成人互动的 感觉,他们也想知道此时我的感受是什么。孩子们的懂事让我有点心疼。我感觉自己的 身体、头脑、心灵,在那一刻都被带到了一个空间里,我的情感一下子就和他们接通了, 共情自然就发生了。孩子们生活在一个成人话语主导的社会中,他们时常需要服从大人。 我希望自己是那个可以理解儿童的人。

胡华: 共情对幼儿教师来说是一种非常宝贵的能力,只有这样,才能听到儿童的声音, 和他们进行对话。这样的对话会把教育中一个有限的问题无限地延展。这样的对话, 让你从孩子们身上学到了什么?

田巍: 在和孩子们的交流中,我发现,其实孩子对我们的包容和接纳更多一些。我们对 孩子的爱大多是有条件的,但孩子对我们的爱却是无条件的。孩子们的心灵是开放的。 和孩子们交流的时候,如果我们的心灵也是开放的,这样的交流一定比预期的要好,也 要丰富得多。这样的对话,可以带来真正的思考。我感觉,其实我们每一个人心里都藏 着一个更好的自己,借由儿童,我们可以和更好的自己相遇。

音频 1—8
与田巍老师的对话

40

　　教育中的对话本质上是一种创造行为，它的生成是具有激励思考作用和意义感的。由于教师和儿童同在的教育场景是鲜活灵动的，每个相处的瞬间都是流动的，很多时候我们甚至无法预测教育中的对话的走向，其深度也是跟对话双方自身原有的观点以及碰撞出的思想息息相关。

　　"对话"不仅需要"慢下来"，更要能"深下去"。在实践中，我们发现"深对话"需要具备以下四个特性：丰富性、完整性、深刻性和整体性。开放性话题是开展深对话的依据和核心。在对话过程中，通常会衍生出一些新"问题"，这时，需要教师适时地展开再追问、再争辩、再阐述，让不明朗的逐渐清晰、不准确的逐渐准确、不全面的逐渐完善。之后，还需要适时"打结"，梳理逐渐明朗的脉络。

——《幼儿教师的教育哲学观》

（第四章　对话——幼儿教师教育哲学观的形成基础，第49页）

我们如何把孩子们的随意"聊天"变成一种有意义的"对话"？

唐彬 老师

写于2021年9月22日

> 教育中看似有很多问题，但"问题"的最后似乎都不是问题……作为教师的我们，如何看待与思考这些问题才是重要的。

每天都期待跟孩子们一起发现和创造更多的美好……

经过一年的产假休息，再次回到熟悉的孩子中间和熟悉的班级里，亲切的感觉扑面而来。

这学期，我和老搭档玉洁老师一起带大班。这个班的孩子很活泼也很聪明，但是，我也发现了他们的"问题"——特别喜欢聊天。上课的时候、吃饭的时候、看书的时候、吃水果的时候、洗手的时候、散步的时候……他们经常聊得忘我，以至于教室里永远都处于非常"热闹"的状态之中。

我们倡导自由，但是对于大班的孩子来讲，熟悉规则、理解规则并遵守规则也是他们需要学习的一件事。所以我一直在寻找着改变这种状态的办法：口头提醒、眼神暗示、集体指导、个别交流……似乎都不能达到理想的效果。放假前周二的那个下午，教室里更是呈现出一种"人声鼎沸"的状态。

我拿出自己的手机，走到孩子们身边，将他们的声音录了下来……

1. 讨论与发现

你们听到了什么？有什么感受？

嘟嘟说："我听见了我的声音。"

沫沫说："我觉得声音太吵了！"

果仁说："太难听啦！我的耳朵都要爆炸了。"

一宝说："这就是噪音吧！"

梦溪说："我们都快成'噪音先生'和'噪音小姐'了！"

你们不喜欢这样的声音，怎样改变？

土豆说："我不喜欢，我觉得我们可以小点声说话。"

柚柚说："别的小朋友如果在教室里大声聊天，我们可以提醒他们。"

果仁说："我们可以请每天的值日生来监督我们。"

雷达说："我们还可以请老师来提醒我们。"

2. 商量解决办法

这个问题如何解决，我们需要从根源下手。先来讨论几个关键问题吧！

什么是聊天？

土豆说："聊天就是两个人一起说话。"

一宝说："聊天就是和别人说一说自己经历过的事情。"

沫沫说："聊天就是和别人一起分享自己的快乐和故事。"

如果总是不停地讲话，会带来什么问题？

垚垚说："我觉得没有问题，说话可以让我变得更快乐。"

小海豚说："聊天如果声音太大，就会产生噪音，噪音会让人受不了。"

小鱼说："小朋友如果说太多话，每天生活在这里，不仅会影响我们的心情，还会影响我们的身体健康。"

醒醒说："我觉得有好处也有坏处，好的地方是可以和人交流，但是如果太大声了，就会影响到别人。"

生活在集体中，什么时间聊天最合适？

沫沫说："在操场上玩的时候。"

醒醒说："跟老师一起讨论问题的时候。"

乐乐说："我们大家都不忙的时候。"

梦溪说："吃饭的时候也可以很小声地聊天。"

3. 一个约定与一个游戏

根据孩子们的讨论，我们也做出了以下约定：在自由活动的时候可以聊天，聊天的声音不能影响到其他人。但对于他们来讲，"知道了"和"能做到"并不是一码事，所以我们选择跟孩子们一起玩一个游戏——"我的耳朵要上班了"！

最后，我们一起讨论，确定了"耳朵上班"的时间和地点。

小鱼说："吃饭的时候。"

宝弟说："在公共场所。"

檬檬说："看书的时候。"

曦曦说："老师带我们做活动的时候。"

醒醒说："老师说事情的时候。"

生活里、游戏中、户外活动时，每次"滴"一声，每个小朋友都小声提醒自己："我的耳朵要上班啦!"经过几天时间，我发现孩子们越来越喜欢玩这个游戏，并且效果也逐渐变得越来越好。

4. 关于"大声说话到底好还是不好"，我们又展开了一场激烈的辩论会

这一周我们课程活动的主题是"好"消息与"坏"消息，孩子们也正学着用思辨的方式来看待身边出现的"好"消息与"坏"消息。下午恰好借着这个契机，我和孩子们继续对"大声说话"这件事进行了深入的讨论，通过辩论的方式来加深他们的认识和理解。经过初步讨论和思考，我们产生了"正方辩手"和"反方辩手"，还有一部分的小观众!

正方：聊天好。因为：

沫沫说："聊天可以让我们知道更多的知识。"

小海豚说："聊天可以让我们糟糕的心情变好。"

一宝说："聊天可以拉近我和好朋友之间的距离。"

醒醒说："我们人长了嘴，本来就是用来说话的，不然，嘴是干嘛使的呢?"

反方：聊天不好。因为：

垚垚说："聊天太多了会浪费我们的时间。"

乐乐说："说话太多对我们的身体也没有好处，第一是自己的嗓子会变哑，第二是听太嘈杂的声音对我们的耳膜不好。"

Bella说："聊天会让我们听不见重要的信息。"

佳宝说："别人在说话的时候如果大声聊天，就是对他人的不尊重。"

激烈辩论的最后，我们发现了一个问题："聊天好还是不好"，这个问题并不存在着绝对的答案。

什么时候可以大声聊天? 什么时候需要小声聊天?

果仁说："我们户外活动的时候可以大声聊天。"

糖豆说："在家里的时候可以大声聊天。"

梦溪说："回答问题的时候需要大声说。"

沫沫说："睡觉的时候不能聊天，会影响其他人休息。"

柚柚说："公共场合不可以大声聊天。"

雷达说："楼道里需要小声说，或者是不说。"

檬檬说："吃饭的时候不可以大声说话，想说可以小声说，但不要影响别人。"

换个角度去面对问题，让"不容易做到的事情"变成"有趣的游戏"，对天性爱玩的孩子们而言，当然会乐此不疲！如果再在游戏中加一些巧妙的设计，就能够让孩子获得规则感，增加自控力和自信心，在其他的事情上也更容易参与和配合。游戏不仅是小朋友们的最爱，也是解决问题的法宝，把游戏应用到日常生活里，能够比语言提醒更有效果，是不是也比大人说的"大道理"更有作用呢？

小小的问题从孩子们的日常生活中来，最后又回归到他们的一日生活里去。在发现问题、思考问题到解决问题这个过程中，孩子们的思辨能力与解决问题的能力都得到了提高。

教育中总是有很多的问题，但"问题"的最后似乎都不是问题，作为教师的我们，如何看待与思考这些问题，才是最重要的。

与唐彬老师的对话

胡华：在你心目中，"聊天"和"对话"有什么不同呢？

唐彬：聊天是大家想怎么聊就怎么聊，不用经过大脑思考，可以很轻松地完成。但是对话不仅需要用头脑思考，还需要用心灵去感受。对话强调的是一种关系，在对话的情境下，老师能"看见"孩子，孩子也能"看见"老师，它应该是一个彼此"看见"的过程吧。

胡华：怎样才能把一次普普通通的"聊天"转化为有意义的"对话"呢？

唐彬：其实，我写这篇教育笔记的时候内心是有困惑的，写下来也是为了帮助自己走出当时的困境。这个困境源于我内心的一些害怕和担忧。我担心孩子们在无序的状态下发生一些安全问题，担心他们没办法合理地安排时间。在这样的情境下，我突发奇想地拿出手机记录了一切，就是这样的方式打开了我和孩子们之间的一种"对话"。在"对话"的过程中，我发现，孩子们对自己的行为有觉知，他们也能从中看到一些问题，只不过"看到""想到"和"做到"之间是有距离的。这时候，我能比较清楚地知道自己应该做什么。我想借助游戏的方式，帮助他们深化认识。这一系列的活动没有太多的设计，好像有一种"水到渠成"的感觉。

胡华:"教育中的对话,本质上是一种创造行为,它的生成是具有激励思考作用和意义感的。"在这个"对话"过程中,你用了一种创造性的行为让它发生了改变。对这一点你有怎样的思考?

唐彬:我的初衷是希望孩子们变得更好,能够了解一些规则,能够获得有界限的自由。我发现,孩子们愿意分辨对错,但不喜欢成人直接告诉他们答案,我们需要给孩子们时间和空间,不要总是急于评价,把事实说给他们听,对和错留给他们自己去判断,这样的教育效果可能会更理想。回想起来,这样的认识转变,可能也来自我的童年经历。从小我就生活在大人的评判当中,出现问题时,总是面临大人的否定,从小就学会了一件事,只有守规矩才能被爱,否则就是大人的冷漠甚至是惩罚。这几年在花草园工作,带给我的影响是很深的,我学会了和孩子们相处,学着如何"看到"他们,如何和他们"对话",借助"对话"一点一点地走进他们的心灵。

胡华:"深对话"的前提是开放性,让问题一点一点地出来,这个故事很好地诠释了这一过程。你对自己未来的教育能力有怎样的期待呢?

唐彬:我感觉自己还能做得更好、走得更远。这可能需要一个过程,需要"找寻"属于自己的教育智慧,这需要不断向内走。我发现,只有了解自己,才能更深入地了解儿童。也只有理解自己,才能理解儿童,理解世界。这次和孩子们之间的"深对话",让我更加肯定了一点:对儿童来说,学会认同比成人直接告诉他们答案、强迫他们遵守规则更重要,也更有意义。

音频1-9
与唐彬老师的对话

与真实自我相遇
会发生什么

　　幼儿教育的理论知识同其他理论知识一样，关心的通常是"是什么"的问题。教育智慧则关注"如何做"的问题，与幼儿教育的活动情境更加贴近，与具体的情境相联系，也融合了个人对教育情境的认识和理解。拥有教育智慧的教师能够从容应对不确定的教育情境，临场发挥，随机应变，以保证幼儿园教育活动的顺利进行和教育目标的达成。对于教师而言，一旦拥有了教育智慧，就能够通过观察幼儿的言行、表情、体态，洞察、理解、识别幼儿在想什么，想要做什么，并及时地给予回应与支持。因此，幼儿教师教育哲学观的生成离不开具体的教育情境。

——《幼儿教师的教育哲学观》

（第六章　幼儿教师教育哲学观的构成与特点，第95页）

当孩子想把幼儿园的玩具带回家时……

张蕾　老师

写于2022年11月9日

> 教师个人的情感、经历、固有的一些思维习惯都会影响自己的判断。如果每一次的教育行为都能很好地被"觉察"，就有可能生出"即兴的教育智慧"。

　　11月，我们小班的孩子们已经完全适应了幼儿园的学习和生活，每天大段的自由活动时间，让他们感到很放松。区域游戏时间，孩子们会选择自己喜欢的玩具和游戏方式活动。游戏时，孩子们沉浸其中，即使听到收玩具的音乐，他们也不愿停下来。

"这是幼儿园的玩具"

周四，区域活动结束，教室里响起了整理玩具的音乐，伴随着欢快的音乐声，孩子们开始收玩具，送它们"回家"。

突然，豚仔跑过来神秘地跟我说："张老师，点点的裤兜里有幼儿园的玩具。"顺着他的目光，我看到点点也正看向我们。她应该听到了豚仔对她的"投诉"。我想起前两天，另外一个小朋友从家里带回来一个幼儿园的小玩具，说自己不小心带回家了，妈妈让她还回来，当时我并没有说什么。

我走到点点身边，小声地问她："豚仔说的是真的吗？"她的眼神有些闪躲，用手捂着裤子口袋，小声说："这是我从家里带来的玩具，我要把它带回家。""你能让我看看这个小玩具吗？"她想了想，从口袋里拿出几个可爱的小糖果积木，我一眼就认出，这是学期初小班新购置的玩具，孩子们都很喜欢，特别是女孩子，最喜欢用这个小糖果玩"过家家"的游戏了。

看到点点从口袋里拿出了玩具，豚仔大声说："这个就是幼儿园的玩具，那边还有一大盒呢！"说着用手指向了一个盒子。豚仔的声音吸引来好几位小朋友，大家一起对点点说："这就是幼儿园的玩具！"

"我只是担心喜欢的玩具被小朋友拿走"

我看出了点点的窘迫，分散了围观的孩子们，将她带到一边："这个玩具是你从家里带来的吗？"她说："另一个小朋友口袋里也有呢。"我这才发现另一个小朋友不知道什么时候也跟着我们过来了，直接从口袋里拿出了糖果积木，说："张老师，我也很喜欢这个'小糖果'，想多玩一会儿，怕明天被其他小朋友拿走了。"点点赶紧附和道："我也是这么想的，明天还想用它做美味的蛋糕呢！"

"我们可以把喜欢的玩具寄存在宝贝盒里"

原来她们的初衷并不是想将玩具带回家，而是担心第二天找不到或是被其他小朋友拿走了。面对她们的担忧，孩子们有没有什么好办法呢？

我利用餐前时间和孩子们进行了一个小小的讨论：

天天说："如果幼儿园有喜欢的玩具，可以让爸爸妈妈给自己买一个，这样在幼儿园和在家里就都能玩啦！"

小雅说："如果第二天找不到这个玩具，可以换一个其他玩具玩。"

小凡说："可以让老师帮我们记住玩具在哪里，一定能找到的。"

葫芦说："我们可以把喜欢的玩具'藏'在宝贝盒里，第二天就能继续玩了。"

宝贝盒是花草园每个小朋友的专属"空间"，每个孩子都有一个小盒子用来存放他们找到的宝贝——小石子、小树叶、蜗牛壳……他们喜欢称这个小盒子为"宝贝盒"。

葫芦的这个方法马上得到了大家的响应，于是，我们约定，让宝贝盒多一个小功能，将自己喜欢的小玩具暂时寄存在这里，再准备一个大点的盒子，存放稍大一点的玩具。寄存时间为一周，一周后就要放回区域里，让别的小朋友也有机会玩。

晚上接园前，我看见乐乐从裤子口袋里掏出一个小插管玩具，放进了自己的宝贝盒里……

一些思考

将幼儿园的玩具悄悄带回家，这种情况在小班是比较常见的。

成年人总是习惯性地将"私藏"行为看作是"据为己有"，发生这样的事情时，孩子们很容易被贴上道德标签。实际上，这个年龄段的孩子对物品的归属意识并不是那么清晰的。在儿童的世界里，他们总是希望和自己喜欢的物品保持亲密联结。

我们如何看待这件事情？相较于这个行为本身，因被贴上"私藏"的标签而产生的内疚感，对孩子成长的消极影响更大。这一次，我选择倾听孩子们内心真实的担忧与想法，用一个小小的宝贝盒承载孩子们的担忧与希望，这样不仅为他们提供了一个存放玩具的新空间，也营造出了一个情绪的中转站。

在和孩子们一起生活的每一天，对"理解儿童"这句话，我都会有一些新的体会……

与张蕾老师的**对话**

胡华：在这个故事中，你未谈理论，只谈了一些自己朴素的认识。你是怎样理解教育理论与教育实践的关系的？

张蕾：您在一次讲座中曾经讲过这样一句话："教育是一种基于感性的理性思考。"理论通常关心"是什么"的问题，而实践则关心"如何做"的问题。我觉得，教育理论是理性的，而教育实践更多时候是感性的，附着上了教师的情感。在这个故事里，当时，触动我更多的是感性因素，看到孩子们"不知所措"的表情，我的第一反应是应该了解他们的想法。整个过程中，我并没有想过要对应哪个"教育理论"，只是凭直觉做出了判断。我是一名老教师了，我感觉，教育理论和教育实践就像天平。如果只关注实践，忽视理论，思考就得不到升华；如果偏重理论而轻视实践，就会脱离现实，教育行为会显得很刻意，不能打动人。

胡华："在实践的场景中运用理论"对你们来讲是很难的，因为并不是知道了"是什么"，就能知道"如何做"，这二者之间并不存在着一一对应的关系。就本质而言，它是两个系统。你的实践智慧是从哪里来的？

张蕾：记得上小学的时候，我非常羡慕老师在黑板上用粉笔写字，一次我悄悄地拿了一根粉笔，想学老师的样子在黑板上写字，但被老师发现了，她当着全班同学的面，狠狠地批评了我一顿，这件事在我的心里留了一个疤。当我成为老师后，特别能理解体会孩子们的想法和心情。在孩子带玩具回家这件事里，我的"教育智慧"一部分来源于我的自身经历，对儿童的共情；另一个可能是一种"直觉"。在实践工作中，每件事的起心动念是最质朴的，当它出现的时候，我们就会从中寻找规律，而"实践智慧"就在这些美好的追求之中。这件事让我拥抱了对"过去的恐惧"。我很庆幸自己没有做出"糟糕"的决定，而是选择了接纳与理解。

胡华：对于很多一线教师来说，要做到"临场发挥""随机应变"是很不容易的一件事，你感觉困难在哪里？

张蕾：一线教师要做到"随机应变"确实不是一件容易的事。教师个人的情感、经历、固有的一些思维习惯等都会影响自己的判断。如果每一次的教育行为都能很好地被"觉察"，就有可能生出"即兴的教育智慧"，也就是"随机应变"的能力。这些年来，您要求我们认真书写教育笔记，和心灵对话、和自己对话，这个习惯让我特别受益。

胡华：你们写教育笔记的时候，我希望你们只要写出自己真实的感受就好，你觉得，这能给你们带来什么改变？

张蕾：如果要写理论的话，我们就要花很多时间去找、去套，就算找到一个理论，也不一定是我们内心真实的想法，这种"粉饰"是一种负担，思绪也会盘旋在大脑里游离不定。如果只需要写出自己的感受，想到哪里就说到哪里，所思所想都会被真实地书写出来，没有什么压力和负担，渐渐地，我发现，那些美好的东西会逐渐浮出水面，变得清晰起来，也会慢慢地沉淀下来，珍藏在内心深处。

胡华：要成为拥有教育智慧的人，必须走过一段心路历程。这些年，你走过了怎样的心路历程？

张蕾：记得刚从学校毕业的时候，我更愿意用理论去武装自己，但心里却是空的，没有什么教育智慧可言。但在花草园这么多年的工作，跟您学习、跟孩子们一起去感受美好，头脑里那些理论知识逐渐就被"忘记"了，但这并没有让我慌张，反而内心有了更多笃定的东西。真实朴素的感受已经浸润在我的心里了，会随时随地迸发出来，给我直觉上的指引，这样的智慧是和身体连在一起的。这些年我追求"教育智慧"的道路上也经历了"看见""听见"和"洞见"的过程，"遇见"了美好的自己。如果没有和真实自我的相遇，就永远不可能拥有教育智慧。

音频 1—10
与张蕾老师的对话

幼儿教师的教育智慧——来自实践现场的倾听与对话

爱自己的童年
才能爱和孩子们一起的生活

对于教师而言，借由和孩子们一起生活，不仅完成了和书本对话、和生活对话，还能够和天地万物对话。应该说，没有哪个职业如幼儿教师这个职业高贵、有趣又接地气。

——《幼儿教师的教育哲学观》

（第四章　对话——幼儿教师教育哲学观的形成基础，第58页）

孩子们对一条小鱼的关照令人动容

■■■ 曹云香 老师 ■■■

写于2022年11月16日

当我们追随孩子们的目光，对这个世界完全敞开时，也就拥有了一种改变世界的力量。

11月，艺术月。我们小班的学习进入了与种子有关的一周。孩子们感受着自然蓬勃的生命力，用心灵感知着自我与自然、艺术的关系。

在孩子们眼里，我们吃的花生、黄豆是有生命力的种子，花是有生命的，鱼是有生命的，任何一个生命都是这个世界的"种子"……"原来种子就是生命啊！"逗逗赞叹道。娜米亚说："是的！它们可以听到我们说话！"小满说："任何东西都有生命，小鱼、小乌龟、大树，还有我们的小椅子。"吴双说："我们要爱它们，一会儿我就要去抱抱外面的大树，和它说好听的话。"……

孩子们发现了一条小金鱼

户外活动，孩子们发现，一根软软的水管横卧在操场上，正好于大大过来了，豚豚和娜米亚跑上前去一边向于大大问好，一边拿起于大大手里的水管摸来摸去。敦敦和棒棒发现，这根水管把小池塘里的水都抽干了，大家很好奇，小池塘里的乌龟和鱼去哪里了？于大大说："现在天气变冷了，鱼和乌龟就搬家了，它们搬到了室内温暖的小房子里，会在那里度过一整个冬天。"几个孩子拎起了水管，试图从水管里甩出更多的水，之后，他们顺着水管，来到了池塘边。

只见池塘里的水都干了，只剩下底部石头下面的一些淤泥。这时候，逗逗忽然有了新的发现："石头下面红色的是什么啊？"吴双说："是不是有一条鱼藏在那里？"孩子们大声嚷嚷起来，"有一条鱼在那里！"只见一条鱼被压在石头下面，没有一点儿动静，看起来似乎已经死掉。这时候，于大大说："这条鱼肯定是死了，因为这里一点水都没有了，水都抽干有一会儿了。"于大大说完后，大家都沉默了。

毛豆率先打破了沉闷的气氛："我们先找根棍子来把石头弄开吧。"抱着希望，大家开始去找小棍。可是石头太沉了，棍子又太细。我伸出脚踩在靠近鱼的石头上一探究竟。挪开滑溜溜的石头，我发现，鱼身上掉了很多鳞片，伤痕累累的，看来是没有生还的希望了。抱着这样的想法，我从小池塘里走了出来。可吴双却坚定地说："我们把它救出来吧！"我把鱼抓在了手里，孩子们都看着我，这时候，鱼"扑棱"地甩了一下尾巴，哇，鱼竟然还活着！孩子们又欢腾起来了。

我们把小金鱼带回了教室

我们决定一起承担照顾金鱼的责任。迟老师找来了盛着清水的盆子，小金鱼大口大口地呼吸着。孩子们围在金鱼旁边，不愿离去。娜米亚心疼地看着受伤的小鱼："小鱼的鳞片没了，它肯定很疼吧！"孩子们给小鱼吹了又吹，希望这样小鱼就不疼了。他们还把树叶撕成小片，把自己带来的种子丢到鱼缸里，希望鱼不要挨饿。大家都觉得小金鱼好孤单，说要给小金鱼带来一个新的伙伴。

就这样，我们救了一条鱼！一条已经在小池塘里奄奄一息的小金鱼。吴双高兴地说："救人一命，胜造七级浮屠。"我也跟着孩子们激动起来，这条金鱼的生命，一瞬间变得鲜亮起来……这个世界，似乎又有了希望！

一些思考

这一周，北京新冠病毒肆虐，孩子们停学居家。每当我回忆起和孩子们一起拯救小金鱼的过程时，内心就无比温暖。因为这个世界，还有点点滴滴的小美好，值得我们守护。

花草园生活着许多的小生命，有小兔子、小乌龟、小金鱼、小蜗牛……来到这里，就仿佛进入了大自然的怀抱。冬天格外寒冷，大树屋下的小兔子会被小朋友或老师带回家照顾，小鱼和小乌龟也会在冬至前搬到室内，孩子们会用树叶和鲜花把死掉的小鱼葬在大树下……孩子们还会给大地做一条温暖的"棉被"，让大地能温暖过冬。

也许并没有那么多人在乎一条金鱼的死活，可是孩子们在乎。日复一日的陪伴，孩子们赋予了它们情感，小鱼也成了孩子们生活中的重要"他人"。

孩子们爱世间的万物，想让所有的生命都得到关照，这种悲悯心无时无刻不在感染着我。当我追随孩子们的目光，对这个世界敞开的时候，改变世界的力量便降临在了我——普普通通的阿香身上。

与曹云香老师的对话

胡华：这个故事有很多非常动人的细节，最打动你的是哪个部分？

曹云香：这个故事有两个地方特别打动我。第一个打动我的地方是，我们只是隐约看见石头下面有鱼鳞的反光，孩子们想试一试，我当时的想法是其实也可以不用管它的。当我改变了想法把鱼放在手里时，鱼用力地甩起了尾巴，我感觉，是我们所有人给了它一股力量。第二个打动我的地方，是吴双小朋友说的那句话：救人一命，胜造七级浮屠。在孩子们眼里，一条鱼的生命也是宝贵的。

其实，这条鱼的死活对这个世界不会有太大的影响，但对孩子们来说，他们很确信，小小的改变也会对世界产生影响，他们是有能力改变这个世界的。我觉得，那一刻，他们也改变了我。

胡华："没有哪个职业如幼儿教师这个职业高贵、有趣又接地气。"你感觉这个职业高贵在哪里？

曹云香：我的教育生活中一个普普通通的时刻，瞬间就被孩子们点亮了。孩子们关怀世间的万事万物，关怀一个不起眼的小生命，这是多么高贵的事啊！幼儿教师这个职业也许并不如大学教师那样受人尊敬，但我们可以享受和孩子们在一起，随时被孩子们带入一个纯净、美好的世界里，享受生命的美好。我们的工作是丰富的，因为随时随地能和天地万物对话，非常有趣，也非常接地气。

记得您之前说过一句话：香香，你是可以听见山谷中风的声音的人。我在大山里长大，也许与生俱来就具有这种能力，但在孩子们身上，我看到了他们和我一样，能够听见雨落的声音、风的声音，我愿意走进他们的世界，跟随他们到达任何地方。

胡华：幼儿教师的教育信念在哪里产生？靠什么丰富和完善？

曹云香：这些信念并不是凭空出现的，和孩子一起生活，需要一点一滴地去感受，才能发生改变。在和孩子们相处的过程中，我的教育信念也越来越清晰了。我学会了打开自己，屏蔽掉一些世俗的东西。无论是多么普通的一件事情，和孩子们一起探索时，就会变得特别不同。我依赖自己过去的某些经验，但也不完全依赖，这有点像重回童年的感觉。我尝试着用童年的眼光去看待世界，也尝试着用童年的美好对抗成人世界里的一些世俗。和孩子们在一起的每一天，我都在成为更好的自己。

音频 1—11
与曹云香老师的对话

幼儿教师的教育智慧——来自实践现场的倾听与对话

与他人相遇
也是与自己相遇

　　师幼交往的本质就是通过交互性对话共同步入教育领域的过程。师幼关系本质上是一场美妙的"相遇"。这种"相遇"是指具有完整人格的教师与具有丰沛精神的儿童的相遇，"相遇"的主题不仅是以"知识"为目的的，更在于情感、思想、智慧的碰撞和精神世界的交互成长。

　　……儿童的每一个动作、每一个表情都诉说着自己的想法、愿望和态度。教师要真诚地去理解他们，洞悉他们的一言一行，尊重他们的想法，让每一次互动都成为实现彼此思想、精神、心灵共同成长的机会。

——《幼儿教师的教育哲学观》

（第四章　对话——幼儿教师教育哲学观的形成基础，第50—51页）

保育老师怎样才能成为教育的合作者？

李洋 老师

写于2020年11月25日

　　每个人都要打破心里的固有观念，友善地对待身旁的人，这样，我们会看到自我的超越，也会发现自己给他人带去的美好体验。

一块"神奇快快表"

"彭老师，'神奇快快表'，快给我画'神奇快快表'……"

每天，到了快要接园的时候，佑佑都会追在彭老师身后。每次听到佑佑的声音，无论正在做什么，彭老师都会放下手头的事情，轻轻地问："佑佑，今天想要什么样的'神奇快快表'呢？"

"神奇快快表"是什么呢？这还得从开学的时候说起。9月，在孩子们刚刚入园的那几天，他们最关心的事情就是什么时候能回家。看到眼前的这一切，彭老师像变魔法一样，从口袋里掏出一支笔，对孩子们说："我来给你们画一个能快快回家的'神奇快快表'，好吗？这样时间就能快点过去，宝贝们就能早点回家见到妈妈了。"随着彭老师画完最后一笔，孩子们的眼泪真的止住了。

一开始，孩子们争先恐后地要彭老师在他们的手背上画一块"神奇快快表"，希望时间快快过去。渐渐地，追在彭老师身后要"神奇快快表"的小朋友越来越少，越来越少，最后只剩下佑佑一个人了。

"彭老师，今天我想要一块爱心形状的'神奇快快表'。"

"彭老师，今天你给我画三块吧，一块早上用，一块下午用，一块晚上用。"

……

就这样，这块"神奇快快表"不仅成了佑佑对回家的一种寄托，也成了他和彭老师之间的一个互动游戏。

独特的睡前陪伴

有段时间，Mickey中午睡不着觉。不睡觉的时候，他喜欢躺在床上自言自语："老师，抱一会儿吧。""老师，你陪着我。"……直到老师走到他的身边，陪着他，他才会停下来。

为了让Mickey能更好地休息，彭老师每天中午都会先去把他哄着。孩子们的床都是矮矮的，老师们常常都是轻轻蹲在孩子们的床边陪孩子们，但是这样蹲一小会儿腿就会发麻。为了能长时间陪Mickey，让他能安心入睡，彭老师选择了另外一种方式：双膝跪在地上，轻轻地拍着Mickey……直到他进入梦乡。

Mickey和我说，彭老师就像妈妈一样。

"亲爱的孩子们，闭上眼睛做一个甜甜的梦吧！"

"彭妈妈"故事时间

周五，畅游开始前的几分钟，几位老师在做最后的准备：布置场地，准备材料……孩子们坐在图书馆里看书。看到彭老师走过，麦子拿起图书《神奇种子店》说："彭老师，你能给我们讲这本书吗？"彭老师不假思索地回答说："当然可以啦！"

"有一天，小猪咚咚咚、咚咚咚地走在原野上，他发现了一家神奇种子店。有多神奇呢？"

跟随着彭老师温柔的声音，孩子们一起种下了"又白又冰凉的种子""像圈圈一样的种子""很多颜色的轻飘飘种子"，变成了"小雪人""甜甜圈""气球"……

"最后，我们一起种一颗开心种子，今天开开心心地去畅游，好吗？"彭老师说。

土豆说："好啊，彭老师以后多给我们讲几个故事吧！"

糖糖说："原来彭老师这么厉害呀，讲故事这么好听……"

"好啊""好啊""好啊"……随着孩子们此起彼伏的声音，畅游开始了……

午饭前，孩子们来到彭老师面前问："你还能给我们讲一个故事吗？"

彭老师回答他们："当然可以，以后每周五，我都给你们讲一个故事。"

"太好啦，以后畅游日还是'彭老师故事日'啦。"孩子们高兴地说着。"彭老师讲的故事太好听啦！"

彭老师和孩子们的故事还在继续……

一些思考

每个走进花草园的人，看到孩子们积极、愉悦的状态，感受到他们纯净的心灵后，就能激发出求真、向善、崇美的本心与本性。

或许有人会认为，作为保育老师的彭老师，对教师的工作予以提醒，是一种越界行为。可是，我并未感觉到越界，而是会从心底里升起一股暖意。有一个人总能看到我看不到的地方，用善意的方式提醒我，让我做得更好，这何尝不是一种爱与关怀呢？

与李洋老师的对话

胡华：在幼儿园，儿童每天会和教师与保育老师相遇，这两种相遇对孩子们来说，会有不一样的感觉吗？

李洋：我感觉会有的。虽然我们和孩子们在一起的时间更长，教育也更显性一些，但保育老师对孩子们的陪伴更加"润物细无声"。和我们带着文化视角与孩子们的相遇相比，保育老师和孩子们有一种生活中的相遇。孩子们在她们面前似乎更放松一些。假设我们的班是个大家庭的话，我感觉，教师就像是家庭中的"爸爸"，而保育老师则更像是"妈妈"。

胡华：保育老师为孩子们的生活带来了什么？

李洋：我们班的孩子更愿意和彭老师分享他们的秘密。因为有了"彭妈妈"，我们的"家庭"关系总是很和谐。保育老师就像是润滑剂，让我们的关系更亲密，也让我们的生活保持着一种温润的感觉。保育老师看到，她们做出的一点努力就能帮到孩子或者教师的时候，心里也会很有成就感。她们会带着这份成就感，继续努力工作。

胡华：在幼儿园，作为成年人的我们，不管以什么身份与儿童相遇，并不是完全以知识为目的的，我们在情感、思想、智慧方面都有碰撞。和彭老师一起工作的这几年，你感觉她有哪些方面的成长？

李洋：彭老师来到花草园已经五年了，之前她换过很多工作，但她说，这份工作她从未想过离开，因为在这里，她感到了前所未有的信任和尊重。我也发现，彭老师变得越来越有智慧。有一天孩子们喝红豆牛奶，他们不太喜欢吃里面的红豆。彭老师就告诉他们，红豆是藏在牛奶里的宝藏，于是，孩子们就开始不停地找红豆，找着找着就把红豆都吃光了。当时，彭老师的眼睛里满是喜悦。我感觉，她的快乐不是来自快快地把手头的活干完这种满足，而是来自和孩子们之间的一种互动。我觉得彭老师在这里找到了一种生活的意义。

胡华：一起工作的日子里，你从彭老师身上学到了什么？

李洋：和她在一起，我经常能感受到她身上的母性特质。彭老师的生活阅历很丰富，遇到困难的时候，她总有自己的解决办法，和她在一起，我也渐渐变得不那么焦虑了，变得更加信任身边的人。我们借由这份工作，不仅和儿童相遇，也和一起工作的人相遇，我们之间产生了情感，也可以在思想上进行交流，实现共同成长。

胡华：当保育老师提醒教师工作的时候，你有被冒犯的感觉吗？她们的行为是一种越界吗？

李洋：坦白地说，有时候会有这样被冒犯的感觉。但是仔细一想，彭老师很注意场合和方式。她往往用一种关怀的语气表达她的想法。从她的表达和行为中，我能感受到，她从心底里希望孩子们生活得更好，这不能算是越界吧……

胡华：是什么因素，可以让我们在花草园温暖相遇？

李洋：我感觉，在花草园里生活的每一个人，不论是教师、儿童，还是保育老师，我们就是生活在一起的人，没有身份上的高低之分。我们从心底里彼此关照，才会有这样温暖的相遇。这也是花草园文化的底色。我们每个人要打破心里的固有观念，友善地对待身旁的人，拥有更广阔的精神空间，这样，我们会看到自己人性的超越，也会发现，自己能给他人带去美好的生命体验。

音频 1-12
与李洋老师的对话

心态的改变
是最大的收获

特别值得注意的是，这个过程中，反思作为哲学的重要思维方式发挥着重要的作用。即对已有现象与问题进行"自明性"的诘问，将自己从习惯中剥离出来，将经验视为客观存在加以解剖分析都是教师教育智慧形成的重要方式。成为反思型的实践者，教师们才能对自己已有的观念进行冷静分析，之后完成反思和批判，形成自己的教育哲学观。

——《幼儿教师的教育哲学观》

（第七章　幼儿教师教育哲学观的生成，第108页）

我试着把自己不喜欢的事
变成了一件有意义的事

田巍 老师

写于2020年10月28日

> 这个世界，大部分人都在走老路。但当我一次次地跨越逆境，一回头才发现，不经意间，与生活共舞，舞出最美姿态，那是生命飞舞的样子。

上级部门每年都会对幼儿园进行质量验收和督导，这是一个体系里非常重要的评价，因此，所有人都高度重视。今年10月，我们又迎来了质量督评，在这次的督评中，将全面地考察幼儿园工作的各个方面，比如班级环境、教育教学、师幼关系等等。以往准备这类督评的活动，常是老师们最头疼的事情，今年借由环创思路的变化，带动了我心念的改变，让我对督评活动和自己都有了一个全新的认识。

督评中的班级环境创设

在准备验收的过程中，胡老师说"要借由环境呈现出你们对儿童的理解"，之后，我们本着"环境不是用来观赏的，而是用来互动的"的认识，借由这样一个机会，努力让环境促进儿童学习的积极体验，让环境成为儿童学习的生长点和支架，在给孩子们提供多元化学习通道的同时，也完成了与儿童的一次平等对话。

当班级环境成为课程的支架和延伸时，孩子们的学习也充满了更多的可能性。以这一周的活动为例，周活动主题是"生活在北京"，我们在不同的区域都设计了和课程相关的元素：在建筑区开展了关于"北京未来建筑"的系列设计和搭建活动；在表演区孩子们进行着"我身边的北京故事"的创意表演；在科学区，孩子们了解并制作了古代的计时工具——日晷；在美工区开展了传统技艺（剪纸、编织）活动；在自然角，孩子们制作了花草园秋日标本……区域活动为孩子们提供了学习的更多可能性，也让前几周的课程有了时间和空间上的延展，内蕴更加饱满。

在环境的呈现方式上，我们全体教师经过认真讨论，明确了这样一个想法：一个是要看到儿童学习的轨迹；另一个是要体现教师指导的过程。有了这两条线索的呈现，活动具有了更强的目标性与指导性，环境可以变成老师和孩子对话的介质。

督评中心态很重要

这次检查，也让我体会到了一个有趣的现象：当我定义这件事是麻烦时，它就会给我阻碍；当我定义它是挑战时，它就会给我一些机会；当我定义它是一次超越时，它就会给我一些灵感……当我用不同的词语来定义它时，它就会根据这些定义给出不同的"情境"……在这次验收中，我感觉到了有觉知生活的力量。我也用自己的体会化解了验收中的不良情绪，完成了一次内观。

当外部要求与个人风格存在差异时，寻找节奏和调频变成了一件很重要的事情。日常工作无论是案头工作还是环境布置都应尽量找到自己的节奏。作为班长，我不仅要做好自己的工作，也要协同好班级其他成员的工作。这时，如果每个人只站在自己的角度看问题，那整体工作就无法完成闭环。因此，我们需要前期列出行动计划，并留出一定调整的时间和体力。这也使我们班的各项工作在短期内有了整体的提升，班级的凝聚力也得以增强。

"当我们把目标放长远，我们才能对内凝聚共识，对外给出确定性"。[1]在督导评估中，我们就是这么做的。如果我们把工作的意义定义为迎接检查，老师们工作的意义感和自我效能感就会变低。长期主义不是坚持重复一件正确的大事，而是坚持改进一件件小事。花草园人就是在这样一次次的督导评估中，不断地反思、积累、改进、实践……凝聚成一股合力，向着同一个目标前进。

我是一个工作了十几年的老教师，成长经历也告诉我，在成长最开始的一个阶段，我们的改变可能很微小，甚至自己也看不到变化。但这些改变一旦积累到一定的时间，就开始发酵，奇迹便会出现，这是一个从量变到质变的过程。在这次督导评估中，花草园的每一个人都淡定自若，展示出了花草园人一贯的工作风范。我特别希望大家都能在这里找到值得自己长期坚持的目标，等待着那个美妙时刻的到来，成为花草园的"长期主义者"。

与田巍老师的**对话**

胡华：这些年，幼儿园总会迎接上级主管部门的督导与评估，每次的督导与评估带给你们的是一种什么样的感觉？

田巍：说实话，每次面对上级主管部门的督导评估，我都会感到迷惑，有时甚至会有一种分裂感。督导评估对我们来说，要准备大量的资料，他们对教育的现场的评价也有一套刻板的标准。在教师心中，这和我们平时的教育好像是两个不同的"版图"，就好像走路，本来我们按自己的方式走得好好的，方向在哪里也很清楚，但督导评估的标准强制我们必须走到他们那边去。举个例子，他们觉得沙子、树枝、叶子、石头都不能算玩具，可这是我们的孩子最喜欢的玩具。他们认为的玩具，是班里那种摆在桌子上能看得见、摸得着的塑料玩具。为了达到他们的要求，我们就要费力地去准备，东拼西凑，这和我们进行的教育有一种冲突感。

胡华：作为管理者，每次迎接督导评估，我也会有一种矛盾的心理，哪怕知道我们

---

1 罗辑思维·启发俱乐部."坚持"和"判断"哪个更重要？[EB/OL]. (2021-01-06) [2023-12-01] https://www.dedao.cn/share/course/article? id=qzk8vQM4oYjrXm1mz3Xw6bEOLl5GPx.

做的是对的，但也得按照一个标准走。这样的督导评估，给你们带来的最大困惑是什么？

田巍： 我原来实习的幼儿园，每次迎接督导评估，老师们经常加班做环境，通常今天一个想法，等把环境都做好了，第二天专家看了一遍，提出很多问题，就把老师们做好的推翻了，老师们只能重新再来。督导评估的标准，常常让老师们摸不到头绪，很难落地，老师们就在一次次的推翻与重建中循环，直到麻木而又机械地去应付督导评估。督导评估者对环境非常重视，但他们好像只愿意看到环境中呈现出的一种结果。

胡华： 你为什么选择环境创设的视角，记录自己在督导评估中的心态变化？

田巍： 我记得那一次督导评估前，您看完了我们所有班级的环境后，给我们开了一个会，听了我们每个人的想法，之后帮我们梳理了评估验收中环境的要点。您当时说，很高兴我们对自己做的教育这么笃定与自信，好的教育就不怕拿任何 "尺子" 来量，不管怎么量，我们都是自己的样子。这句话当时就好像是一个开关，一下子帮我打开了另一个世界。

当时我就想，为什么不能借这样的一次机会完成一个转变，给自己一种训练呢？以督导评估这件事来讲，如果我们特别不喜欢这件事，就会把能量都消耗在情绪上，最后，问题还不能很好地得到解决。我试着接纳这件事的发生，出现问题的时候，我们会继续讨论，大家互相出主意、互相支持。感觉就是一件大事来了，我们内部反而越来越紧密、团结了。

胡华： 不要总活在危机里、恐惧里，还有一条路是可以突破的，我们完全可以用更积极的方式完成一种改变。这一过程中你的改变是什么？

田巍： 您常说，人人都会遇到困难，真正的强者会跨过去。它让我发现，任何事情里都藏着一种机会，我可以把困境转化为机会，完成一次超越。我感觉自己面对困难的时候不再那么恐惧，也感觉，脚下的路越走越宽了，因为我知道，有一条路是可以这样走的。

胡华： 我们有一个价值观稳定的共同体，真正的共同体建立，需要遇到困难后形成一种共同的价值观。你怎么看待我们的共同体？

田巍： 谈到这里，我就特别激动。我在花草园工作了18年，这里的每个人都变成了我的亲人，我们成了彼此的宝藏。我们也有了一套面对困境的方式。在这里，我们学着做生命的强者，不屈从于命运，不扮演受害者的形象，而是能跨越高山，我们最大改变的就是放下了恐惧心。我们每个人都是勇敢的人。

胡华：哲学就是世俗意义上的宗教，一个人的哲学观呈现出来的就是个人的生活观，这些年，你获得的最宝贵的信念是什么？

田巍：我想起了海明威《老人与海》里的那句话，人是可以被毁灭的，但是不能被打败。这个世界大部分人都在走老路，但我们能一次次地跨越逆境，变得轻盈，一回头才发现，不经意间，我们与生活共舞，舞出了最美的姿态，那是生命飞舞的样子。

音频 1—13
与田巍老师的对话

"具体"
成就了教育的美好

诗意与深刻并存的教育，才是理想的教育。

······

教育的诗意是教育中的人诗意栖居的产物，意味着教育活动的自然、优雅、浪漫以及教育活动者充沛的、向善的生命力量。

······

幼儿教师教育哲学观生成的重要"场域"是在教育生活之中。只有在充满生命力的真实生活与对话中，幼儿及教师才会获得真实意义上的发展。幼儿教师的教育哲学观必须来自教师真实的生活与感受。

——《幼儿教师的教育哲学观》

（第二章 幼儿教师教育哲学观的存在意义，第23页、第25页）

开学的日子，我们和孩子一样快乐

甄珍 老师

写于2022年9月4日

当我们打开心灵与孩子相遇时，生活就如同一缕清风。把盎然生机植入寻常日子，我们也成了一个个色彩缤纷的人。

当口哨声响起……

新学期的开学日很不寻常。这一天，花草园变成了"花草园火车站"，园长妈妈变身车站站长拿出了一个口哨，当园长妈妈吹响口哨的那一刻，我看到了孩子们激动、雀跃的神情。我的心跳也加快了，那种无以名状的喜悦之情，大概是回到了孩童时代……我们有幸能够参与到孩子们的童年时代，也同样在某些时刻与自己的童年时代重叠。

别样打卡处

每一年开学前，花草园的大厅里都会根据新学期的主题布置一新。今年的"小火车"和"打卡处"孩子们特别喜欢。除了打卡拍照，这里的环境成了孩子们开学典礼当天游戏的场所。当我们创设出一个真正为孩子们所喜爱的情境，孩子们便会沉浸在其中。看到他们的笑脸和专注打卡的神情，老师们对新生活的无限向往也从这一天开启了。

一起寻找教室里的新变化

一大早，孩子们来到新教室，各自寻找着教室里的变化。门口的"夏·繁星"让丁丁纳闷道："怎么感觉夏繁星像一个名字？"哈哈，我们也是后来想到班里的繁星小朋友。坦坦发现教师区里老师们的合照有变化；小沐发现班里的装饰都变了，有很多的鲜花；还有的小朋友发现钢琴位置变了；有人发现娃娃家没有了；有人发现图书馆里更美了；有人发现走廊过道的墙面非常丰富……还有人说这个教室的感觉不一样了，更明亮了。

确实就像孩子们的发现一样，教室环境中有留白也有老师们的创设，因为我们在开学前做了很多的准备工作。小霞老师每每提出一个想法，都能把现有的一些小物件用得很美、很合适。跟着小霞老师一起，我们做了进区牌、值日生的角落、悬挂的吊饰……在不断尝试中，教室里的每个角落都有了老师们充满爱意的小想法。在做这些事情的时候，我们的心也随之沉淀了下来，并对未来教室里的变化充满期待。等孩子们回来之后，在他们的不断丰富之下，教室一定会更加充满灵气和生机。

种植一个"心愿"

开学第一天，孩子们从家里带来了很多想要种植的小种子，这些小种子也将和他们一样一天天快乐地长大。元宝说想种植一个好朋友，这样就能长出一个好朋友了。在一米菜园里，孩子们因为有小班时的种植经验，这一次种植时明显熟练了很多。乐乐捡到了一块土，握在手里十分宝贝；元武对自己之前种下的豆角反复观察又摘下几根准备带回家；开心专注于寻找蜗牛；嘟嘟喜欢寻找各种各样的叶子……孩子们在自然中探索，开启了很多新的发现。当我低下头与孩子们处在同一个视角时，我发现了好奇心这一生命的"源"动力：美好真的无处不在。

每个心灵打开的时刻都是一个传奇

虽然开学第一周只有两天，孩子们却有着聊不完的话题。在一天当中，我们简单聊了关于朋友的话题、关于长大的话题，还有挡在路中间的小椅子的故事。

由于宁宁家住得远，每周五需要提前被接走。周五下午，当孩子们都坐在自己的小椅子上时，宁宁的椅子孤零零地横在了两排椅子中间。这个时候，我发现所有的小朋友都是绕着这把小椅子走的，没有一个小朋友会想到把它搬走。当我提出：如果有把椅子挡住了你的路你会怎么办？小之说，可以绕着走；六六说，可以把它搬到旁边；希曼说，可以看看是谁的，告诉他把椅子搬走。孩子们纷纷表达自己的想法，这时番薯把中间的椅子搬走了。当我肯定了番薯的做法，并且和孩子们分享了"利他利己"时，乐乐也把散落在地上的几本书收回了书架。

一些思考

对于一个已经工作了十几年的老教师来说，寒来暑往，迎来了好多个开学日。但是为什么今年的开学让我感觉最舒服呢？我和孩子们之间发生了这么多的事情，每一件事看起来虽然微小，但却那么美好。

这个暑假，教师们共读了《蛤蟆先生去看心理医生》。胡老师领着我们一起读的同时，倾听并抱持着我们的表达。我也跟着蛤蟆先生走了一遍心路历程，产生共鸣，认识自我，探寻情绪的根源。这一切都给我的生命注入了满满的能量。带着这些能量，我似乎也与孩子们的能量接通了，能够感受他们视角下那种可爱的美好。

我们每天的工作平凡而琐碎，如何在这些平凡之中发现美好？今年，因为心境有了很大的变化，感受也变得大大不同了。这些平凡的日常能让人发现生活的诗意。正是这些诗意与美好，温润着我们和孩子们的心灵。

与甄珍老师的对话

胡华：开学第一天，幼儿园都会很忙，你和老师们的心情是怎样的？

甄珍：虽然很忙，但我们却没什么焦虑，大家都带着一种期待和创造的喜悦，迎接着开学第一天的到来。开学前的一周，我们一直在做准备。我们会把幼儿园大厅和班里的环境用相机录下来，分享到班级群里，让孩子们对开学也充满期待。很多事情都已经做好了，我们的心很稳。接下来，就是期待和畅想一下，开学第一天会有哪些好玩的事情发生。

胡华：你们把新学期教室的样子录下来，分享到班级群里，目的是什么呢？

甄珍：因为准备环境的时候，我们特别开心，就会从心里涌动出一种热情，不自觉地想要录这个视频，和孩子们分享一下，并没有刻意的想法或者说非要录制成什么样子。过程中，我们会主动讨论哪种录制效果会更好一些。比如，李洋老师录制她们班的环境时，会关注到班里的老师，每位老师也会送给孩子们一句话。无论哪种方式，我们的心都是喜悦的。这样的方式一下子让我们和孩子们、家长们有了联结感。恰恰是因为不那么刻意，我们感觉，这样的朴素、自然就很美好。

胡华：疫情之后的这次开学日，我们特别重视，园里也做了一些设计，希望大家满怀期待地迎接开学。你觉得，幼儿园里的美好生活主要由谁来创造？

甄珍：孩子们是源头，园所为我们营造了氛围，老师们就像魔法师，手里拿着钥匙开启了这种美好。我觉得，老师是美好教育的开端，他们有美好的心境，就愿意去创造更多的美好。我们有真诚和善意，行走在追求美好的路上，我们都希望过上一种更丰富、美好的人生。所以，我们对待生活的态度是真诚的，和孩子们在一起也是真诚的。这种真诚是可以创造美好的。

胡华："平静源于做具体的事"，你眼中具体的事是指什么？

甄珍：我感觉，我们伴随着情感做的每一件事都是很具体的。比如，教室里每个角落都有留白，等着孩子们回来后丰富它们；给孩子们的水杯架贴好名字；老师们拍一张美美的合照；为孩子们开学当天打卡，剪好彩色的小桃心；准备一个种植瓶，带孩子们种下新学期的愿望；为每个孩子准备一张"火车票"，之后，有的孩子会把它带回家，有的孩子就把它贴在自己的小椅子上，陪伴自己度过新学期……这些具体的事情都是在创造一种生命与生命之间的流动感。我们没有想要做一种什么样的教育，只是踏踏实实地做具体的事情，最后，就是这些具体的事情成就了一种美好的教育。

音频 1—14
与甄珍老师的对话

困惑
可以成为创造力的源泉

　　教育哲学观本质上是实践的，是以思想关照生活的，试图通过思想领悟人的现实境况并明确未来的方向。在这一点上，教育哲学观为教育实践提供了重要的支持，教育实践一方面营造幼儿教师与儿童当下的美好生活，另一方面又提升幼儿教师与儿童未来创造美好生活的能力与品性，哲学的生活方式和人生态度无疑是面向美好生活的教育实践的重要方式和内容。从某种意义上说，幼儿教师的教育哲学观不仅改变着教师的生活状态，也引领着儿童的生活。

——《幼儿教师的教育哲学观》

（第二章　幼儿教师教育哲学观的存在意义，第16页）

"值日生牌"可以各不相同吗？

罗希悦 老师

写于2020年12月10日

> 日常生活的每一个瞬间，我们都可以有趣地做，有爱地做，有意义地做，创造性地做。

"值日生"需要一个"值日生牌"

　　9月，我们升班了。对中班的孩子们来说，他们在这个月探索中班生活与小班的不同，一边分享自己升班后的新本领，一边开始通过实践尝试为自己和他人服务。9月第三周"小值日生"上线，孩子们已经习惯了一到特定的时间就有值日生为大家服务。

在这周的课程中，我们跟孩子们一起讨论什么叫值日生，谁可以做值日生，如何选出值日生，以及值日生可以做哪些事情等有趣的问题。除此之外，对孩子们来说最有吸引力的就是能够亲自上岗体验值日生。

在每年的值日生活动中，小值日生们都会佩戴专属的"值日生牌"，这既是一种仪式，也体现了一种自豪。今年我们并没有提前给孩子们统一制作值日生标牌，而是决定从家庭出发，邀请爸爸妈妈加入小值日生上岗前的准备工作中，和孩子们一起，制作一个属于每个孩子的、独一无二的"值日生牌"。

随着小值日生"工作"的不断深入，"值日生牌"不仅成了孩子们"值日生"的象征，也成为他们每天在园活动中特别喜欢分享的环节。

上周六早上，我收到了笑笑妈妈发来的视频。视频中笑笑分享着自己和妈妈制作的"公交值日生牌"："我是公交值日生！北京公交到站预报，欢迎乘坐569路公交车，我们即将到达花草园站，请各位乘客有序下车。"笑笑期待着周一来园当值日生，也想要在班里分享自己的"值日生牌"。

我们决定前往"值日生牌"故事站，倾听每一个"值日生牌"背后的故事……

孩子们和家人一起制作的"值日生牌"

知行说："我的'值日生牌'是我姐姐帮我做的。是一个花草园的标志，代表我很喜欢花草园，我也是花草园里的值日生。"

桐墅说："我的'值日生牌'上面有我们今天要做的事——'闻手'。我的'值日生牌'有一个很大的特点是外面有一层膜，可以防水，这样，如果有小朋友洗手没擦干，'值日生牌'也不会变湿。"

佳珣说："我的'值日生牌'有两面！是我和妈妈一起做的，哥哥以前也做过值日生，他告诉我他当值日生的故事。我今天想先当站队值日生，再当检查洗手的值日生。"

东辉说："我的'值日生牌'是妈妈和我一起做的，戴上这个"值日生牌"我会很开心。"

晟国说："我的"值日生牌"借用了爸爸的工作证，我借用的，我爸爸的工作是为大家做好事，我也想在中三班做好事。"

每个"值日生牌"都有孩子们自己的创造。

绍文说："我的'值日生牌'是最酷的！你们看是不是？我在背面写了我的姓'巫'，另一面是我最爱的黑猫警长！"

予淅说："我有两个'值日生牌'，一个是报菜名的，一个是扫地的，这两件事都是我想做的。我的'值日生牌'上有我的头像，是我妈妈帮我画的，背面也有，我喜欢我的'值日生牌'。"

柯宇说:"我的'值日生牌'贴着我最爱的贴纸,正面写着我的名字。'值日生牌'上还有一个医生小人,代表我想做引导大家排队做核酸检测的值日生。"

昱森说:"我想做美食播报的值日生,我的'值日生牌'上都是好吃的,这些食物也可以去外太空吃。我以后还想做太空里的值日生!"

合宜说:"我要做洗手监督员。我的'值日生牌'很美,是从黑龙江买的,上面有我的名字'合宜雅正',我要回去问问爸爸妈妈这是什么意思,明天再告诉大家。"

悦霖说:"我自己给我的'值日生牌'贴了很多小贴纸,每一张小贴纸上都是一个小笑脸,我要当一个开心的值日生。"

"值日生牌"里有传承,也有家人支持的力量。

信楠说:"我的值日生红袖套是我和妈妈一起做的,我想做'呕吐'值日生,如果小朋友不舒服我就帮助他们;我还要提醒小朋友喝水。"

梦泽说:"我要做检查喝水的值日生,我的'值日生牌'是我爸爸帮我做的,是3D打印'值日生牌',我身上贴的标识是妈妈跟我一起做的,它们是一套的。"

言溪说:"我的'值日生牌'是姥姥帮我做的,姥姥先在布上写了这几个字,然后一针一线缝上去的。"

没来幼儿园的孩子也有了属于自己的"值日生牌"。

我们将孩子们分享的故事和家长精心准备的"值日生牌"分享到了群里。好几天没来幼儿园的暖宝、伊伊和晨晨,也在家里制作了"值日生牌"。回到班级后的第一时间,他们急切地和大家分享自己的"值日生牌"。

"值日生牌"一直在不断创新之中

周一早上,小美带来了自己的小兔子发卡"值日生牌",她神秘地问大家:"你们猜我的'值日生牌'在哪里?就在我的头上,是小兔子发卡的'值日生牌'。这是我和妈妈一起做的,因为我最喜欢小兔子了,兔子耳朵竖起来,大家一眼就能看到,就知道我是今天的值日生啦!"

之后的几天,每当有小朋友们分享"值日生牌"故事的时候,小美都会搬着小椅子坐在第一排。周四一早,小美又带着她最新制作的"值日生牌"来了。

小美说:"这次,我跟妈妈做了两个不一样的'值日生牌',这两个功能是不一样的。一个是领操值日生,可以戴在胳膊上的,上面有松紧带,这样领操的时候就不会掉下来;另一个是检查洗手用的,是用别针戴在胸口的,但是我没有做防水,我觉得可乐做的那种能防水的更好,我先试试,如果不行我再改进。"

讨论一下,谁的"值日生牌"你更喜欢?

梓宸说:"我觉得小美的两种'值日生牌'都很有意思,在不同的地方可以用不一样的牌子。"

信楠说："我喜欢我自己的，红袖章的'值日生牌'，也是我妈妈小时候戴过的'值日生牌'，而且志愿者也会戴红袖章，志愿者和值日生都是做好事的人。"

梦泽说："我喜欢凡凡的'值日生牌'，她奶奶给她缝得很用心。"

柯宇说："我喜欢梦泽的'值日生牌'，用3D打印机打印出来的，很酷。"

知行说："我喜欢森森的'值日生牌'，上面有他的照片，还有预告的食物，我一看就知道要吃什么。"

佳珣说："我喜欢可乐的'值日生牌'，可以防水，很高级。"

一些思考

小小的"值日生牌"背后有很多有趣的小故事，也蕴含着很多教育的意义。

每个值日生心中都有属于自己的感受、思考与困惑。比如，"报菜名的时候我不认识字，如果没听清楚，就不知道怎么报菜名了。不知有什么好办法？""帮小朋友收玩具的时候，总有没有拆好就放进筐子里的玩具，怎么办？"我们并没有急于寻找这些问题的答案，我想，随着值日生体验的逐渐深入，答案会慢慢出现的。

个性化的"值日生牌"，让孩子们的值日生体验有了更多的仪式感与胜任感，也多了一份与家人的联结感。

在孩子们分享自己的"值日生牌"故事的时候，我也回忆起了自己小时候的事……那个时候，没有这样五彩斑斓的"值日生牌"，只有一个写着"值日生"的红袖章，每天要做的事情也相对单一，打扫卫生，出黑板报……说实话，那时候的我并不喜欢当值日生。

当我听完孩子们这些"值日生牌"背后有趣的故事后，我突然意识到，我们的工作不仅仅是那些到了固定环节就要做的事情，日常生活中的每一个瞬间，我们都可以有趣地做，有爱地做，有创造性地做。这也是这份有趣的工作带给我们最大的滋养。

与罗希悦老师的对话

胡华：做出个性化的值日生牌是你的一次教育创新，为什么突然有了这样的想法呢？

罗希悦：做值日生牌的想法其实是源于我的一个困惑：以前我们都会有一些比较固定的值日生牌，但是我发现，孩子们对于值日生这件事情，他们的理解跟我们大人的理解是不一样的。怎么样去帮孩子们更好地去理解值日生这件事情，而不是把它停留在只是戴着值日生牌去体验不同工作这样的一个表层行为上？老师们商量过后，决定请爸爸妈妈和孩子们一起制作值日生牌。其实做值日生牌只是一个引子，我们更想通过这样的事情，让家长参与到孩子们的学习中来，用他们的方式让孩子们了解到底什么是值日生。没想到，孩子们带着做好的值日生牌来到幼儿园后，我们看到了各种各样的值日生牌，他们对于值日生的理解也是各种各样的，非常有意思。这个创意源自我的困惑，而这个困惑也是家长们和孩子们自己的智慧帮我化解的。

胡华：你希望家长能够参与到孩子们的教育中，让他们发生改变。你看到他们的改变了吗？

罗希悦：这个学期，虽然刚接触这个班的小朋友，但是能明显地感觉到，不管是孩子还是家长，他们都很喜欢咱们的生活化课程，家长们也非常愿意跟孩子们一起，借由课程完成一趟学习之旅。在分享值日生牌的过程中，我们会把小朋友们的分享用照片和文字的方式发到家长微信群里，家长们会在群里学习和互动，一起探讨值日生牌的样式，如何让孩子更方便佩戴等，这就是改变。我觉得，对家长来说，最大的改变就在于，他们愿意抽时间来参与，有参与意愿的家长换着花样来参与，不愿意参与的家长也能够慢慢地参与进来，这个改变是一点一点发生的，我能感觉到，因为家长的改变，孩子的改变也在发生。

胡华：做这样的创造肯定是消耗时间和精力的，一个值日生牌的背后是一个系统工程，会搅动很多人的力量，你为什么愿意做这件事情呢？

罗希悦：您的这个问题让我产生的第一个反应竟然是，其实不累啊，这是一件多好玩的事情啊……这样的活动其实消耗老师的时间和精力并不多。好多人特别怕麻烦，但是没有创造就没有快乐，创造的过程肯定是要有付出的。当我们看到了孩子们跟家长完成的创造之后，各式各样的值日生牌呈现在我们面前，那种扑面而来的新鲜感是强烈的。我记得第一天，班里有七个小朋友带来了不一样的值日生牌，我们几个老师都特别兴奋，迫不及待地把这七个小朋友的值日生牌摆在我们班的窗台上，拍了一张照片发了群里。我相信大家对美好的东西，特别是有个人创造性的东西都是充满喜欢和期待的。所以，当我们对一件事很期待的时候，就不会觉得它麻烦，每一个人都能在这个过程获取一份属于自己的快乐。这个值日生牌，因为有了和家人一起制作的情感，让每个孩子对这件事情的认识变得更加深刻了。

胡华：教育哲学观和教育实践之间是一种什么关系？

罗希悦：教育哲学观来源于教育实践，在实践的当下，我很少会下意识去做哲学思考，反而是在实践过后，当我们再用教育笔记的方式去梳理，让很多东西慢慢沉淀和内化，教育哲学观才慢慢显现。在实践中教育哲学观逐渐变得丰富之后，会对我的教育实践产生两个影响：第一个影响是心态上的影响，让我遇到问题不再慌张，会比较冷静和沉稳；第二个影响是专业上的影响，我们会从情绪层面跳脱到解决问题的层面上，用专业化的理性去找寻一个方法解决问题。还想补充一句，当时那些看似不经意的教育行为，会在书写后变成一些新的认识与沉淀，它像是一种鼓励，也会变成一种自信。

胡华：实践非常像土壤，它为哲学观的产生提供了一种可能性。教育哲学观对你的个人生活产生了什么样的影响呢？

罗希悦：您在书中写道，"教育哲学观为教育实践提供了重要的支持，教育实践一方面营造幼儿教师与儿童当下的美好生活，另一方面又提升幼儿教师与儿童未来创造美好生活的能力与品性"。最近我们开始居家生活，但我明显感觉，自己面对外界的不确定性时，心里很平静，没有过分在意外界的干扰，而是专心地做好自己该做的事情。我试着把以前特别好玩的活动在家里都体验了一遍。每次去做核酸的时候，捡几片好看的树叶夹在书里做成书签，也会在路上跟孩子一起玩拔根儿的游戏。我学会了把关注点放在自己身上，放在怎么过好当下的生活上。

音频 1—15
与罗希悦老师的对话

游戏

游 戏——儿 童 是 有 能 力 的 "学 习 者"

儿童是有能力的"学习者"

"刻舟求剑"追求的教育目标能实现吗？

如果我们观察儿童的学习，会发现他们首先通过感官探索外部世界，然后在思维层面自行整合。这个过程中，如果孩子没有和真实的事物接触，没有真实的探索和体验，那么，所谓的感知和学习都会变得毫无意义。获得知识、满足发展的最佳方式就是在生活与游戏中学习。

——《幼儿教师的教育哲学观》

（第五章　生活化课程——幼儿教师建构教育哲学观的沃土，第76页）

"刷石头"的游戏里，蕴含着什么学习价值？

李文 老师
写于2021年4月7日

孩子们是用情感学习的。一个个情感饱满的孩子，对周围的世界充满探索的热情。所以说，教育只能在当下，不可能是一种有意识的匠心设计。

有水的地方，就有灵性

自2010年8月小池塘建成以来，这里就成了孩子们最喜欢去的地方。丈量小池塘里有多少水，数一数池塘里有多少块石头，观察趴在石头上晒太阳的小乌龟，和小鱼说一说自己的悄悄话……一个小小的池塘带给孩子们的乐趣数也数不清。

每年清明过后，北京的气温就比较稳定了，沉寂了一个冬天的小池塘在这个时候会迎来一个开塘仪式，让过冬的小乌龟、小鱼们回归池塘。

周五小池塘要开塘了，我们打算把一部分石头当作小池塘的"守护神"，刷干净摆放在小池塘的周围。

刷石头，好像很有趣

户外时间，我带着几只旧牙刷出来，准备让孩子们在自由活动的间隙去刷刷石头。自由活动之前，我跟孩子们说了一下安排："你们先玩大滑梯，中间玩累了，愿意的话可以去刷刷石头。"话音刚落，铛铛就走到我面前说："李老师，我现在就想去刷石头。""你可以先玩一会儿再去。"可是，铛铛拉着我的手说："没事，我们现在就去吧！"我问他："你的好朋友轩轩在这边玩滑梯，你们不是要一起玩吗？"铛铛坚定地说："不，我先不和他玩了，我去刷石头！"还有几个小朋友也说要去刷石头，这出乎我的意料。本以为和刷石头相比，他们更愿意玩滑梯、树屋，他们的积极性让我始料未及。

我带着铛铛和其他几个小朋友去池塘边刷石头。几个小朋友围着水盆，用手里的小牙刷蘸着水，一点一点地刷。铛铛举起自己的刷子说："老师，你看刷子很脏！""说明你刷掉很多石头上的脏东西。""那我需要把刷子洗干净再刷。"说完，铛铛在盆子里洗干净牙刷，再去刷石头，刷了几下，牙刷又脏了，铛铛又去水盆里洗牙刷……这样来回几次之后，只见铛铛抱起石头放进了水盆里，然后拿起牙刷刷了起来。刷了几下看看牙刷，不见脏，他高兴地说："你看，这样牙刷就不容易脏了！""那是因为盆子里水多，脏东西直接沉入水底啦！你这办法真不错！"铛铛听了非常高兴，告诉身边的小伙伴，把石头放进盆子里刷更容易。

几个小伙伴一起把石头放进了盆子里。可是，他们发现石头放得太多了，水"变少"了，反而不好刷了。于是，大家又把石头拿走了几块，让其他的石头有一半浸在水里，这样刷起来更容易、更有效。

铛铛一连刷了七块石头，我提醒他："铛铛，你休息一会儿，去玩一会儿滑梯吧！""我不累，我还想刷呢！"整个户外自由活动时间，铛铛都在刷石头，他的表现让我有些惊讶。平日里他和轩轩是分不开的好朋友，干什么都要在一起，而且每天都期待着玩大滑梯，没想到刷石头他那么积极。

刷石头的乐趣在哪里？

第二天上午，我带着孩子们刚走到户外，诺诺就走过来问我："李老师，我还能去刷石头吗？"这时，诺诺身边的几个小朋友也跟着问能不能去刷石头。看来刷石头这件事，孩子们不是一时的兴致，他们刷石头的热情丝毫未减。这让我之前的担心显得多余。

刷石头，在我看来没有多大的教育意义，甚至可以说是一件有些枯燥乏味的"体力活"。一开始，我还担心让孩子们去刷石头，他们会不乐意，或者刷一段时间会厌倦，没想到他们却是如此感兴趣。感觉一块块石头对他们充满了诱惑，怎么刷也不会烦！

阳光下，看着西贝半躺在一堆石头上，认真且悠闲地刷着手里的石头的模样，我不禁被感动了！我走过去好奇地问："你们为什么那么喜欢刷石头？"诺诺马上回答："没有为什么啊，就是喜欢！"是啊，喜欢其实不需要理由，那是一种说不出的感觉……

陶陶说："我喜欢水，刷石头就能玩水啦！"

小满说："我觉得把石头刷干净，小鱼一定会很开心。"

暖暖说："每一块石头都不一样，刷完一块石头我就认识了一块石头，把它们刷干净，我就更喜欢它们了。"

望仔说："刷石头就像刷牙一样，刷干净就很舒服，也很有成就感。"

满满说："刷石头的时候我感觉自己像是在创造一些东西。"

铛铛说："我喜欢石头，刷石头能让我很开心，一点也不觉得累。"

诺诺说："我觉得石头就像我的好朋友一样，我和它玩得很好。"

永吉说："我喜欢把石头搬过来搬过去，感觉很好玩。"

……

各有各的理由，但喜欢的情感都是一样的浓厚！谁说石头没有大滑梯、树屋好玩呢？谁说石头不是他们最喜欢的"玩具"呢？谁又能真正体会刷石头的乐趣呢？

一些思考

在大部分人看来，请孩子们刷石头之前，我们需要先预设一个具体目标，比如锻炼孩子手部的抓握能力、认识石头的特性，甚至寻找更快刷干净一块石头的方法等等。但这样的目标真的合适吗？

孩子们乐此不疲地刷石头的热情，以及他们专注地刷着石头，就像在创造一个艺术作品时的神情，让我再次感叹孩子真的是"成人之师"。孩子们不会为了达到某一目的而去做这件事情，他们会把这件事情当成一个有趣的游戏来对待。所以，我们的教育是要追寻某个具体目标，还是应该追寻儿童呢？

作为一名教师，我们能够给幼儿的成长提供什么？我想就是这样一种自然、松弛的环境与关系，让孩子有很多的选择和更多的可能性按照自己的兴趣去探索、去创造。他们始终能够以一种积极、饱满的心态去做任何成人看起来无趣的事情。也是在这样一种状态下，孩子们的那些成长目标都在探索的过程中自然而然地实现了。

与李文老师的**对话**

胡华：每次活动前，你会刻意考虑"教育目标"吗？

李文：我们很少在活动前刻意预设教育目标以及如何实施这些事情。活动结束后，我会和孩子们一起聊聊感受和收获。从他们的表达中，我就能清楚地知道他们收获了什么，也知道活动达成了什么目标。很多幼儿园老师来我们花草园参观，总爱问我们："你们是怎么设定课程目标的？如何评价目标是否完成？"我总感觉，如果带着目标开展活动，就好像带着"任务"一样，那种轻松、积极的体验感一下子就被削弱了。其实，无论是孩子还是老师，先行设定的目标总会让人感觉到一种无形的压力，没办法全身心地沉浸在活动之中。

胡华：我们应该根据目标来设计游戏，还是让游戏自然地实现目标呢？这两种形式带给孩子的感受和变化有什么不同？

李文：我们的生活化课程将目标放到了一种更宏大的视角上，就是要培养完整的人。就拿刷石头这件事来说，一开始我们并没有告诉孩子们应该怎样刷石头，也没有教他们怎样才能把石头刷干净。孩子们根据自己的兴趣、用自己的方式，一点点地探索如何才能把石头刷干净。整个过程中孩子们是非常积极、愉悦、投入的。如果我一开始就把方法告诉他们，孩子们在整个过程中很有可能就缺少了积极自主的探索和体验。活动体验在前时，孩子的情感是积极、饱满的，活动目标也会自然地达到。活动目标在前时，孩子们只能机械地完成老师安排的任务，会少了很多情感的投入，教育效果也会大打折扣。

胡华：你这样的认识是如何形成的？

李文：刚开始工作的时候，我也是习惯先考虑活动目标。记得有一次组织语言活动，给孩子们讲故事的时候，我心里总想着那几条目标，孩子们一旦不认真听了，我就马上停下来提醒他们。最后，孩子们全乱了，我的故事没讲完就不得不结束了。我发现，孩子们之所以听得没有兴致，就是因为我心里总想着"认真倾听"这个目标，一旦孩子走神，我就停下来提醒他们，完整的阅读活动就这样被打断了。从那以后，我试着不去想那些具体的目标，孩子们只要开心就好。我发现，当我放下目标的时候，自己也变得轻松了起来，能够和孩子们一起投入活动里去，孩子们也更加专注于活动本身，享受过程，最初的目标都在活动中得到了体现。胡老师总说，我们要做有松弛感的教师，我理解的松弛感的表现方式之一，就是组织活动的时候，我们不被那些目标所束缚，这样反而能够追寻到更高的目标。

胡华：你觉得，这是我们花草园教育的秘密吗？

李文：这一点，确实是我们和其他幼儿园不同的地方。很多幼儿园的老师总觉得工作很累，我想，很大的原因是他们习惯了目标前置。自己设定了一个目标，然后再去反思目标为什么没能很好地实现。没有实现就再次陷入焦虑之中。就这样反反复复，其实是钻了牛角尖。在花草园，我们相信孩子是有能力的学习者，他们的游戏能力更是超过我们成人，老师需要做的是，理解他们、尊重他们、陪伴他们。我们常常说，要理解儿童，那孩子们玩得开心、玩得专注不可以是活动的目标吗？孩子们只有在自主探索中，用积极饱满的情绪和情感投入学习才是有意义的。

胡华：儿童和世界互动的时候，什么品质是最重要的？

李文：我觉得，对世界拥有好奇和充沛的情感是最重要的。孩子们是用情感学习的。一个情感饱满的孩子，会对周围的世界充满了探索的热情。有时候，我们会发现，一些孩子对任何事物都提不起精神来，那一定是习惯了被成人安排，失去了自由意志。一个人对世界没有情感，没有热爱，即使掌握了很多知识又有什么用呢？都说我们花草园的孩子眼睛特别亮，因为他们在幼儿园里总是能够被理解、被尊重，所以他们的眼睛总是闪闪发亮的。

音频 2-1
李文老师的教育故事

童年的游戏体验让我对教育探索充满了信心

　　教育实践是一项复杂的活动，没有人能够保证自己每一步走的路都是笔直的、正确的。生活中，虽然我们没有时刻考虑下一步怎么走，但我们也没有让自己的行走变得漫无目的。[1]儿童的学习与游戏更是如此，回想童年，游戏前并没有设想自己应该如何获得发展，但每个人都沉浸其中，乐此不疲，也没有变成毫无规则的胡闹。

　　我们认为，幼儿教师的"实践逻辑"才是教育智慧的源泉。教师也好，儿童也好，在实践中多数时刻是忘记教育目标的，这是实践的本然。

——《幼儿教师的教育哲学观》

（第八章　幼儿教师教育哲学观的研究进路，第117页）

如果玩具被赋予情境感，孩子们一定玩得很开心

李美杰 老师

写于2020年11月11日

> 在实践的过程中，我们虽然没有明确到底应该怎么走，但目的地一直在，只要专注于当下，按照自己的方式大胆走就行了，这样总能到达目的地。

1　王卫华.论教育发生的非对象性 [J].湖南师范大学教育科学学报,2019,18(04):81—87.

在我们大三班的益智区里，有一个"数棒联接立方块"的玩具，它的每一块都很小，但是有1000块之多。开学初，孩子们并没有对这个"不起眼"的小方块有多大的兴趣，他们的注意力被班里其他的玩具所吸引。很多时候，这款玩具只是静静地躺在玩具筐里，等待着孩子们能发现它。

没想到这一天来得这么快。这天，孩子们平时最喜欢玩的益智区里的玩具被生活老师拿走清洗、消毒了，只剩下了"立方块"，孩子们只好退而求其次地选择它并玩了起来。

轩轩拿着"立方块"过来问我："小美老师，这个玩具怎么玩啊？只能这样一个一个接在一起吗？"我想了一下，好像除了这个也没有别的玩法了，便回答道："轩轩，你可以根据自己喜欢的颜色进行拼接，也可以根据自己喜欢的数字搭一定数量的数棒。"我的建议好像并没有引起轩轩的游戏兴趣，他怏怏然地走开了。随后，他又拿着玩具去找他的好朋友，几个小伙伴一起研究了一会儿，似乎也没有讨论出什么结果，轩轩把玩具收到了玩具筐里，放到了玩具架上。接下来的几天里，这盒玩具又处于无人问津的状态，好像被"打入了冷宫"一样。

其实它也很好玩

一天区域活动时间，二宝拿着用"立方块"搭出来的玩具给李文老师看："李老师，你看，我拼的像不像金箍棒？"他身边的几个男孩子也围了过来，二宝一边说着一边舞着自己手里的"金箍棒"。李老师看了之后，说："哇，你们拼的'金箍棒'太好了，如果两头的黄色再长一些的话，这个'金箍棒'会更厉害，你们去试试看！"

听了李老师的建议，孩子们开始继续丰富自己的"金箍棒"。接着，几个拿着"金箍棒"的男孩子开始了"孙悟空打妖怪"的游戏。他们占据了班里主题墙旁边的一片领地，战况很激烈，以至于其他小朋友经过时都要小心翼翼地贴着墙走，生怕被几个"孙悟空"手里的"金箍棒"打到。我提醒他们小心一些，而沉浸在游戏里的几个"孙悟空"，仿佛听不到外界的声音，忘我地玩着他们的游戏。

第二天，区域活动一开始，几个"孙悟空"又拿出"立方块"来，玩法变得更多了。"孙悟空"们用"金箍棒"变出了很多的"小猴子"（很短的金箍棒），小满还做了一个装仙丹的"宝葫芦"，小树把用棕色的"立方块"做的"金箍棒"拿到鑫鑫身边去示威，鑫鑫看了一眼说："你是假孙悟空，我才是真的！"说着他就举起了自己用红色方块拼的"金箍棒"，一场"真假孙悟空"的打斗就开始了……被打败的"孙悟空"过来向我告状："小美老师，他把我的'金箍棒'打坏了！"还没等我回答，鑫鑫就过来说："你的'金箍棒'太长了，不结实，你要做一个不长不短的才行。"小树也不在意刚才鑫鑫是不是把他的"金箍棒"弄坏了，转身就去改良自己的"金箍棒"了，在他看来，做出更结实的、利于"战斗"的"金箍棒"更重要。

受到"孙悟空"们热闹、激烈的游戏感染，一直对"战斗"游戏嗤之以鼻的女孩子们也开始玩起了这些"立方块"。絮絮和满满拿着用粉色"立方块"拼成的"魔法棒"走到男孩子们身边说："你们有'金箍棒'，我们有'魔法棒'，看看哪个更厉害？"说着，还得意地挥动起了"魔法棒"。

这在男孩子们看来，就是赤裸裸的"挑衅"啊。于是，"金箍棒"与"魔法棒"之间的较量开始了，不知道最后结果如何，只见他们笑得前仰后合，男孩子手里的"金箍棒"变成了女孩子们的"魔法棒"，女孩子手里的"魔法棒"变成了男孩子的"金箍棒"。

一些思考

一开始无人问津的"小立方块"，现在却成了孩子们每天必玩的宝贝。为什么孩子们刚开始对这个玩具缺乏兴趣，而现在却争抢着要玩这个玩具呢？我发现，如果玩具只是玩具本身，孩子们可能对它不会很感兴趣，或者只有一时的兴趣，并不会特别长久。但是，一旦赋予玩具一定的游戏情境和意义，孩子们就会自然而然地沉浸在游戏中，甚至根据自己的经验将游戏的情境做无限的延伸与迁移，让这个玩具不再局限在一个游戏情境之中。在"立方块"游戏中，我们只是把孩子们已知的《西游记》故事和他们所玩的玩具之间建立起了联结，而孩子们借由这一联结，积极思考，不断拓展思想的疆域，展开想象的翅膀，让原本的游戏情境变成一个"孵化器"，创设了一个又一个新的游戏情境，玩具似乎也只是帮助他们完成游戏情境创设的一个道具。

孩子们借助游戏完成了一次次对玩具的探索与学习，而我，在这一过程中，认识到面对一个新玩具时，我们要做的并不是教孩子如何玩这个玩具，而是为他们创设一个学习的情境，至于如何玩，交给孩子们就好，因为他们比我们想象中的更会游戏。

与李美杰老师的对话

胡华：在实践中，你认为实践逻辑和理论逻辑有什么不同？

李美杰：理论逻辑是我们知道了，但并不一定会做。实践逻辑是我们在教育现场真实地去做了一些事情，是一种下意识的行为，并不是提前想好的。这些事情对还是不对，做的时候是不确定的，事情结束之后，我们会对这件事情进行一个反思，如果是可行的、正确的，它会自动纳入我的实践逻辑体系里去。我感觉，二者的区别在于，理论逻辑是预先想好的，而实践逻辑是无法预设的。理论逻辑是自上而下的，而实践逻辑是自下而上的。现场的实践智慧要成为实践逻辑，一定要有反思。

胡华：你摘录的这段话"教育实践是一项复杂的活动，没有人能够保证自己每一步走的路都是笔直的、正确的。生活中，虽然我们没有时刻考虑下一步该怎么走，但我们也没有让自己的行走变得漫无目的。儿童的学习与游戏更是如此，回想童年，游戏前并没有设想自己应该如何获得发展，但每个人都沉浸其中，乐此不疲，也没有变成毫无规则的胡闹"中，你最喜欢的是哪一句？

李美杰：这一段话对我触动都挺大的。"儿童的学习与游戏更是如此，回想童年，游戏前并没有设想自己应该如何获得发展，但每个人都沉浸其中，乐此不疲，也没有变成毫无规则的胡闹。"这句话带给我的触动最深。因为这一段话特别形象，唤起了我的童年回忆。我小的时候，玩具就是一些沙包、皮筋或者是小树枝，我们也能用很简单的玩具玩出各种花样。当孩子们问我，这个小立方块怎么玩的时候，我就直接和孩子说我也不会，但是不会没关系，去玩就好了。我想让他们自己去创造、去发现、去体验，这样才有了后面孩子们创造出来的有趣的、美好的游戏。我信任孩子们的游戏力，这可能和我的童年经历有关吧……

　　小时候，我是一个很会游戏的人，还是一群孩子的头儿，我常常和小伙伴一起玩一些在大人看来很危险的游戏。记得有一次，我躲在一根玉米秆后面很久很久，因为我玩打火机，把墙外面的玉米秆烧着了，所以躲了起来。但妈妈只是提醒了我，并没有惩罚我。

胡华：童年的快乐游戏体验带给了你什么？

李美杰：童年的游戏给我带来了很多的美好回忆，让我现在回想到童年都感觉很幸福。我现在陪伴着孩子们度过他们的童年，也想让他们像我小时候那样，做自己喜欢的事情。我觉得，童年的游戏体验带给我最大的收获是，我能确定，这样的童年是幸福的。

胡华：老师总想教孩子们一些东西，你却愿意选择另一种方式，为什么？

李美杰：在花草园的这六年里，我有很多机会和自己的童年联结，比如和孩子们一起游戏，和老师们一起教研，和大家一起参加读书会，都会联想到我童年的美好经历。胡老师总说，我是一个很松弛的教师，确实如此，一是我头脑中对自己没那么多的限制，二是对孩子也没有那么多的要求，让他们自由大胆地玩。因为不苛求自己，所以也不太焦虑，每件事情都愿意去尝试，不怕犯错。这些都和我童年的一些冒险经历，特别是父母的宽容有很大的关系。

幼儿教师的教育智慧——来自实践现场的倾听与对话

胡华："教师也好，儿童也好，在实践中多数时刻是忘记教育目标的，这是实践的本然。"你怎么理解幼儿园的教育目标？

李美杰：我感觉，一般幼儿园理解的教育目标和我们花草园人理解的教育目标好像有点不太一样。我们虽然每个活动都有目标，但并没有为了结果的达成必须按照目标进行。比如，我们在进行活动的时候，会有游离的孩子，但我们不能说他什么都没听到、没学会，每个孩子都有自己的学习方式。教育目标也是这样，每个孩子其实都有他自己的一个内设目标，即使看起来他什么都没有学，但一段时间之后，他会有一些变化。我感觉，目标的实现不是一件立竿见影的事情。

胡华："没有人能够保证自己每一步走的路都是笔直的、正确的。生活中，虽然我们没有时刻考虑下一步该怎么走，但我们也没有让自己的行走变得漫无目的。"你怎么理解这句话？

李美杰：不管教育的实践这条路是笔直的，还是弯曲的，走到最后我们都会回顾、反思。在实践的过程中，我们虽然没有明确到底应该怎么走，但目的一直在，只要专注于当下，按照自己的方式大胆走就行了，这样总能到达目的地。

音频 2—2
与李美杰老师的对话

和儿童"共情"
是我的工作法宝

教育的发生过程本身就是一个意义不断呈现的过程，在这个过程中，需要幼儿教师对"教育是什么，教育如何进行？""幼儿需要这样的教育吗？""这样的教育适合幼儿吗？"等一系列问题进行本质性追问。

......

对"意义"的追问使得幼儿教师不再停留在知识的增进、技能的娴熟、常规的有序、集体活动的顺利与否等这些简单问题的"追求"上，而是促使他们穿透问题的表层去做一些更深层次的反思，如"如何理解幼儿的生活、游戏与学习？""活动内容的选择与文化、幼儿发展的适切点在哪里？[1]

——《幼儿教师的教育哲学观》

（第九章　幼儿教师教育哲学观形成的因素及提升策略，第133页）

区域活动一定是安静的吗？

张蕾 老师

写于2022年10月26日

> 区域游戏活动，并不是要给孩子们提供丰富的玩具材料，而是让材料和孩子们之间建立起一种"关系"。

1　李永涛.论幼儿教师的哲学素养——现象学视角[D].华中师范大学硕士学位论文，2015.

进入十月，小班的孩子逐渐适应了幼儿园的生活。每天吃过早饭后，他们就会根据自己的兴趣，选择自己喜欢的区域进行活动。班里的老师也会根据情况，选择想要参与的区域，和孩子们一同游戏。

随着"爸爸妈妈是这样爱我的"主题课程的开展，孩子们带来了很多小时候用过的物品，比如刚出生时的小衣服、小鞋子，手模、成长相册、脐带印章、胎毛笔，玩具等，孩子们很喜欢自己带来的东西，有的孩子会拿自己小时候穿的衣服比划比划，笑着说"太小了"，有的孩子会拿着自己的相册一遍遍地翻看，为此，我们在班里专门设置了这样一个区角。

这是我的"小脐带"

周二的区域活动，小恩发现了"藏在"美工区的毛线球，她好奇地拉了拉线头，没想到毛线球掉在地上咕噜咕噜转了起来，一下子滚远了，就像一只长着尾巴的小老鼠。小恩看着地上越来越长的毛线，然后拉起了毛线绳，转动着自己的身体，就这样，毛线一圈一圈地缠在了她的身上，小恩"咯咯"的笑声引来了其他孩子，他们也用毛线把自己缠住。孩子们先是把自己"缠"起来，缠好后又尖叫着"挣脱"，手脚并用，身体抖动旋转，"逃出来"后兴奋地又跳又笑……玩得不亦乐乎。

区域活动结束时，我和孩子们讨论"今天你们最喜欢的游戏是什么？"很多孩子说，今天最喜欢的游戏就是毛线的游戏。我问他们："你们为什么喜欢这个游戏？"小凡说："我觉得毛线很像宝宝肚子上的脐带。"顺着小凡的话题，我又一次拿出毛线，一端连在我身上，一端连在小朋友的肚脐上，我假装连在了每个人的身上，孩子们特别高兴："我们又变成小宝宝啦！""我又回到妈妈的肚子里啦！"

美工区的毛线球开学以来就一直安静地"躺"在角落里，原本我想等合适的时候和孩子们一起用毛线做一些手工，但因为小班孩子的动手能力有限，一时间我还没有想好怎么利用。没想到孩子们却用这个毛线球发明了新的游戏。这一刻，我实在是太佩服孩子们的游戏力了。

"小脐带"的又一次变身

连续几天，孩子们对于毛线绳变"脐带"的游戏热情不减，吃完加餐，他们还想继续玩。但我考虑到毛线绳有些细，可能会有危险，正好班里也有一些红丝带，我和孩子们说，让我们的"小脐带"变"大脐带"吧。

孩子们把丝绸"大脐带"放在一个地方，对折变成了一条长长的"小河"，两只小脚并拢，从"小河"的一边跳到另一边，乐此不疲。我和老师们悄悄地把"小河"变宽了，孩子们马上就发现了，他们兴奋地说"变宽"，我们就把"小河"变宽，孩子们说"变窄"，"小河"立即就变窄了。我们和孩子们玩得不亦乐乎。

这时候，小葫芦提议："我们用'脐带'玩开火车的游戏吧。"随着小葫芦的一声召唤："谁想上我的火车呀？"小冰棍、小团子都跑来了，于是小葫芦拉着丝带的头，后面的小朋友一个接一个，一根长长的线绳，将我们班的小朋友连成串……你能想象吗？之后，丝带还被孩子们变成了小房子、彩虹、大树屋……

一个上午，孩子们只进行了"玩脐带"一个游戏，但却非常满足、快乐。

一些思考

在很多人固有的思维里，总觉得游戏材料是什么，就要用来做什么，但没想到在孩子们的眼中，所有的材料都能突破它原有的用途设定，变身为另外的游戏材料。拼插区的一个小小插片，在我们成人看来就是插片，但在孩子们心中，它们可能就是医院的"药片"，厨房的"蔬菜"……

小时候，没什么高科技玩具，皮筋、沙包就承包了我们这一代人童年的欢乐。现在的孩子玩具多到数不清，却少了很多想象与创造的乐趣。

这也引发了我的思考，区域活动一定是一成不变的吗？一个毛线球可以突破区域活动中区域与材料的限制，成为新的游戏材料吗？如果我看到小恩把毛线缠在自己身上时，严厉地制止，这一切的美好还会发生吗？

区域游戏活动，也许并不是要给孩子们提供丰富的玩具材料，而是如何让材料和孩子们之间建立起一种"关系"。今天的活动也让我进一步思考：

三个年龄班区域活动的要求一定要一样吗？

在区域游戏中，我们可不可以给孩子们更多的自由？

与张蕾老师的**对话**

胡华：你写的这个故事里有一种很强烈的叩问意识，"教育是什么，教育如何进行？""幼儿需要这样的教育吗？"

张蕾：每当看到孩子们这样玩游戏时，我都很羡慕，因为在我的童年时期，这样的行为是不被允许的。长大后，我变成了一个很有"秩序感"和"规则感"的人。这些年和孩子们在一起时，我会不断地叩问自己，我该用怎样的态度面对孩子们的自发游戏？是制止，还是跟随孩子们，找到更美好的东西？这个故事让我找到了答案……

胡华:"叩问"本质上是对自我成长经历和人性的叩问,这样的叩问能给你带来什么改变?

张蕾:改变很多,最直接的改变是我的教育行为越来越"柔和"了,能够更多元地看待"问题"。当小恩用毛线把自己缠起来的时候,我会想"她在这样的游戏里获得了什么呢?"而不是"我们的区域规则被打破了"。当我童年被压抑的情绪一点点地被解开,我感觉自己也像孩子们一样,从被毛线包裹的情绪中跳了出来,这些"乱糟糟"的毛线,让我的内心得到了宣泄和释放。

胡华:好的教育也是对自己的改变。在工作中,如果心是打开的,就会有疗愈出现。你的心灵变得开放,是因为经历了哪些事情呢?

张蕾:我记得,我曾在工作中遇到过一些挫折,当时很沮丧,甚至想过要放弃。您和我谈话,指引我透过表象做更深层次的思考,而不是纠缠在情绪当中。这样,我开始投入更多情感去做工作的深度思考。我能感受到这是一个很大的方向的转变,在追寻思考的意义时,生活、工作,甚至是生命都得到了升华,心灵也随之敞开。

胡华:当教师能够对自我做深层次思考时,才愿意对教育做更深层次的思考。和那些不愿做深层次思考的人相比,你们的改变是什么?

张蕾:与那些琐碎无聊相比,思考不会让我感到疲惫,那样的工作方式会让人更疲惫。因为,当我们做深层次问题思考的时候,会有一种超脱感,一种对习以为常的情绪、习惯、思考方式的超越,这样的思考会让我获得满足感。我会发现,教育中还有另一条更美的路……

胡华:和儿童相处时要做一些选择,如文化、规则、儿童自身发展的需要等,如何找出一个适切点?

张蕾:当文化、规则这些外部要求和儿童自身的需要之间发生冲突的时候,我们可以去共情儿童。当我们理解自己时,就能理解他人,我们理解自己有多深,理解他人就有多深。和儿童"共情"是我的工作法宝。

音频 2–3
与张蕾老师的对话

好的教育
需要耐心也需要时间

　　不同教师拥有不同的教育智慧，可以被借鉴和模仿，也可以给人以启示，但却不可以被复制和重现。一方面，教师个人也不可能机械地沿袭套用自己一贯使用的教育模式。因为教师面对的教育对象是一个个性格迥异、心理特征千差万别的儿童，儿童的成长本身就具有很大的动态性和差异性。另一方面，幼儿教育的实践所面临的问题总是不可重复、变化多端的。

　　教育哲学观的形成过程处于永不停息的动态整合协调中。随着教育教学活动的变化，新情境不断出现，新问题不断产生，教师的教育系统又会出现某种不协调的状态，随着教育问题的解决，新的智慧又得以生成，如此往复，螺旋上升。

——《幼儿教师的教育哲学观》

（第六章　幼儿教师教育哲学观的构成与特点，第95页）

区域活动的时候，我给孩子们录了一段视频……

李文 老师

写于2022年10月9日

　　　　儿童如果能感受到身边的人从心底里尊重他，愿意等待他的成长，美好的教育就会自然发生。

在我们花草园，区域活动的评价方式有很多种。小班的时候，我们采用的多是孩子自我评价的方式。每次区域活动后，孩子们会表达自己的感受、发现、收获，展示自己的作品，这时候，孩子们总是很开心，因为他们的成就感在那一刻会特别强烈。

进入中班后，孩子们各方面的能力都有了很大的提高，想象力和动手能力也明显提升。我们的评价从自我评价过渡到了同伴评价。我们通常会问孩子：

今天你们玩得开心吗？

什么瞬间让你感觉特别愉快？

什么时候，你感觉自己的游戏受到了影响？

什么时候你感觉不舒服，或者受到了一些"伤害"？

这一周，我们的课程进入了"社区小世界"的主题学习，孩子们在区域活动的时候，开始用建筑区的材料搭建小区里的楼房、停车场、医院……拼插区的孩子们也喜欢用玩具拼插出社区里的各种设施，如滑梯、健身器材等，看着孩子们投入、兴奋的状态，再看到教室地面上四处散落的玩具，我没有打断他们的游戏。

有没有一个办法：既让孩子们玩得满足，又能遵守"班级公约"里关于区域游戏的规则？今天的区域时间，我没有一遍一遍地提醒孩子们，而是拿起手机，记录下了他们游戏的状态。

让我们一起来看一段视频吧！

区域活动结束后，我像平常一样，问孩子们："今天你们玩得怎么样啊？"孩子们响亮地回答"开心！"我接着说："今天，就不请各个区域的小朋友分享他们的收获了，我有一段视频想和你们一起分享。"孩子们听到有视频分享都很好奇，想知道是什么视频。

我和孩子们卖了个关子，让他们静静等待一下，看看到底是什么视频。当视频开始播放时，所有的孩子都很安静地观看，慢慢地，有几个小朋友把脸转到一边，不再正视屏幕，而有的小朋友更是直接低下了头。

2分钟的视频结束了，教室里安静极了，没有人说话，连平时唧唧喳喳说个不停的孩子也没有了声音，他们就这样静静地看着我，似乎在等待着我来打破这种平静……

我问孩子们，"你们在视频里看到了什么？""你们喜欢用视频的方式总结我们的区域活动吗？"

小琬说："喜欢，这样的方式让我知道，刚才我是怎么做的。"

宥宥说："我觉得看视频比老师提醒好，一看就知道我哪里做得不好，不用老师再提醒我了。"

阳阳说："看视频就能看见自己做了什么。以前老师说的时候，我可能都忘记刚才发生的事情了。"

棵棵没有说话，我问棵棵："你喜欢这样的分享方式吗？"（视频里，棵棵挥舞着木头积木，到处找人玩打架的游戏）

棵棵看看我，停了几秒钟说："我不喜欢。"

我接着说："每天区域游戏开始前，我们都会强调游戏的规则。这些规则是我们一起讨论制定的，不过，你们好像没怎么记住，还需要我们多次提醒，或者直接帮你们收拾好玩具。"

"今天，我第一次用这样的方式记录你们的游戏状态，这种方式让每个人都能看到自己是怎么玩玩具的，我打算明天继续用视频的方式记录你们的游戏，区域活动结束的时候，我们再一起看，你们觉得可以吗？"大部分孩子说"可以"，也有一些孩子说"不可以"。

我问，"为什么不可以呢？是担心我拍到你们不好的样子吗？"

这时候，淇淇大声地说："我们是不会让你拍到我们不好的样子的！"

棵棵也笑着说："我们不会再给你机会啦！"

高兴小朋友也说："对，明天我们就会好好地玩，不会把玩具扔得到处都是啦！"

听孩子们这样说，我很高兴，笑着说："那我要看看，你们明天会不会再给我机会。"

他们一起大声地说："我们不会再让你拍到的！"

我真的没有再拍到孩子们不遵守规则的场景

第二天早饭后，孩子们陆续进入区域，开始游戏活动。果然，他们今天的游戏状态比昨天好了很多，地上没有散落的玩具，每个孩子都在自己喜欢的区域中游戏。平时几个爱在班里追跑的男孩，一看到我拿着手机，就赶紧"收敛"起了自己的行为。阳光洒在孩子们的身上，那一刻好美、好美，我赶紧又一次拿起了手机。

区域活动结束后，我告诉孩子们："你们今天真的没给我拍到你们不好的机会啊！"孩子们欢呼了起来，"我们不会给你机会的！""我们做到了！"我故作失落地说："明天再看看，我还会不会有机会……""明天也不会有机会的！""后天也不会有机会的！""以后永远都不会有机会的！"孩子们整齐、自信且有气势地回答我。

"其实，你们每件事情都能做得很好！我今天拍了几个片段给你们看看吧。"如昨天一样，他们看到自己认真游戏的场景，那么安静、专注，但和昨天的神情是完全不相同的。看完后，每个孩子的脸上都显露出了自豪的样子。

一些思考

一段小视频，换了一种分享方式，就可以让区域评价变得直观起来。

以前每次区域活动的时候，我们总要无数遍地提醒孩子们把掉在地上的玩具捡起来，但收效甚微。当我们换一种方式进行区域分享时，孩子们更直观地观察到了自己的行为，让分享不仅有了不一样的体验和收获，也让他们的行为得到了积极的改善。

在教育中，很多人喜欢用奖励与惩罚的方法管教孩子。但这样的管教方式，忽略了孩子的社会情感、社会技能的培养，也容易使孩子丧失主动性，成为教育的被动接受者，孩子们也很难学会对自己的行为负起责任。

只有尊重，才能让孩子的行为得到改善，并带给孩子们归属感与价值感，这也是我们工作专业性的体现吧……

与李文老师的**对话**

胡华：你的这篇教育笔记在我们的公众号发布后，后台收到了很多留言，大家很关注你用的这种方式。你自己真正想要表达的是什么？

李文：其实我对这件事的兴趣，远远大于想用这样的方式去评价孩子们的愿望。那天，我看到孩子们玩得非常投入，不忍心去打断他们，就想着换一种方式提醒他们。他们看视频的时候，对这样的方式感觉是很新鲜的，这也是我和孩子们之间的一种愉快互动。当然，我也希望孩子们能够通过这样的方式，调整游戏的状态，让活动变得更有秩序一些。但我特别不希望他们因为老师的厉声呵斥而去改变，那样，他们不仅会觉得难堪，也不太容易接受老师的批评。我只想让孩子们自己慢慢地去觉察，慢慢地去改变。我想，这样的改变是他们积极主动的，应该更有效一些吧。

胡华：你希望孩子们因为自我觉察而改变，而不是因为恐惧、害怕而改变。这二者之间的差别在哪里呢？

李文：对孩子来说，因为恐惧而改变见效非常快。有些幼儿园，老师一瞪眼，一生气，孩子们马上就会变得很听话。但我认为，这种改变是孩子们因为成人的威胁而做出的一种屈服。他们并没有从心底里接受老师的批评。我喜欢让孩子们慢慢地去觉察，之后完成一些改变。但这个过程特别需要教师有耐心，也特别需要时间。它虽见效没那么快，但却会如春雨润物那般沁入孩子们的心田。

胡华：如果时间和耐心并没有让孩子发生什么改变，你会沮丧吗？

李文：确实是这样，孩子们的好习惯不是一日、两日就能养成的。他们可能需要很长的时间，才能完成一些改变。拿这件事来说，我从来没有想过拍一段视频，孩子们马上就能做出调整和改变。您经常对我们说，面对孩子们的时候，要有一种心态："做三四月的事情，八九月自然会有收获"。当你有一颗敞开的心，做自己认为该做的事情的时候，就不会去想孩子能不能改变这件事，也不会那么纠结。孩子们改变了固然好，即使当下没改变，也学会了一种如何看待自己、看待问题的方法吧。

胡华：这篇教育笔记，你认为自己记录的是一个方法还是一种思想？

李文：虽然很容易让别人觉得这是一个方法，其实这是老师的一种心态，就是孩子在成长过程中出现的各种问题，不要急于去改变，要学会耐心等待，让他们有时间去自我觉察，慢慢调整。我觉得真正的教育就应该是这样的。一个孩子，如果能感受到身边的人从心底里是尊重他的，还愿意等待他们的成长，那么还有什么美好不能发生呢？老师不急功近利，美好的教育才能自然发生。

音频 2-4
与李文老师的对话

任何改变背后
都隐藏着对生命的奖赏

只有对话者之间感觉平等的时候，"对话"才能流动出最真实的信息。如果在"对话"中感受到不平等，会让彼此的心灵产生距离，没办法感受心灵深处想要表达的东西。

通过对话，人们的深层意识也得以暴露，在对话的过程中能够不断发现自己与他人更多的潜能与创造力。这样的对话是意义共同体的建构，当各种不同的意见能够相互流动的时候，由此会产生出一些新的视角。

在幼儿园里，"平等"的对话通常具有以下两个特征：教师把儿童当作是与成人具有平等话语权的人。儿童在意识上也感觉到教师不是"神"，而是和他们一样平等的人。这样，教师与儿童在关系中才彰显出平等的特征。另外，教师要具有某种"宽容的敏感性"。只有当教师足够敏感，且能够容忍他人观点与自己的不同时，才能实现平等的对话，在对话的过程中，也重新创造了自己。

——《幼儿教师的教育哲学观》

（第四章　对话——幼儿教师教育哲学观的形成基础，第48页）

一个摇铃满足了所有孩子的愿望，
也治愈了我童年的遗憾

王钰诗 老师

写于2022年4月13日

教师要摒弃个人情绪上的好恶，要用理性、慈爱、宽容引导孩子们深入思考，寻找到解决问题的思路。

上周四，和往常一样，区域活动时间里所有的区域都开放了。孩子们沉浸在自己的世界里，做着自己想做的事情，玩着自己喜欢的玩具……这时，正心突然从表演区里拿起了两个摇铃开始晃动，铃声响起来的时候，小朋友们都愣住了，以为发生了什么事情。

正心看到大家的反应后，咯咯地大笑起来，其他小朋友也笑了起来。这个铃铛好神奇啊，它响起的时候，小朋友们都不动了。正心又开始晃动摇铃，班里瞬间变得热闹无比。但这时，有的小朋友不高兴了，因为铃声影响到了他们的活动，有的小朋友开始制止正心，但他却不愿意停下来。于是，我和正心商量，区域活动结束的时候，由他来摇铃铛作为结束的提醒。

没想到这个建议提出后，小朋友们一下子将我围住，都表示想要当"摇铃人"。

区域活动结束后，我和孩子们展开了一场讨论：

为什么你们都想当摇铃人呢？

安安说："铃铛的声音很好听！"

奕辰说："摇铃铛是一件很有趣的事情。"

翰泽说："一摇铃铛我就可以让别人收玩具。"

力行说："我也想像老师一样让小朋友听我的。"

以恒说："因为摇铃铛的时候，别人的关注点都在我的身上。"

硕扬说："我觉得摇铃铛的人可以控制时间，我想让他们什么时间收玩具就什么时间收。"

景轩说："我摇铃铛的时候，别人就会收玩具，就不用指挥大家收玩具，只需要摇铃铛就行。"

恩和说："摇铃铛我就成了一个小老师，不用听老师的指挥，我们小朋友可以有小朋友自己收玩具的时间。"

原来，摇铃铛不仅充满了趣味性，还能让孩子们把游戏时间的决定权交给自己。

我接着问："你们都想当摇铃铛的人，我该怎么选择呢？"

乐为说："我们可以按序号来安排。"

子柠说："按值日生分组来，值日生自己决定每天谁负责摇铃铛。"

力行说："我们可以按照名单轮流，名单最前面的都是年龄大的小朋友，更了解摇铃铛的规则。"

以恒说："谁负责当天的新闻播报，谁就可以去摇铃铛。"

景轩说："表现好的小朋友才可以负责摇铃铛。"

硕扬说："可以猜拳，用石头剪刀布的方法决定什么人才能摇铃铛。"

祎朗说："我们可以投票选出周一周二周三周四周五都是谁，这样才公平。"

祺格说："我们也可以按照身高来决定，高的小朋友可以先摇，而且我们有两个铃铛，可以同时请两个身高相同的小朋友一起摇。"

正心说："我希望一直都是我自己摇，不要传递，我希望别人都关注我。"

恩和说："今天是正心摇的，明天可以请正心选一个自己喜欢的小朋友，后天再请这个小朋友选一个自己喜欢的小朋友，每天都请小朋友自己决定。"

我们展开了一轮投票

当天，30名小朋友和4名老师一起参与投票；4位老师把选票投给了"值日生"，但超过半数的小朋友选择了他们最熟悉的"序号"。

我们继续讨论：摇铃的时候，需要怎么做呢？

力行说："我们要尊重摇铃人，不是当天的摇铃人，不要去拿铃铛，那样是对别人的不尊重。"

正心说："铃铛是有使用时间段的，在收区的时候可以使用，但要看时间，不要瞎摇，传递出错误的信息。"

硕扬说："当我们在玩玩具的时候，铃声一响就要开始收玩具，这是摇铃人的权利，这样这个活动才会有意思。"

子柠说："我们当摇铃人时，自己要按照要求做到，不然没人听你的。"

经过几天讨论，我们的"摇铃人"活动正式上线了。在之后的区域活动时间里，我看到了很多的变化……

孩子们学会了自律，他们不仅将"摇铃人"使用的铃铛视若珍宝，绝不会轻易去碰，连同表演区里的其他铃铛，竟然也遇到同样的"款待"，"不拿铃铛是因为不希望铃铛被混淆""其他时间发出铃铛的声音是对摇铃人不尊重。"活动开始后，除了被摇响的时间外，铃铛都安安稳稳地待在自己"家里"等待着主人的到来。

每天开始区域活动的时候，老师并不会特意强调当天的"摇铃人"是谁，但孩子们却记得非常清楚，无需提醒，每到时钟指向9点15分，"摇铃人"便自动上线，还没等老师反应过来，"摇铃人"便摇响铃铛，召唤大家开始收玩具。

之前收玩具的时候，孩子们总想要再多玩一会，"磨磨蹭蹭"，从开始收玩具到全部收好，大概需要"漫长"的15分钟……自从"摇铃人"上线后，铃铛一响，所有的孩子马上开始收玩具，不到5分钟就快速收完，而且还能摆放整齐。

一些思考

这个活动的发起，原本只是为了满足孩子们的一个小心愿，没想到竟然可以让孩子们如此享受当下的时光。

中班的孩子自我意识已经非常强了，这样的活动，不仅符合他们当下的情绪情感需要，也让孩子们在班级中找到一种特别的感觉，在参与中找到了属于自己的高光时刻。拿起小铃铛，我一摇，大家都会关注我，并且去执行。这样的尝试也让大家学会了遵守规则与换位思考。

这个活动带给我的触动也是很大的。想起小时候，当老师说到下课，所有的人都在期待铃声响起。当时，老师只会请自己最喜欢的小朋友完成拉铃的工作。所以，这也成了我童年的一个遗憾。

当班里又出现这一情景时，我就特别想知道孩子们会有怎样的心情，这样的尝试会带给他们怎样的体验。

嗯，就是这样，这个铃铛声也治愈了我童年的遗憾。

与王钰诗老师的**对话**

胡华：教师要具有某种"宽容的敏感性"。只有当教师足够敏感，且能够容忍他人观点与自己的不同时，才能实现平等的对话，在对话的过程中，也重新创造自己。你是怎么理解教师的"宽容的敏感性"？

王钰诗：回忆一下当时的场景，正心拿起铃铛摇晃时，当时我的心境是"好烦啊，怎么又是他，莫名的火就上来了。"但转身发现正心正用渴望的眼神看着我，觉得有点不忍心用强硬的口吻跟他说话。我说："正心，你先把玩具放在那里，等一会收玩具时，请你用它来提醒小朋友们收玩具，就像我们每次收玩具放的音乐一样。"这个过程中，我没有对他说"不可以"，他自己也很意外为什么老师没有制止他。那一刻我是有犹疑和挣扎的。但最后我们都放下了戒备，柔软了下来。对我而言，我感觉"宽容的敏感性"是一件和自己的本能做斗争的事。

胡华：你讲到了自己的犹疑和挣扎，是什么促使你发生了改变？

王钰诗：当时，孩子们的眼睛齐刷刷地看向了我，我知道，接下来我所做的事、说的话都可能对他们产生影响。如果我制止了正心，以后还要制止更多个"正心"。换一种做法或许会给孩子和我都带来不一样的结果吧……一种是可预见的结果，一种是不可以预见的结果，那就试试那个不可预见的吧！

小时候，我作为家中的第二个孩子，爸爸妈妈会把更多的目光投向哥哥，常常忽略我的感受，作为一个学习没那么出色的学生，老师也不会把更多的精力分给我。童年时期，常常期待能够得到老师的关爱。当了老师后，我希望自己不要成为当年我遇到的那些老师。就这样，在一番犹疑和挣扎后，我选择了这样的方式。

胡华：因为"宽容的敏感性"，我们发生了改变，改变之后的你收获了什么？

王钰诗：这件事情中，我被孩子们治愈了，我没有了强势的态度，没有了容易让周围人受伤的棱角，内心多了一些柔软，正是这份柔软让我找到了另外一种和孩子相处的方式。这是一种我和孩子们之间心理层面上的交流。当我变得柔软后，孩子们也感觉到了我的变化。我能从孩子们的眼神中读到一些难以觉察的东西，能够觉察到人性中的那些美好。

我在花草园工作已经十年了，这是一份受人尊重的工作，原来的我更愿意在别人那里寻找一种力量推着自己走，现在我的内心更加笃定，也有了很多的力量选择用自己的方式前行。我开始让目光不再向外，而是学着内观自己，成了一个在精神上更富有的人。

我会用一种柔和的心态看待世界，看什么都是美好的，所有的事情都可以顺顺利利地处理，所有突发的事情都可以慢慢来，不着急。这份工作给我了一个最大的奖赏，我学到了生命的功课：当我们不再控制生活，不再对生活做更多的预设时，只需静静地守在那里，就会等到生活带给我们的额外奖赏。

音频 2—5
与王钰诗老师的对话

在实践中，我们发现，一个具有哲学思考的教师才能在教学过程中做出很好的反思，而反思是教师课程决策的基础。从这个意义上来讲，教师的哲学观是指导人的改变，而不是物的改变；是创造完整的生命的教育，而不是创造仅作为人的工具的知识、思维和技术。

幼儿教师的反思需要在特定的教育情境中完成。这一教育情境既有历史的脉络，充满着教师与幼儿过去经验的意义，是他们过去经验史的丰富与延伸，但又要靠教师当下的创造性处理，这一处理不自觉地总是其个人生活经验、生活感觉、价值观的投射。可见，幼儿教师的哲学观是决定其反思能力与教育行为的关键因素。

——《幼儿教师的教育哲学观》

（第八章　幼儿教师教育哲学观的研究进路，第120页）

两种"奖励"，不一样的结果

张蕾　老师

写于2020年12月9日

在和儿童共同成长的过程中，虽然不确定自己是不是比他们做得更好，但因为反思，拥有了一种改变的勇气。

今年的冬天好像来得格外早一些，孩子们的冬季日常护理也要跟上。每次户外活动之前，有三件事是必须要做的："藏肚皮"（掖裤子）、抹手油、穿外套。

因为疫情，孩子们小班上学期结束后直接升入中班。缺少了小班下学期，他们有很多基本的生活技能都需要重新学习。为了提高孩子们的自我服务能力，鼓励他们挑战"更难的任务"，我进行了一次尝试……

给孩子们打"100分"，他们就能很快学会掖裤子吗？

我利用"打分"的方法，鼓励孩子们尝试自己"藏肚皮"（就是把内衣掖在裤子里，保护肚脐不受风），方法是：先把外面的衣服掀起来，把最里面的内衣沿着裤子边一点一点塞进裤子里，再把外面的衣服一件件放下来，弄平整，还可以去照照镜子检验一下……

孩子们的学习能力很强，没几天的时间就有越来越多的小朋友学会了自己掖裤子，但是水平有差异，有人掖得很整齐，有人只能掖前面的，后面的够不着，还有人只顾掖里面的衣服，外面的衣服还卷着边儿。为了树立榜样，我开始给他们打分，给掖得最整齐的小朋友打"100分"，给露点儿边的小朋友打"90分"，给衣服没有整理好的小朋友打"85分"……

可能是我第一次给孩子们"打分"，大家觉得很新奇，都渴望得到"100分"，为了"刺激"他们的积极性，我给出的100分越来越多，但慢慢的，我发现孩子们掖裤子的速度越来越快，"质量"却下降了，很多小朋友为了赶紧到老师面前"领奖"，草草地掖完裤子，衣服边都顾不上整理，着急地问："老师，给我打多少分？"刚开始我给出"100分"的时候，他们会高兴得到处炫耀，没得"100分"的小朋友显得有些失落。但是时间一长，他们好像并不在乎到底能得多少分，掖裤子时也有点"偷懒"了。

"小飞侠""小旋风"……你还会更多穿外套的方法吗？

与掖裤子相比，穿外套没有标准化的评价，难度也更大。之前穿外套的时候，总能听到"老师帮我穿""老师，太难了，我穿不上"的求助声。于是我试着用"情境游戏"的方法调动孩子们的兴趣：衣服分清楚前后，抓着肩膀部位使劲儿向后甩（前提是后面没有人），披在身上后再伸胳膊穿袖子，衣服仿佛变成了披风，我给它起名叫"小飞侠"；另一种方法是抓着肩膀从侧面旋转一圈抡过头顶，衣服像翅膀，变魔术似的就穿在了身上，我给它起名叫"小旋风"……

孩子们兴奋起来，他们太喜欢这些好玩的名字了，拿着衣服学习起来，努力把自己变成"小飞侠""小旋风"，七月高兴地说："这样穿衣服我感觉自己特别威风！"就连以前不愿意自己穿外套的小朋友都行动起来。不仅如此，他们还创编了属于自己的穿衣服方法：先把拉链拉好，自己钻进衣服里的方法叫"小袋鼠"；把衣服帽子戴在头上再穿袖子的方法叫"猫头鹰"；还有"蒙面侠""小蝴蝶"……没用多久，所有小朋友都找到了最适合自己的方法，孩子们专注在自己的游戏和学习中，不攀比不盲从，从一个个笑容里，我能感受到他们内心流淌出的喜悦！

一些思考

学习"藏肚皮"，我利用了"外在动机"，它让孩子们更加关心自己的"奖励"而不是事情本身，当"奖励"的强度不递增，"期待值"就会下降，他们的学习兴趣很快就失效了。

学习穿外套，我用了"内在动机"来激励，"自主创造+胜任感+联结"让孩子们的生命力、创造力和学习兴趣得到提升，使他们体会到沉浸其中、心流流过的感觉。

就这样，我尝试用心理学的知识，解释了为什么两种"奖励"会带来不同的结果，也为自己的教育行为找到了一些理论依据，这让我在工作中获得了很大的满足感和成就感。

我也在思考，作为教师的我们，每天都会用"奖励"的方式支持儿童的学习。

那么，什么样的"奖励"才是有意义的呢？

与张蕾老师的**对话**

胡华：实践中，大部分教师遇到问题的时候会从自己的角度出发寻求解决问题的方法。但在这个案例中，你却从儿童出发，思考了不同方法带给孩子的不同影响。让你的教育观念发生改变的契机是什么？

张蕾：我的转变应该是十多年前，我带一个小班，那时候我刚刚成为班长，组织了一个叫作"职场爸妈"的活动。这次活动需要爸爸妈妈在孩子们面前展示自己的职业，当时家长们参与度很高，孩子们也特别开心，这个活动成为我们所有人共同期待的一个活动。正是这个活动开启了我对教育美好的追求。

其实这个活动在做之前，我只是希望能给别人带来眼前一亮的感觉。最开始，我让家长用写信、照片的形式介绍自己的职业，但孩子们并不是那么感兴趣。记得您在转班的时候，对活动思路与形式给了我很大的肯定，并建议我鼓励爸爸妈妈们进班现场展示自己的职业。当家长走进教室展示自己职业的时候，孩子们太开心了，他们每天都在期待爸爸妈妈介绍自己的职业，家长的参与热情空前高涨，我也体会到了满满的职业成就感。就是那一次的改变，让我的思考方式发生了变化，设计课程一定要从儿童的情感出发才能有效。之后，我开始经常思考自己和儿童的关系，当眼中有儿童时，才能做到心中有教育。

胡华：教师开始思考专业问题并拥有自己的哲学观需要一个催化剂，你认为，在幼儿园里，谁扮演着这样的角色？是儿童、管理者，还是同伴？

张蕾：对我来说，您就是我成长的"催化剂"。"内在动机"需要有一个外力，这个外力就是有人给予我们肯定和指导。您对我们从来不用打分来评价，而是给予实实在在的帮助。我是一个有点被动的人，在工作中也会有消极的时候，需要有人来点亮，才能够有所改变。

刚开始工作的时候，我对儿童不了解，对自己也不了解，但在花草园工作的这十七年里，我好像又重新生长了一次，对儿童越了解，也就越了解自己，知道自己的困顿和纠结在哪里。我的童年成长经历，没有获得太多的积极能量。所以，刚开始工作的时候，经常想要放弃这份职业。这些年，我的内心越来越宽广，懂得了要站在儿童和他人的角度去思考问题，而不只是狭隘地计较得失。其实我从小就有点儿"社恐"，不敢跟别人做深度交流，在这里，我们有机会组织家长学校，开家长会，还会给大学生上课，这些尝试，让我不再胆怯，反而发现，自己喜欢做这样的事情。

胡华：这份工作的魅力在于我们和儿童共同编织了一张"意义之网"，你在写这篇文章的时候，虽然谈的是儿童，但是我隐约能够感觉到，你也在谈自己。是这样吗？

张蕾：这个故事中，在记录孩子的时候，我的内心也是有投射的，其中也有我自己对"内在动机"和"外在动机"认识的转变。只有发自内心、主动地想办法让孩子们充满兴趣的活动才是有意义的。在和儿童共同成长的过程中，虽然我不确定自己是不是比他们成长得更好，但拥有了改变的勇气和信念。花草园就像一个"家"，让我全身心放松，可以把自己的不好的那一面打开给大家看。

胡华：你刚来的时候，我觉得你似乎并不适合做幼儿教师。但今天却成为这里非常有智慧的教师。这十几年走过，你想对自己说什么？

张蕾：我想对您说一声感谢！就像您说的，刚开始我并不适合做老师，过于理智、缺乏情感的表现力。在花草园，我学会了"用心"，学会了投入自己的情感。这十几年，我最大的变化就是越来越柔软。如果一开始我选择了其他幼儿园，可能很早就放弃这份工作了。所以我也想对自己说："我，挺棒的！继续加油吧！"

音频 2—6
与张蕾老师的对话

放手让我的教育探索有了新的突破

我们认为，所谓"儿童视角"不仅意味着我们要从现象上了解他们，还要有一种移情式的理解。在这一阶段，我们每天都在倾听孩子们的表达与交谈，教师在一旁记录，我们试图通过儿童表达出的信息生成一些适合他们的主题教育活动。当时的这些做法带给老师和孩子们的冲击都是非常大的。教师们每天的工作都充满了期待与创造，孩子们的生命状态似乎一下子也变得蓬勃起来。当时的每个周五，孩子们都可以在自己选择的主题活动里畅快游戏，这一天也被我们命名为"畅游日"，意思是可以自由自在畅快游戏的日子。"畅游日"的探索给了我们很大的信心。这一探索的形式也构成了我们"生活化课程"初期主题形成的基本思路，即倾听与还原、回应与记录、结构化、提取主题与生成课程。之后，我们试着将这一探索形式扩大至每天的学习活动中，儿童每天的学习主题都是由他们和教师一起建构生成的。

追问和寻找儿童喜欢的事情的意义，能让我们更清楚地发现儿童的现实处境，觉察成年人的权力，并试着探索，如何一点点放松手中的缰绳，给孩子们更大的精神上的自由。我认为，正是这一过程帮助我们认识了儿童是如何开启自主学习大门的。

——《幼儿教师的教育哲学观》

（第五章　生活化课程——幼儿教师建构教育哲学观的沃土，第69页）

你允许孩子们在教室里玩"撕纸"游戏吗?

王钰诗 老师

写于2020年12月6日

对儿童来说，"被允许"意味着理解、信任与爱。

进入十二月，小班的孩子们迎来了"妈妈的味道"主题学习。在上一周"小时候的美味"的学习中，孩子们倾听妈妈讲述母乳的故事，分享自己小时候吃到的辅食，了解自己成长过程中食物的变化，感受成长的喜悦。

周五的畅游日，我们和孩子们一起"穿越"到了婴儿时期，体验婴儿是如何游戏的。

"弄乱教室，我们很在行"

婴儿时期，孩子们最喜欢做的事情之一就是撕纸，当他们撕纸时，或者听到纸张撕开的声音时，就会感到非常开心，意识到自己是有能力的，可以通过自己的努力去做一些事情，这些事情也能让自己的心理需要得到满足，他们的自我意识在这样的过程中得到了发展。于是，我们为孩子们设计了这样一场"撕纸大战"。

游戏开始的时候，每个孩子都拿到了一张报纸。结果还没等老师开口，有几个孩子就已经撕起报纸来了，其他孩子一看，也纷纷撕了起来。不一会儿，厚厚的一沓报纸就被孩子们撕完了。从孩子们脸上洋溢的灿烂笑容，我们知道，他们是真的喜欢并享受这个游戏。

看着满地的碎纸，孩子们更兴奋了，尖叫着、大笑着、跳跃着……

祥祥、和和、毛毛、小北等孩子扑进了报纸堆里，滚来滚去，身上沾满了报纸屑，他们站起来拍一拍，待纸屑掉得差不多了，又钻进纸堆中，不断重复着这样的游戏。到最后，他们几个你看看我，我看看你，默契地趴在地上闭着眼睛满足地"睡着了"。

荣荣完全沉浸在撕报纸的游戏中，将大的报纸撕小，小的撕得更碎，碎的纸屑捧在手心里，向空中一撒，"纸屑雨"就落了下来，动作来回反复，也吸引了更多小朋友加入其中，他们边撒边说："哇，冬天到了，下雪啦……"

这时，康康将一筐拼插区的玩具倒进了碎纸堆里。孩子们发现，康康倒玩具时，老师并没有阻止，他们像得到了某种"通行证"，又将几筐玩具倒了进去。一时，分不清哪里是报纸，哪里是玩具。

奇怪的是，坐在纸堆里玩玩具的孩子们也出奇得和谐，没有抢玩具的争吵声，没有大声说话的声音，他们用"咿呀咿呀"的婴儿语交流着。如果要交换玩具，孩子们就连比带划地表达自己的想法。作为旁观者的我，只见不停比划来比划去的手，却不明白他们想表达什么，但是孩子们却明白，并且顺利地完成了玩具的交换。

看着孩子们沉浸在游戏的世界中，我们也不忍心打扰，但午餐时间快到了。

当收玩具的音乐响起时，孩子们自觉地收起了碎纸和玩具。小北从地上捡起比较大块的报纸递给我说："这个报纸还可以再撕，收起来吧，我们下次还可以玩，不然太浪费了。"祺格边收边说："哇，我刚才'睡了一个很香的觉'，现在有满满的力量收拾我们的'战场'啦！"

孩子们用1分钟将教室变得一片"狼藉"，然后，所有人一起努力，用10分钟将教室里的东西全部归位，收拾得干干净净。

看着整洁的教室，我问孩子们："玩撕纸的游戏，你们感觉怎么样？"

苗苗说："妈妈说我小时候最喜欢玩撕纸的游戏了，但是奶奶觉得那样很浪费纸，不让我玩。今天玩的时候，我开心得想要飞。"

康康说："我们简直就是'破坏大王'，报纸一下子就被我们全部撕完了，我太开心啦！"

恩和说："收拾玩具是一件很累的事情，但是，是我们把玩具弄乱的，必须要收拾。"

小暖说："我们用了很长时间收拾我们弄乱的教室，我们很厉害。"

祺格说："这是我最喜欢的畅游日，我想每天都过这样的畅游日。"

我又问："这样的游戏可以每天都玩吗？"

祎朗说："这么多纸都在地上，好难收呀！我可不想每天都玩，要不太累了。"

瑶瑶说："这个游戏是小朋友小时候玩的，现在我们长大了就不能总玩了，我们又不是小婴儿。"

毛毛说："这个游戏不能每天都玩，太浪费纸了，我们班都没有报纸了。"

暖暖说："可以等我们攒一些报纸再玩。"

一些思考

"破坏"原本就是孩子的天性，在婴儿期，孩子们的"破坏"行为，只是他们探索这个世界的方式之一。但在成人看来，这就是"破坏"。成人总是制止孩子这样去做，让孩子错过了表现自己"破坏力"的关键时期。

当我们允许孩子们玩这种带有"破坏性"的游戏时，发现他们的自主意识更强大了。

在游戏的过程中，他们对这个问题有了更客观、全面的认识，知道如何在"想要"和"被允许"之间找到一个合适的边界。

这一点，对孩子们的成长来说，是非常重要的。

与王钰诗老师的**对话**

胡华：大多数教师对儿童弄乱教室这件事情是很在意的，认为这是儿童不遵守常规的表现，你为什么会设计这个游戏？你眼中的"儿童视角"是什么？

王钰诗：我理解的"儿童视角"，是在活动之前教师不要有过多的设计，而是要"看见"儿童、理解儿童，能够尊重孩子们的意愿，然后再为孩子们设计游戏的情境。这个活动我也是在听到孩子们的表达后，将主动权交给了孩子们，让他们自己去游戏，在游戏中感受内在的生命力。这个事件对我来说，是一个很重要的关键事件，它让我对"儿童视角"有了全新的认识。

其实最开始我是有担心的。当孩子们听到他们可以在教室里玩撕纸游戏的时候，兴奋的表情深深地打动了我。如果我因为怕麻烦而阻止了孩子们的游戏，孩子们得多失落啊……我选择了放手，才看到了不一样的孩子。游戏的时候，我和孩子们一起沉浸其中，全身心地投入，生命的美好在那一刹那是闪亮的。

胡华：花草园人对教育是有追求的，我们不仅追求让自己更有成就感，也追求看到儿童的美好。你的这一转变是从什么时候开始的？

王钰诗：之前的我和孩子们之间有距离感，虽然我允许孩子们做一些事情，但需要在我规定的范围内做，我得掌控场面。其实，我的内心特别羡慕那些"不守规矩"玩游戏的孩子。小时候，我和哥哥在家玩，一定要在妈妈回来之前把屋子收拾好，不然就会挨打。在这里，孩子们可以自由游戏，我从心底里羡慕他们。这一次，我也想试试看，看孩子们的自由游戏会有什么样的结果。尝试之后，我才发现，放手没什么可怕的，弄乱也没那么糟糕，大家一起收拾就好了。因为这次活动，我和孩子们之间的距离好像一下子变近了。

胡华：对儿童来说，"被允许"意味着什么？

王钰诗：对儿童来讲，被允许意味着理解，也意味着爱。感触特别深的是，这次活动结束之后，我们和孩子们一起完成了一次讨论，这样的游戏虽然很开心，但也是需要规则的，怎样玩才能更尽兴？怎样才能不给老师带来麻烦？一个活动，不仅让孩子们有了足够的释放，还会让他们看到活动背后的意义。当孩子们被允许之后，反而变得更"懂事"了，规则感就这样自然而然地建立起来。

胡华：师幼关系是幼儿园教育的核心，这样的游戏对改善你和孩子们之间的关系有什么帮助？

王钰诗：我觉得，只要能玩在一起，平等的师幼关系就会自然而然地建立。这个活动让我和孩子之间变得更加信任，关系更加平等，他们也愿意在我面前分享一些个人的小秘密。

这件事还带给我一个强烈的感觉：被允许的环境会让孩子们更有安全感。原来他们会说："老师，你能教教我这个怎么玩吗？"现在，他们会说："你可以和我们一起玩吗？"他们不再是询问，而是愿意把你当作游戏的伙伴，表达方式也发生了变化。这背后是我们为孩子们创造出的更宽广的心理空间。

胡华：花草园的课程是我们和儿童一起建构的，这个案例反映了儿童视角下的主题建构过程。这一探索方式给了你什么样的启示？

王钰诗："追问和寻找儿童喜欢的事情的意义，能让我们更清楚地发现儿童的现实处境，觉察成年人的权利，并试着探索，如何一点点放开手中的缰绳，给孩子们更大的精神上的自由。我认为，正是这一过程帮助我们认识了儿童是如何开启自主学习大门的。"[1]我发现，不同的孩子给我们带来的课程体验也是不一样的，孩子们的学习状态也是不一样的，我们需要和他们一起共同创造学习的当下。

我们与孩子们的想法进行碰撞，孩子们给予我们积极回应，我们再根据孩子们的回应创造新的活动，如此循环，会有更多的新主题出现。这一过程，让我特别有成就感。

音频 2—7
与王钰诗老师的对话

1　胡华.幼儿教师的教育哲学观[M].上海：复旦大学出版社,2022:31.

我们认为，"生活化课程"并不只是一个课程形态，还是一种课程思想。"生活化课程"更像一种"文本"，当课程作为"文本"时，"我"与"课程"才能共同临场。加达默尔认为，文本是一种语言，它像一个"你"一样说话，它不是一个客观，而更像是对话中的另一个人。文本也是有生命的"你"，理解一个文本，就是通过与文本对话，实现自己视域与文本视域的融合，从而扩大自己的视域，形成新的视域。

——《幼儿教师的教育哲学观》

（第五章　生活化课程——幼儿教师建构教育哲学观的沃土，第81页）

冬日里的小美好

王彩霞 老师

写于2021年1月7日

> 拥有一种爱的能力，会让我们更愿意追求一些曾经从未想过、没有追求过的东西，这种感觉让我们身上充满了力量。

一月，是花草园生活最温暖的一段时光。我们会和孩子们用各种方式回顾一个学期的生活，谈论自己的收获与成长，也会畅想一下假期里要做的事情……这段放松的时光，让我们的教育变得更加从容了。

我们想冻出一个最大的冰块

一月的北京异常寒冷，三九天的低温让我们的游戏增加了一些新的内容。周五的畅游日，我们决定玩冻冰块的游戏。前一天，我们收集了娃娃家里的碗、杯子等可以用来冻冰的容器。一大早，孩子们往容器里装上水后，小心翼翼地把它们放到了幼儿园最冷的地方——小池塘，希望能冻出可以玩的"冰球"。

这时候，汤圆突发奇想地说："我们可不可以冻一个最大的冰块？"其他孩子听到后非常兴奋，他们开始讨论，什么东西才能冻出最大的冰块？小之找来了娃娃家里做饭的锅，元宝找来了装玩具的玩具盒，手心找来了放擦嘴布的盆，汤圆找到了李老师平日洗毛巾的大盆……孩子们对比之后发现，李老师洗毛巾的水盆是最大的。于是，他们把这个盆装上了水，放到了最冷的地方。我们决定一起观察一下，这块最大的冰冻好要用多久？

做一些美丽的冰花吧！

之后，孩子们开始了冻冰花的游戏。冻冰花之前，我和孩子们讨论："你想冻一个什么样的冰花挂在树上呢？"

元午说："我想冻一个最酷的冰花，冰花的颜色是奇奇怪怪的。"

ππ说："我想冻一个桃心形状的冰花，像送给小树的爱心。"

希曼说："我想冻一个亮闪闪的冰花。"

甜筒说："我想冻一个最美的冰花，让真的小花'开'在冰花中！"

……

于是，我们将班级里插在花瓶中的小花剪了下来，准备好麻绳、各种各样的模具，孩子们按照自己的喜好，选择小花朵、小亮片、小玩具，放在模具里，再在模具中装满水，然后将麻绳放到模具里面……就这样，他们带着满满的期待，将制作的冰花放到了小池塘旁，等待美丽的冰花出现。

我发现，在这个过程中，孩子们走路变得小心翼翼的，生怕模具中的水洒出来，也怕自己装在里边的小花、小动物、亮片不听话地"跑"出来，更怕放置的麻绳改变了位置……做好之后，孩子们总会时不时地去跑去看一看，用小手戳一戳，迫不及待地想让冰花马上冻好。

第二天，每个孩子来到幼儿园的第一件事情就是跑到池塘边去看冰花，看到自己冻的冰花成功后，大家都迫不及待地跟身边的小伙伴们分享。

吃点爆米花怎么样？

当我们一起回忆一个学期里"最难忘的活动"时，孩子们的记忆停留在了美食月里的"甜蜜的食物"活动。好多孩子都特别想再做一次爆米花。

我们将玉米粒、奶油、锅准备好，孩子们听着玉米粒不停跳动的声音，欢呼声此起彼伏。我们给每个人的纸杯里都放入了玉米花，并将班里的灯关掉，准备开始看动画片。孩子们高兴地说："我们的'电影院时间'到啦！"

一些思考

生活里，孩子们最喜欢的游戏材料往往就是日常生活中的那些常见物，它可能是一杯水，也可能是几朵小花。寻常的事物在孩子们的手中总能焕发出新的光彩。

在这里生活，孩子们的游戏总是伴随着季节的变化。冬日里我们玩冰，夏日里我们玩水。生活化课程就是这样，我们不仅跟随着孩子们的脚步，也跟随着季节的脚步。孩子们的心灵是自由的，他们可以随时随地为自己创造出有趣的生活，而我们也跟随着他们的脚步赋予了生活更多的意义。

这段时间虽然短暂，但我们却在其中找到了一束光亮与一抹诗意。

与王彩霞老师的对话

胡华：幼儿教师和孩子们一起生活，我们自己是什么样的人对孩子影响很大。教师的生活信念是如何影响孩子们的呢？

王彩霞：我们拥有什么样的生活态度、生活信念，就会用什么样的心境来创造生活和工作。北方四季分明，四季有四季的美好。虽然北方的冬天是单调的，却也给我们提供了很多创造的契机。北方的冬天特别寒冷，外面的景色也不像春季、夏季、秋季，美好扑面而来。春季、夏季、秋季的时候，我们可以拥抱自然，但冬天需要我们去创造自然。

其实，刚开始工作的我，对于"自己的生活信念会对孩子产生什么样的影响"这个问题根本没有思考过。随着工作时间的增加，我也有机会去思考、重建这二者之间的关系。如果我们的生活信念是把"每一天都认真过好"，无形中就会"生出"很多生活智慧，创造性地去过好每一天。这样的信念也会传递给孩子。

胡华：你感觉，创造生活的背后蕴含着什么样的生活与教育信念？

王彩霞：我们是专业的教育工作者，不能光谈专业能力、专业态度，重要的是还应该拥有专业信念。专业信念更像是一种职业信仰，一旦建立了，和孩子们一起生活的时候，自己就会生出一种向上、向善、向美的力量。当教师用这种力量和孩子们互动的时候，孩子们的能量又源源不断地反馈给我们，我们成了相互提供"养料"的蓄电池。这种信念也给我提供了工作和生活的巨大能量来源。

职业信念对于我而言，是一个由内而外主动改变的过程。原来的我可能有十分的劲儿，但只会使用六七分，一旦拥有了职业信念，我会全情投入。我希望孩子们在这里获得更大的成长。家长如果是热爱生活的，孩子肯定会受益；但如果家长们不那么热爱生活，孩子们在幼儿园里也能受到一种积极信念的影响，获得更好的成长。这就是我的职业信念。

胡华：幼儿教师这个职业是可以修身养性的，它是一个可以让人发生很大改变的职业。你怎么看？

王彩霞：我特别认同这个说法，因为我真实地感受到了自己的变化，尤其是内心的变化。我会更笃定地去做一件事情，带着美好全身心地投入一件事情中，注入情感，享受做这件事情的快乐。我爱孩子、爱生活、爱工作，也更爱我自己了。我似乎拥有了一种爱的能力，会更愿意追求一些过去自己从来没有想过、没有追求过的东西，这种力量让我感觉自己的身上充满了生命力。

胡华：你在花草园工作已经十多年了，心路历程有一个很大的转化。你能给教师们提一些建议吗？

王彩霞：我在这里十几年的成长可以用"跌宕起伏"来形容。从带着对教育的憧憬到经历了一些"关键事件"，再到现在，能够用哲学来引导自己的工作和生活。这个过程中经历的每一件事都很重要。

在花草园，我们做事情的时候会有一个顺序，我感觉这个顺序好像是跟其他幼儿园反着的。我们的顺序一般是先从人开始，而不是先从事情开始。从人出发，尊重人当下的感受。在这里，我们要先去创造一种关系，然后再考虑教育的过程。当所有的关系梳理清楚后，活动就会自然而然地流淌出来。

如果说有什么建议的话，我希望是这样的。"心"得先在一个地方安静、安放下来。之后是在工作里面寻找美好，你得自己愿意去发现、去寻找。最重要的是我们愿意去改变，愿意为改变付出行动。

胡华：你是怎么理解课程资源的？

王彩霞：冬天创造性的游戏有多少种？能不能列出一个表格？还能不能有更多？可能大

部分幼儿园是这样建立课程资源体系的。这样的课程资源仅仅是一些方法、技巧，是"事"。在花草园，我们的课程资源背后的主体是"人"和"关系"。人可以是老师，也可以是孩子，我们的课程资源是"活"的，是一个万花筒，随时可以变化出不同的图案。

音频 2-8
王彩霞老师的教育故事

教师的自主权
来源于我愿意自己做出改变

在教育活动中，教师和幼儿是一种主体间性的关系，两者互为主体，没有谁比谁更高明，这种关系的建立在于每个人都被赋予自由。教师的自由在于教育决策的自由和教学自主的自由，而教育的目的就在于培养具有个性色彩的、具有完整人格的人。幼儿教师不仅应该拥有专业知识，还应该作为一个自由、独立的人存在。因为一个内心自由的人才能够循循善诱教育对象，视教育为一种创造，也更具有奉献精神。好的教育是可以通向自由的，一方面是精神的自由和创造的自由，另一方面，在创造中他们同时获得了某种心灵的自由。

——《幼儿教师的教育哲学观》

（第五章　生活化课程——幼儿教师建构教育哲学观的沃土，第79页）

孩子们为自己策划了一场毕业典礼

李文 老师

写于2021年6月9日

教师的教育自主权，意味着我们总是愿意做出积极的改变，因为勇气一直在，也因为每次创新背后都有人支持你、肯定你。

六月，只剩一个月，大班的孩子们就要告别生活了三年的幼儿园。他们开始讨论起自己的毕业典礼……

六七岁的孩子，为自己策划一场毕业典礼，可以吗？

我们的回答是：当然可以！自己的毕业典礼，自己做主！不用在舞台上"刻意"向爸爸妈妈展示自己的成长，老师们也退后一步，给孩子们更多自由、想象和创造的空间。孩子们围坐在一起，分享着自己在毕业典礼上最想做的事情……

诺诺说："我们可以一起在梧桐树下野餐，和好朋友、老师还有园长妈妈一起聊聊天。"

铛铛说："我还想像上次的跳蚤市场那样，进行一次毕业集市，把自己在幼儿园用过、做过的东西带来，邀请中班、小班的弟弟妹妹来参加。"

田甜说："我想看看我刚来幼儿园时的照片，然后画一张现在的自己，放在一起，比较一下有什么变化。"

暖暖说："我想穿上漂亮的衣服，在小池塘那里拍照片，还要和好朋友、老师、园长妈妈一起拍毕业照。"

絮絮说："我们可以做一些卡片，送给好朋友和老师留着纪念，表达我们的感谢。"

萌萌说："我想在毕业的时候唱一首歌给大家听。我们还可以布置一个场地，就像森林音乐会那样，一起唱歌、跳舞。"

睿睿说："大家可以一起在舞蹈教室看一场电影，就像'黑暗森林'里的森林电影院一样。这个电影的主角就是我们自己。"

小满说："我们是不是可以来一次毕业旅行？"

……

孩子们在讨论的时候，每个人的表达都特别好，每一个想法我们都不忍舍弃……所以我们决定，把"毕业典礼"的时间从一个晚上，延长为一周。

孩子们把这些设想用绘画的方式记录了下来，我们一起讨论做这些事情的先后顺序，最后用时间轴的方式，标记出了这个月的生活节奏。

1. 走遍花草园最爱的角落

2. 制作卡片和礼物送给小朋友和老师们

3. 拍一张毕业照

4. 和园长妈妈一起聊聊天

5. 举办一次毕业集市

6. 来一次毕业餐会

7. 在幼儿园住一个晚上

8. 设计一件毕业T恤

9. 进行一场毕业颂

10. 看一场关于"我们"的电影

11. 策划一场有仪式的毕业典礼

12. 开启一次毕业旅行

……

当毕业清单完成的那一刻,孩子们都欢呼着:"这是我们自己的毕业典礼!"

可心说:"这是我们自己提出来的想法,我很期待它能实现!"

秀秀说:"我们自己设计的毕业典礼,不管怎么样,我们都觉得特别好!"

萌萌说:"我期待每天第一个来到幼儿园,这样我就是第一个能开始做这些毕业事情的小朋友啦!"

我们也向园长妈妈和办公室的老师们传达了孩子们的想法,大家一致决定:今年,我们就来一场这样的毕业典礼!

在孩子们讨论的基础上,我们还设想:可以把这些想法铺陈在一个月里,让孩子们感受幸福慢慢加深的感觉。最后,以"友谊""感恩""勇气""爱"等为关键词,开展"毕业周"系列活动。

孩子们将带着这些力量与祝福珍重地说出那句"再见,我最亲爱的幼儿园"。谁规定毕业一定要是一场典礼呢?!

一些思考

如果是我们来为孩子们设计毕业典礼,线索和活动其实远不如孩子们现在设想的这么丰富。当我们把设计的主动权交给孩子们之后,他们的想法让我们眼前一亮,也让参与其中的老师们对习以为常的毕业典礼,有了更多的灵感与期盼!

如何让孩子们的这些想法都尽可能地实现,同时又能让这些活动与他们当下的生活节奏保持协调,还能表达出情感的层层递进?这需要我们用心考虑。

这次我们尝试用时间轴的方式来呈现。在讨论和制作时间轴的过程中,孩子们对未来即将要经历的每一天都心中有数,也充满了期待……

虽然没有往年那样华美的灯光、漂亮的舞台,但每一个活动,都是孩子们自己创造的。

在花草园里,孩子们总是满怀着一种"我可以,我能够做好"的信念。我们选择相信,孩子们就会充满力量地去创造。我们需要做的,就是尊重孩子们的创造,"顺势而为"。

因为放慢了脚步,我们才能用心感受每个时刻带给彼此的美好体验和感动。这也是我们想要送给孩子们的一份毕业礼物。

胡华：毕业典礼在幼儿园是一项很重要的活动，一般会有固定的程序。设计一个不一样的毕业典礼，当时为什么会有这样的想法？

李文：那一年的情况很特殊，家长们不能来园参加孩子们的毕业典礼，我就很想知道孩子们对毕业典礼有怎样的期待。当我们一起讨论毕业前可以有哪些活动的时候，孩子们非常高兴，很快就确定了每一天想做的事情。孩子们开心地期待着，我也和孩子们一样，期待着这个完全不一样的"毕业典礼"。看着孩子们每天都按照自己的想法完成着属于自己的毕业心愿时，我内心非常有成就感。这样的毕业典礼虽然比不上以前的那种毕业典礼有仪式感，但孩子们因为自由、自主，所以更加投入。还有一个原因，是我知道孩子们的心愿一定能够达成。因为您很信任孩子们，也信任老师们。如果在其他幼儿园，就算孩子们有这样的想法，也不一定会实现。

胡华：对教师来说，教育自主权意味着什么？

李文：孩子们做主设计自己的毕业典礼，我相信很少有幼儿园肯给孩子及老师这样的自由吧？那一年，这个活动也被很多的同行关注、学习、借鉴、模仿，这是对我们创新的一种肯定。花草园教育的自由，不仅体现在教师教育决策的自由上，也体现在孩子生活、学习的自由上。教师的教育自主权意味着我们总是愿意做出积极的改变，因为勇气一直在，也因为每次创新的背后都有人支持你、肯定你。

胡华：在这里工作，你从哪些方面可以感受到自己是作为一个独立、自由的人存在的？

李文：大学毕业刚来到花草园工作的时候，胡老师对新教师没有技能方面的要求，这让我心里一下子放松了许多，因为画画、弹琴、跳舞我都不太擅长。慢慢地我发现，胡老师关注教师的人格发展，从不指导我们应该这样做，应该那样做，每次见面都会问："最近感觉如何？有没有什么困难？"简短的一句话，却非常温暖、有力量。渐渐地，我有了自己独立的思考，工作中也找到了胜任感和成就感。我觉得，一个人心灵的自由才是真正的自由！这里每个人的心灵都是自由的、安定的。因为我们不攀比、不模仿、不"竞赛"，每个人都有自己成长的节奏，都可以有自己的创造。

胡华：在教育中，你对自己的什么能力最自信？

李文：我一直是个不太自信的人。上学的时候，从来不敢举手回答问题。刚开始工作的时候，甚至不敢直视家长的眼睛。但现在的我越来越自信了，特别是和孩子们在一起的时候，我是个非常自信的教师。我善于倾听他们，也能理解他们，是孩子们信任的眼神让我变得越来越自信了。当然，也有您对我们一直的尊重和信任。记得小时候，爸爸妈妈种地，不管收成多少，他们心里总是踏实的，就算是一年的收成不好，他们心里也认定，明年一定会好起来的。这里也是一片沃土，即使我遇到挫折，也相信自己会变得越来越好！

音频 2—9
李文老师的教育故事

等待让改变悄然发生

在实践中，我们也一直行走在对教育智慧的追寻之路上。为此，我们想要突破传统规范关于教育智慧描述的藩篱，将教育智慧和教育哲学的认识引向教师真实的教育生活。我们认为，幼儿教师教育智慧的形成有其特殊性，这是因为幼儿教师这一职业具有很强的实践性与对话性。幼儿教师的教育智慧来自实践，实践性知识是幼儿教师产生教育智慧的摇篮。因此，幼儿教师的教育智慧来源于实践，又应用于实践，贯穿于实践，反馈于实践，指引着教师开展教育活动，并在此基础上形成属于自己的教育哲学观。

——《幼儿教师的教育哲学观》

（第一章　幼儿教师教育哲学的逻辑起点，第11页）

"我们可以坐一坐老师的椅子吗？"

郑岚吉 老师

写于2022年11月16日

> 新教师首先要成为一个真实、有耐心、有热情的，愿意跟孩子们一起玩儿、一起学习的人，这样，才有可能让自己成为拥有教育智慧的教师。

我们幼儿园的小朋友，每个人都有一把自己专属的小椅子。刚入园的时候，小班的孩子们会和老师一起，选择一个自己喜欢的卡通图案贴在椅子上，方便认识自己的专属小椅子。到了中大班，孩子们的椅子上会贴上自己的名字。我发现，他们竟然通过小椅子上其他小朋友的名字，认识了很多字。虽然每个人都有自己的专属椅子，但孩子们喜欢通过互换来体验一下坐他人的椅子是一种什么感觉。这几天我发现，他们最感兴趣的似乎是老师的椅子。

老师的椅子和小朋友的椅子有什么不同？

花草园的老师们有两把椅子。一把大椅子是藤编椅，放在工作台前；还有一把小椅子，是我们要和孩子们坐在一起交流的时候使用的。如果从外观上来看，老师和小朋友的椅子其实没有太大的差异，非要说有什么不同的话，那么就是老师的椅子好像更旧一些，小朋友的更新一些（老师用的是已经毕业的大班淘汰下来的椅子），其他的差别，我真没看出来。

上周四午餐前，我正在给孩子们读绘本，讲到一半，发现有几个男孩聊起了天，旁边的小朋友发出了抗议声，我站起身想去提醒一下他们。没想到就这么一回头的功夫，米粒小朋友就坐在了我的那把椅子上。一下子，孩子们"沸腾"起来了。

土豆最先"改口"："米粒老师，请指示！"

一听土豆这么说，其他人也凑起了热闹。

"米粒老师好！米粒老师好！"

"米粒老师，你给我们继续讲故事吧！"

……

孩子们就这样你一言我一语地向他们的"米粒老师"打着招呼。米粒很享受小伙伴对她的称呼，开心地朝大家挥手回应着。我转头看了看她，米粒的表情有些不好意思，然后恋恋不舍起身离开了椅子。

为什么孩子们对老师的小椅子情有独钟？

实际上，这不是孩子们第一次对老师的小椅子感到好奇了。之前有好几次，孩子们趁老师暂离的空当，跃跃欲试，快速坐上老师的椅子。胆子大点的孩子，就像米粒小朋友这样，坐在上面，看到老师回来很快就离开了，重新回到自己的小椅子上。

看到米粒可爱的样子，我在想：

为什么他们对老师的椅子这么感兴趣呢？

老师的小椅子对于他们来说，有什么特殊意义？

我决定先不讲故事了，和孩子们一起讨论讨论椅子的事情。

我问："孩子们，你们是不是都想体验一下坐老师的椅子呢？"

孩子们异口同声地回答："是！"

"你们为什么想坐老师的椅子呢？"

大谅说："老师的椅子有魔力，谁坐上，谁就能成为大人，就可以做自己想做的事情。"

麦子说："因为谁坐在那把椅子上，就会成为老师。我们所有人都要听他讲话。"

我继续问："到底是因为椅子让坐在上面的人变得特别呢？还是因为这个人很特别，椅子也变得很特别呢？"

安安说："老师就算是坐小朋友的椅子也还是老师，但小朋友坐在老师的椅子上，就能马上变成小老师。"

看来，在孩子们心目中，这把椅子是有魔法的，谁坐上去，谁就能成为老师。

我接着问："你们觉得什么样的小朋友可以成为小老师呢？"

一番讨论后，孩子们得出了几条成为小老师的标准：

"他应该是个开心的人""能先做好自己的事""会带我们玩有趣的游戏""不会和小朋友打架""愿意帮助别人""不乱发脾气"……

我继续问："你们觉得咱们班谁能第一个当小老师呢？"好多孩子说是糖糖小朋友。

我们邀请了呼声最高的糖糖小朋友第一个上前成为小老师。糖糖便坐在椅子上和大家打招呼。小伙伴们兴奋地叫着"糖糖老师好"，久久不能停歇。糖糖做出一个安静的手势，对大家说道："请大家先安静，先听我说。"可糖糖的声音瞬间就淹没进喧闹的声浪里。就这样，糖糖试了几次，底下依旧喧闹。我开始提醒那几个喧闹的男孩。不料坐在我身旁的苏文小朋友大声提醒我说："你也不许讲话啦！现在我们都要听糖糖老师的。"

哎呀，我怎么忘了，现在我应该是吉吉小朋友了呢。

我请糖糖小朋友讲讲她坐在老师的小椅子上的感受，糖糖说："我很开心，坐在上面以后，感觉自己真的成了一个老师。"

我接着问："刚才当老师时，你有没有什么烦恼？"

糖糖说："下面的小朋友太吵了，我提醒了也没有用。我想带着大家唱歌，可谁都听不见我的声音，我就不知道该怎么办了。"

听到糖糖这么说，我抱了一下糖糖，因为她此刻的感受和我刚开始带班时的感受是一模一样的啊。

每个人都可以成为"小老师"

因为孩子们的喜爱，"坐一坐老师的小椅子，成为小老师"已成为我们班孩子最想要体验的活动。孩子们根据之前讨论的"小老师"标准，又加了一条：每天最早来幼儿园的小朋友就可以优先当小老师，因为老师每天很早就来幼儿园了。

于是，安安作为星期一最早来幼儿园的小朋友，顺理成章地成为这一天的小老师。

安安先是带着小朋友们跳了一遍"全地球最可爱"手势舞。然后，在安安老师的陪伴下，我们一同沉浸到绘本的世界里，或许是有了上一周的体验，这一次，每一个人都能安静地坐在小椅子上阅读。

时间到了，安安老师坐回自己的小椅子，马上变回了安安小朋友，令我没想到的是，每一个孩子都上前拥抱了安安老师，脸上露出的是羡慕的神情。

我对安安说："安安老师，看来大家都很喜欢你做他们的小老师呢！"虽然小老师的活动只有餐前短短十五分钟的时间，但每一个人似乎都有了自己的收获与感受。

一些思考

当我和孩子们互换椅子的时候，互换的不仅是坐的位置，更是在互换彼此的角色。

这是一个游戏，也是一种移情学习。坐在老师椅子上的儿童满足了自己想成为老师的心愿，体会到了教师身上承担的责任与不易；坐在小朋友椅子上的我，也变成了一个小朋友，跟随"老师"的引导做各种各样的事情，我们都在尝试在对方的位置上理解彼此，双方心灵的距离更近了一步。

作为一名新教师，我时常会有很多"不知道怎么办"的时刻。对我而言，这次体验仿佛打开了一扇大门：当我不知道该怎么办的时候，不要着急选择"阻止"，而是选择顺势而为，接受发生的一切，然后倾听儿童、与儿童对话、成全儿童，让美好持续发生……

与郑岚吉老师的对话

胡华：作为一名刚参加工作的新教师，在和孩子们相处的时候，你面临的最大困难是什么？

郑岚吉：在一个教育现场或者一个教育情境当中，如何灵活地转变自己的角色，以更适合孩子们的角度进入到他们的生活之中，是我这半年思考最多的问题。这种感觉有点像"摸着石头过河"。因为没有经验，不确定自己的做法会不会弄巧成拙。找到那个点好像并不容易。"坐老师椅子"这件事，以前也发生过很多次。之前，我的做法是：直接请小朋友们回去坐好，然后，我再继续……那天下午发生的事，我已经打断不了了，它已经发生了。

胡华：对于一个新教师来说，你没有阻止孩子们，也没有急于评价他们的行为，而是用了一种特别的方法——等待。恰是这种等待给你的教育带来了一些改变，是这样吗？

郑岚吉：以前在学校学习理论知识，感觉知识是死的，也有点刻板，来到了幼儿园，发现真实的教育跟理论的差距还是挺大的。并不是说理论没有效果、不正确，而是在真正跟孩子们互动时，我发现，得先抛开书本里面那些条条框框。教育是"真"，得真诚地去感受。等待确实让我看到了更多不一样的东西，属于孩子们自己思想里的东西。这把老师的椅子，他们坐上去之后，我听到的是他们坐在底下不会说的话。坐在老师的椅子上，有不一样的视角，自然也会有不一样的感受。

胡华：这件事对你来讲，是教育智慧萌发的种子吗？

郑岚吉：嗯，可以这么说。这件事在我心里就像一颗星星。这可能会成为我继续探索的一个方向。我愿意把更多的空间和时间留给孩子们，相信他们，也相信我自己。当我站在孩子面前，最先能从孩子身上看到的就是自己。我能选择等待，或者说我愿意去选择等待，可能也是因为童年的我缺少了这份"等待"吧……

　　"幼儿教师真正的教育智慧来源于实践，又应用于实践，贯穿于实践，反馈于实践，指导着教师开展教育活动，并在此基础上形成属于自己的教育哲学观"[1]。我似乎找到一个属于自己的方法与路径。

胡华：你对"每个教师都有自己的教育哲学观"这句话，是不是又有了新的认识？

郑岚吉：每个教师都有自己独特的教育哲学观。我可以去参考，去欣赏，但最终的生长只能靠自己。效仿别人，没办法得心应手，只有自己开出花、结出果的东西，才能够自然运用。这件事给了我很大的确定感和信心。您曾经说过：一个老师站在孩子面前，其实是向孩子们袒露了全部人格。我从小就不是一个很勇敢的人，我也有自卑和不自信的时候。和孩子们在一起，孩子们身上包容的力量，让我感觉，自己应该用更美好的样子和状态面对他们。

胡华：让自己成为有教育智慧的教师，你有信心吗？

郑岚吉：肯定是有信心的。但是我也不想强求自己，花开花落自有时，很多东西慢慢地就有了。现在的我，只想做一个真实、有耐心、热情的，愿意跟孩子们一起

1　胡华.幼儿教师的教育哲学观[M].上海：复旦大学出版社.2022:11.

玩儿、一块儿学习的人。我想更"真"一点。其实，学前教育专业并不是我最喜欢的专业，但在学习和实践之后，我发现，这是一条可以"治愈"自己的路，我想坚持下去。

音频 2—10
与郑岚吉老师的对话

面对孩子们的"恐惧"

幼儿教师在形成教育哲学观的过程中，必然要对自己与儿童的心灵、自我以及知识和其表现形式进行分析判断，然后再确定将采取何种方式影响儿童。这既是他们生命成长的过程，也是一个用生命影响生命的过程。

——《幼儿教师的教育哲学观》

（第三章　"庶民教育理论"对幼儿教师教育哲学观的启示，第33页）

小班的孩子害怕打针……
别担心，我们有好办法!

阎玉新 老师

写于2021年6月23日

> 我们在和儿童的相处中，时时刻刻完成着对自我心灵的叩问，这样的机会随处可见，看你愿不愿意向内探寻……

周五，全园大体检终于要来了。

面对小班孩子的第一次验血检查，我们比孩子们更紧张，脑海里出现了这样的场景：哭作一团的孩子们，手忙脚乱的教师们……

之后，我们开始考虑，怎样能让这场"混乱"变得不那么混乱。

来自同伴的经验

体检的前一天，我们打算和孩子们聊聊这件事情。刚一提到"抽血检查"这几个字，孩子们明显紧张起来了，一个个睁大了眼睛。

我邀请验过血的孩子先谈谈感受：

抖抖说："我之前在医院抽过血，一点都不疼，我一滴眼泪都没有掉！"

听完抖抖的表达，又有几个小朋友开始展示自己的勇敢经历：

格格说："我生病的时候也扎过，有一点点疼，但我也没哭。"

曦曦说："是有一点点疼，但是就像被小蚊子叮了一下，不是很疼。"

来一场预演

之后，我开始介绍验血的详细步骤。当他们听说需要在手指肚上扎一下来取血的时候，有几个孩子马上摸了摸自己的手指头。

我决定，和孩子们来一场预演。

我拿出了一个曲别针，假装是医生的针头，先在自己的手指头上戳了一下，用"轻松"的语气对孩子们说："就是这样的感觉，有一点点疼，但可以忍受，谁想先来试一试？"

有些孩子跃跃欲试地举起了手，我趁机说："每个小朋友都来试一下吧！"

有的小朋友"大义凛然"地伸出一只手指，毫无惧色；有的小朋友好奇地看着我的"针头"，又紧张地躲闪着；有的小朋友嘴里说着不要，之后又轻松地说着不疼不疼……

预演活动结束后，孩子们很兴奋，一边和同伴讨论着自己的感受，一边向老师发出了新的挑战：一点都不疼，再来一次吧！

看着这样的场景，我们会心一笑：嗯，我们的目的达到啦！

平静的现场

周五这一天，虽然前一天已经给孩子们做过预演，但是真正到了这一天，还是出现了一些小状况：

六六妈妈在周四晚上发来了一个"拜托"信息，交代了六六在抽血时可能会出现情绪失控的状况，请我们特别关照。睡午觉前，珩珩小朋友突然哭了："老师，打针的时候你能告诉我爷爷一声吗？"还有一些小朋友，虽然没有太大的情绪波动，也在一遍遍地询问："我们是下午要去抽血吗？"

午睡后，我们带着孩子们来到了舞蹈教室，看到了几个正在抽血的小朋友撕心裂肺地哭着……终于轮到我们班了，我们继续给他们做心理建设：就像我们游戏里的那样，就一点点疼，但是是可以忍受的。

打针的时候，几个不害怕的小朋友排在前面，非常平静地完成了抽血，抽完后还摁着手指头轻松地交流着。晨琳老师带着有些紧张的小朋友来到了他们面前，听到抽完血的小朋友说"就一下就好了""一点都不疼""就流一点点血"之后，他们似乎也多了一些勇气……

就这样，本来担心的混乱场面并没有出现，最害怕抽血的六六小朋友也在老师的安抚下完成了挑战；珩珩小朋友在看着针头扎进去的一瞬，眉头一皱，正想释放情绪时发现已经结束了，情绪也慢慢平静了下来……

孩子们抽血完，情绪平稳地回到了班级，我们也惊喜于孩子们的突破。

抽血现场，每个小朋友都很勇敢，我们给他们送上了象征勇气的宝石

离园前，我们将一块象征着勇气的宝石郑重地交到每个孩子的手上。

我们希望，孩子们带着这颗能量宝石，勇敢地去面对成长中的每一个第一次。

一些思考

1. 勇敢不是不害怕，而是害怕也没关系

"害怕"是每个人都会有的情绪。当我们面对孩子们的害怕时，除了鼓励他们要勇敢，更重要的是接纳他们的害怕。和他们一起去用更多的方法来面对"害怕"，学会与"害怕"共处。勇敢不是不害怕，而是害怕也没关系。

2. 以孩子们能理解的方式，帮助他们面对未知的恐惧

在成人眼中，"打针"可能是件小事，但却是孩子们心中无法逾越的"大事"。相较于简单地口头告诉孩子们"抽血不可怕"，我们选择通过"预演"这种孩子们能够理解的方式，引导他们了解"抽血"这件事，慢慢消除对未知的恐惧，帮助他们建立内心的防线。

3. 一颗宝石赋予了孩子们无限的勇气

拿到宝石后，孩子们都很高兴。这份奖励的背后蕴藏着我们对孩子们深深的祝福：在未来，当孩子们面临来自未来的未知挑战时，看到这颗宝石，能够想起那个勇敢的自己，满怀勇气，迎接挑战！

与阎玉新老师的**对话**

胡华：每年，孩子们体检的时候都会扎指血，为什么你会选择记录这件事？

阎玉新：因为自己曾经有过非常强烈的对疼痛的担心和恐惧，所以当孩子们担心扎指血

的时候，我一下子就敏感了起来，想帮助他们缓解这种紧张害怕的心理。如何接纳孩子们的情绪，而不是一味鼓励他们坚强？我想让孩子们真实地面对自己的情绪和内心感受，不希望他们变成别人眼里"坚强小孩"而去压抑自己的真实感受。因为只有真实地面对自己，才能够获得真实成长的勇气吧。

胡华： 这件事后，你收到了孩子们什么样的反馈？

阎玉新： 采指血结束时，我给每个孩子发了一颗"宝石"，大部分孩子都带回家给爸爸妈妈分享，说自己今天很勇敢，所以得到了一块"勇敢宝石"。没有把"宝石"带回家的孩子，也把这颗"宝石"收藏在了自己的宝贝盒里，想起来了就去看一看，他们还会问我："叶子老师，如果下次我还能勇敢地去挑战一些事情，你还会给我们发宝石吗？"我能感受到他们的骄傲。其实，对孩子们来说，我给他们发的是不是"宝石"不那么重要，可能一片树叶也能让他们这么开心。

我内心很喜悦，当我能够理解孩子们的时候，就能"看见"孩子们成长的瞬间。这让我觉得自己的工作特别有意义。

胡华： 在教育过程中，教师总在和儿童相处中完成着对心灵、自我与知识的叩问。你是如何通过这个故事完成对"自我与心灵"的叩问的？

阎玉新： 我感觉对自我与心灵的叩问需要一些契机，大部分时间，这些机会都藏在心灵深处的某个角落。当我们看见它的时候，问题就有可能发生改变。借由孩子们这件事情，我也看到自己内心的一种恐慌。孩子们打完针后，我想要把整个过程记录下来，在记录的过程中，内心的情绪渐渐得到了平复。小时候，妈妈不希望我在打针这样的事情上表现得哭哭啼啼，总说要勇敢、要坚强。但这种要求，并没有带给我勇敢或者坚强，反而让我变得焦虑、害怕，我也不敢在妈妈面前真实表达自己的感受。在和孩子们讨论的时候，我对孩子们说"如果你忍受不了，可以哭"，这其实也是我对自己说的话。所以，在最后反思的部分，我随手写下了"勇敢不是不害怕，而是害怕也没关系"这一段话。这确实是那一刻我内心最真实的一种写照。

音频 2—11
阎玉新老师的教育故事

生活化课程

"对话"与共生

"知识"是一个
正在"经验"着的过程

在课程的探索中，我们发现，生活化的课程似乎能唤起儿童原有的、内在的经验系统。当然，我们现在还无法确定儿童内在的知识体系是怎样的，但可以确定的是，借助于外在力量，能够唤起他们内在的知识经验。我们能做的除了唤醒，就是帮助他们把零散的经验结构化，形成较为稳固的体系。

随着课程的深入，我们和儿童的交流方式也发生了很大改变。对于儿童而言，知识的获得也不是为了知识本身，而是为了使自己能够获得更大发展。现在，我们理解的儿童发展含义是，儿童通过知识的学习，觉知到自我的存在与成长，进而主动成长的过程。[1]对他们来说，知识只是一把开启发展之门的钥匙。

——《幼儿教师的教育哲学观》

（第五章 生活化课程——幼儿教师建构教育哲学观的沃土，第76页）

和孩子们一起品读《西游记》，
每次都有新发现……

张蕾 老师
写于2022年3月16日

为儿童创造更多自主学习的空间，鼓励他们围绕着感兴趣的话题进行深度讨论，这样的学习才能触及心灵。

1 胡华.回归儿童生活：幼儿园课程建构的本质 [J].甘肃社会科学,2019(05)：230—236.

进入三月，迎来了幼儿园的耕读月。对大班的孩子来说，他们已经能从广泛的阅读中试着去理解作品中传递的价值与文化。我们和孩子们一起聊起了中国传统故事，比如哪吒闹海、水浒传、西游记、三国演义、红楼梦、孟母三迁、愚公移山、精卫填海、牛郎织女……

在众多故事中，《西游记》最受孩子们的喜爱。从我童年记事起，86版电视剧《西游记》就伴随着我成长。上学后，能自己看书了，发现西游记的文字故事更有趣，更能激发想象力。

大班的小朋友决定用一个月的时间精读《西游记》。通过对西游故事、西游人物和西游路线的探究，用自己的方式体验经典故事的文化内蕴和丰厚的历史线索，也感受着书籍作为经典、有趣的故事载体，给人们的生活带来的无限乐趣。

耕读月，我们终于有时间慢慢地读、细细地品……第一周的阅读主题是"西游人物"，孩子们选择了《西游记》里自己最喜欢的人物进行介绍。

我记录下了他们分享过程中一些有趣的发现……

"精"和"怪"有什么不一样？

萱宝最喜欢的角色是"白骨精"，她在分享时提出了一个问题："为什么《西游记》里的妖有的是'精'，有的是'怪'，它们有什么不一样吗？"

这个问题引起了大家的热议，孩子们纷纷表达了自己的看法：

帅帅说："我觉得'精'比'怪'厉害，修炼的时间长。"

小雨说："我觉得漂亮的是'精'，丑的是'怪'，因为丑八怪。"

小美说："我觉得女生妖是'精'，比如蜘蛛精、狐狸精、蝎子精，男生妖是'怪'，比如黑熊怪、黄袍怪。"

赫赫又补充说："男生妖还有'大王'，比如牛魔王、金角大王、银角大王。"

大家讨论了一番没有结果，决定回家查找资料。

依依带来了自己调查的结果：原来"'怪'一般指原本没有生命特征的物质，受日月精华的侵袭和蕴养，有了生命的气息，并逐渐有了灵智（比如石怪、山怪等）。'精'大多指野兽或植物在漫长的时间中开启灵智，不吞噬人类或兽类精血，只吸纳天地灵气，从而保证纯净的本源（比如桃精、花精、鹿精）。"

当然，在《西游记》中这不一定是最准确的答案，但萱宝的这个问题却引发了一场"提问热"，让孩子们对故事中的细节产生了兴趣……

孙悟空有多少个"称呼"？

孙悟空当之无愧是西游记之魂。孩子们，特别是男孩，对孙悟空的各种本领如数家珍。

最近总有小朋友模仿《西游记》中人物的口吻来说话："俺老孙来也……""你这个

猴头哪里跑……"学着学着，孩子们的问题来了：在《西游记》里，孙悟空到底有多少个称呼呢？

虽然读过好多遍《西游记》，但我从来没有注意到这个问题。是啊，孙悟空作为一号人物，和很多角色都有联系，好像大家对他的称呼也不太一样。孩子们居然发现了这个细节，太赞了！

大家掰着手指头算起来……

第一个是"孙悟空"，这个称呼最熟悉，是菩提祖师给他起的名字。

第二个是"美猴王"，是在花果山时，他的猴子猴孙觉得他长得俊美而起的名号。

第三个是"齐天大圣"，是他自封的称号，也是他最喜欢、最满意的称呼，最后天庭也认可了这个称呼。

第四个是"弼马温"，是他第一次被招安去管理马圈时天庭封的，后来也成为他经常被嘲弄的称呼，孙悟空很不喜欢。

还有：徒儿、大师兄、孙行者、上仙、猢狲、泼猴、贤弟、斗战胜佛、孙爷爷、猴头、妖猴……

数了一下，一共有15个！这个结果让所有人都兴奋起来。仅仅一个故事角色，就能通过不一样的称呼，塑造出不一样的人物关系和性格特点，这就是文学的魅力所在吧……

《西游记》里的数字奥秘

依依分享了自己最喜欢的人物：七仙女。萱宝突然说："我发现一个问题，孙悟空的结拜兄弟也是七个（牛魔王、蛟魔王、鹏魔王、狮驼王、猕猴王、禺狨王、美猴王）"。

亨亨说："盘丝洞里蜘蛛精也是七个！"

小美赶紧补充："还有七个葫芦娃！"

为什么都是"七"？是巧合还是作者刻意的安排？为了解开疑惑，我查看了资料。

果然这个数字在中国传统文化中有着特殊地位：《易经》中说，"七"其实就是阴阳与五行之和，这是儒家所说的"和"状态，也是道家所讲的"道"，与"气""善""美"都有着密切联系。

从"七仙女"到文学作品中的数字"7"，孩子们对《西游记》故事里的数字奥秘产生了浓厚的兴趣。例如"三"这个数字，出现也非常频繁：

饭团说："'唐三藏'的名字里有一个'三'字。"

小美说："在《三借芭蕉扇》这个故事里，孙悟空向铁扇公主借了三次芭蕉扇。"

萱宝说："还有《三打白骨精》，白骨精分别变成了女孩、老奶奶和老爷爷，最后都被孙悟空的火眼金睛识破了。"

乐乐说："还有三清观，里面有虎力大仙、鹿力大仙和羊力大仙。"

······

"崇尚数字'三'的传统已经渗透到中国社会生活的方方面面，影响着中国人根本的思维方式和审美心理，也影响到作家创作的思路。"不仅《西游记》这样，很多文学作品里也对"三"这个数字情有独钟，三和三的倍数被广泛应用。例如"飞流直下三千尺,疑是银河落九天"。

关于《西游记》的数字研究还在继续，孩子们独特的学习视角和研究精神令人钦佩!

一些思考

《西游记》就像一座采掘不尽宝藏的大山，两周的时间，孩子们就找到了很多值得研究的问题。这些问题视角独特，又充满童趣，这也引发了我的思考，在阅读中，成人视角与儿童视角是不一样的。

成人总是喜欢先了解故事的背景，寻找故事中最跌宕起伏的情节，急于看到一个精彩的结尾······孩子们却不那么"功利"，他们会找到那些我们容易忽略的细节，然后停留下来，慢慢地寻找答案，直到找到让自己满意的答案为止。

算起来，我已经带了四届大班了，每年这个时候孩子们都会读《西游记》，但是每一次都有新的视角。跟随他们，慢慢走进那些我们已经很"熟悉"的内容时，这些陌生感和新鲜感又会激起我们无限的探究愿望，这就是生活化课程带给我们的惊喜!

耕读月，我们像辛勤耕种的农人一般，在图书的海洋里，播种、发现、沉浸、创造、享受······

与张蕾老师的对话

胡华:《西游记》是我们读了很多遍的经典作品，但是每次读都会有新的发现。你四次带大班，每一次品读《西游记》时，你的"心路"变化是什么样的?

张蕾:其实最开始的时候，我们也有疑虑，会担心:"孩子们能读懂《西游记》吗?"所以在前期备课时，我们会根据自己对《西游记》的理解来设计孩子们的学习路径，比如"师徒四人经历了哪些劫难?""一共出现了多少种兵器?""故事里有哪些妖怪、哪些神仙?"······但是在实施课程的过程中，我发现孩子们更愿意聊自己感兴趣的话题，他们会从一个很小的点入手，比如"'精'和'怪'的区别"，或者"孙悟空有多少个称呼"，等等，从这些细节里寻找问题的答案。这个发现给了我一些启示：教师应该是课程内容和材料的提供者，是孩子们学习过程中的支持者，我们应该为他们创造更多自主学习的空间，鼓励他们围绕感兴趣的话题进行深入探究，只有这样，孩子们的学习才能触及心灵。

胡华：从"教授、设计"到"给孩子们更多的选择权、自主权"，这是一个很大的变化。在这过程中，你对"儿童的学习"有什么样的发现？

张蕾：我发现过去我对儿童学习知识这件事理解得比较片面，认为知识就是"知道"和"了解"，每个孩子掌握的内容应该是一样的，却忽略了儿童作为个体，他们自身学习的主体意识。这一次，当我听到孩子们关于《西游记》有那么多生动有趣的问题时，才意识到，原来一百个孩子心目中有一百个不一样的"孙悟空"，他们对《西游记》感兴趣的点是不同的，研究自己喜欢的内容，这样的学习才是真正有意义的。做到这一点，不仅仅是孩子学习状态的改变，就连我们的心态也发生着变化，不用再去想"孩子们应该学什么"，只需要思考"我们能做什么"，突然就感觉很轻松了。

胡华：现在这个行业大家都很焦虑，为什么我们教育的形式那么鲜活，但老师却感到非常轻松，这背后的原因是什么？

张蕾：我觉得轻松背后的原因在于我们充分地信任儿童，如果总想着按我们的标准来评价儿童的学习，心中有预判，希望每个孩子都能达到我们的预期和标准，这个过程老师和孩子都不会感到愉快。正如对"知识"的学习，如果老师将"知识"定义为"准确"的内容，却看不到孩子本身的兴趣，就会有焦虑。而我们能看到每个孩子身上独特而闪光的地方，我们不追求主观的学习结果，老师的任务就是在课程中为孩子们搭好"梯子"，并且认同每个孩子的"梯子"会通向不一样的地方，鼓励他们顺着这个"梯子"不断地往上爬，我们的任务就完成了，心态自然就很轻松。

胡华：我能感觉到咱们的老师都有一套自己的理论和观点，对自己很笃信，你觉得这个自信来自于哪里？

张蕾：我觉得这份自信来源于生活化课程，因为生活化课程的探索已将近十年了，如果说刚开始时我们还会有犹疑，那么现在就已经看到了它的成效——生活化课程下每个孩子都焕发着光彩，他们迸发出灵性的学习状态，让我们特别有成就感，就更加笃定这份坚持。从教师个人成长角度来讲，我们在实施课程的过程就是不断印证和实践自己的教育理想的过程，会不断发现自己在课程里的变化和成长，切身感受到这份美好就发生在自己的身上，生出源源不断的能量，也就越来越自信了。

胡华：我能看见你们每一年都会有发展、变化和进步，但是在很多地方，这样做却很难，因为我们走了一条少有人走的"路"，这条"路"为什么少有人走？

张蕾：您的这个问题让我想起"第一个吃螃蟹的人"，第一个吃螃蟹的人是第一个品尝到螃蟹美味的人，但不是所有人都敢于尝试。现在大多数幼儿园还保留着传统的课程，因为老师在固定的模式下会感到安全。而您就是"第一个敢于去品尝螃蟹的人"，我们对您非常信任，愿意跟随您做生活化课程的探索，如果换一个老师或者园长，我们可能未必有这份儿信心吧。另外，我觉得您使用的方法特别好，不是让我们"一步走到头"，直接从0到100，而是给我们很多不一样的机会，您不会要求所有人都按照统一的路径成长，每一次新的尝试都会被您接纳和允许。生活化课程是一个"空筐结构"，我们在这个"筐"里按照自己的节奏去填充时，会觉得很幸福，这个方式也是您希望我们对待孩子的方式，也就是"寻道"，自己找到"学习种子"背后的那颗"生命的种子"。现在有很多人都在跟随、模仿生活化课程，但他们并没有走过我们这条路，有点像"依葫芦画瓢"，模仿往往会变形，所以这条"路"少有人走。

音频 3—1
与张蕾老师的对话

对童年、春天的美好回忆
都在一首诗里

　　"生活化课程"也是一套回归到民族文化支脉的课程体系，课程将生活、儿童和教育有机地结合起来，形成一套具有深厚文化脉络的课程体系。课程的最大功能在于文化的传承与创生，而这套课程不仅兼具这两大特性，同时具有很强的内生力。因为，课程的立意和主题都源自中华民族文化以及人类科学、艺术、哲学等领域最有价值的部分，儿童学习的过程，也是他们运用自己的方式追寻精神家园的过程。

——《幼儿教师的教育哲学观》

（第五章　生活化课程——幼儿教师建构教育哲学观的沃土，第73页）

清明将至，
我们用这样的方式向经典致敬

李洋 老师
写于2022年3月30日

幼儿教师的教育智慧——来自实践现场的倾听与对话

作为中国人，我们有几千年的文化印记，它无时无刻不在我们的生活之中，我们很难分清哪些是生活，哪些是文化。

　　当我们打开古诗词这扇大门，也就开启了一场探寻文化的旅程……

　　三月，春暖花开，是适合阅读的季节。生活化课程三月份的主题是"耕读"。中班的课程主题是"我家的书"，孩子们从调查自己家的书柜开始，吟诵古诗古韵，举办"读书会",在一系列的活动中,借由观察、走访、表演等多种方式让阅读动起来、活起来。

在经过了两周"书柜大调查"之后,第三周,孩子们将打开视野,在时间和空间的双向维度下,走进藏书最多的地方,了解更多的图书信息。在这样的背景下,我们班的孩子也开始了对古诗词的学习。这是我们花草园三月课程中非常重要的一个部分。

为什么要学习古诗?孩子们有自己的认识:

子程说:"如果我们学习了古诗可以找到古代的人,诗可以像传送门一样把我们传送到古代。"

玥淳说:"因为一些东西是从过去来的,如果我们不学习,古人留下的东西就不能传承给我们的下一代。"

卓雯说:"我们学习了古诗,就可以去和古代的人对话,看看他们希望现在的我们怎么好好生活。"

恒嘉说:"古诗是那些古代人留给我们的宝藏,学习要趁早,要是很晚的话就学不好了,需要从小学习。"

婉瑜说:"了解了古诗词,就可以了解古代人是怎样生活的,他们在想什么,还可以用他们的智慧创造现在的生活,走向未来。"

从"我"最喜欢的那首诗开始

每个孩子都有一首自己最喜欢的诗:

诚谅说:"我最喜欢卢纶的《塞下曲》,这是一首描写打仗的诗。感觉自己也变成了一个勇敢的士兵。"

嘉臻说:"'一去二三里,烟村四五家。'我喜欢的是邵康的《山村咏怀》,因为姥姥家的院子里也有一座小亭子。"

开元说:"我喜欢的是孟浩然的《登鹳雀楼》,感觉诗里面的风景很美,我也喜欢站在高的地方看到更多的风景。"

高齐说:"我喜欢的诗是汉代民歌《江南》,里面的小鱼一会儿在东,一会儿在西,很有趣。"

晓星说:"我最喜欢的诗是李白的《赠汪伦》,这首诗明明写了两个人要分别,却依然踏歌,感觉悲伤消失了。"

我给他们分享了一首自己最喜欢的张若虚的《春江花月夜》。每当听到这首诗,我都会从心里涌出一种开阔的感觉。之后,我们一起交流了读诗时的感受:

晓星说:"每次读诗的时候,就像在海边吹海风,感觉很舒服。"

皓玥说:"一首旧的诗总能带着我去找新的诗,这是一种很美好的感受。"

诗瑶说:"不同的诗会有带来不同的感觉,有开心、舒服,也有感动和悲伤。"

岳涵说:"古诗很科学,字很少,却表达了很多意思。"

我们一起找到了古诗的多种沉浸式玩法

绘古诗

在不同孩子的心中,诗词所描绘出的意境都是不同的。当我们在班级群中分享自己最喜欢的那首诗时,有的孩子也分享了自己和家人一起创作的绘画版的古诗。每当有小朋友把画好的古诗发到班级群中,就会引起一阵"猜诗热"。第二天,孩子们纷纷从家里带来了关于古诗词的书。有的家长直接给我们发来了关于古诗词的动画资源。

就这样,白天我们在班级里,也借助孩子们绘制的古诗玩起了"你画我猜"的游戏,每当出示一张图片的时候,孩子们就会根据上面的意象来猜,猜到的时候,他们就振臂欢呼;没有猜到的时候,孩子们也不气馁。

之后,他们还一起绘制了一首诗,带回家,请家人们猜一猜是哪首古诗。

唱古诗

在院子里玩的时候,文文小朋友无意间唱起了"锄禾日当午,汗滴禾下土。谁知盘中餐,粒粒皆辛苦"。美妙的歌声吸引了很多小观众,大家都加入进来。于是一首接着一首唱起来,"小时不识月""松下问童子""泉眼无声惜细流"……孩子们悠扬的歌声回荡在幼儿园里。

孩子们组成了一个小小唱诗班。每天下午,都会排练两场。一开始,很多人跑调,还有一些人不敢张口唱。几天过去了,孩子们不仅游刃有余,还加入了自己的创意动作,比如在唱到"青草池塘处处蛙"的时候,发出几声蛙鸣。

一天又一天,就这样,孩子们将唱诗融入了自己的生活。

举办一场"诗词大会"

畅游日这天,孩子们身着古装,穿越到诗词盛行的古代,来一场诗词大会。

第一个登场的是嘉臻,他胸有成竹地走上了小舞台:"蓬头稚子学垂纶……"台下掌声连连。

接下来是岳涵:"大家好,我是佑佑,我今天表演的是……我忘记了,我一会儿再来。"

晓星在台上唱嗨了,一个人连唱了三首。

雅乔唱了一首《静夜思》,引来了全班大合唱。

恒嘉声称自己是李白,在开始之前还和大家来了一场暖场互动:"我是诗仙,还会舞剑,你们猜一猜我是先会写诗还是先会舞剑?"

生病在家休息的昀欣,特意要妈妈帮她穿好衣服,远程线上参加了我们的诗词大会。

《陋室铭》《十五夜望月》《如梦令》……就这样，一首接着一首，孩子们时而歌唱，时而诵读，一首首经典走进了他们的心中……

一场讨论，让诗词更加深入人心

这几天，孩子们讨论的话题都是和诗词有关的，我也和他们展开了讨论。

古诗词是什么？

显仪说："古诗词就像大海，让人感觉平静，会有一种悠扬的美。"

恒嘉说："古诗词是一个通道，可以带我们进入另一个很优美的世界。"

卓雯说："古诗能够给我们带来知识，带来感动，它就像一座秘密花园。"

诗瑶说："诗词也是歌谣，唱诗的时候我感到了一种满足感。"

兆洋说："我觉得诗词就像一个宇宙，我们小的时候就漂浮在宇宙中。"

古诗词为我们带来了什么？

恒嘉说："诗词可以为我们带来一种生活，诗本身就是一种生活。"

澍阳说："诗词带来了幸福，诗就像一个人，充满着无限的想象，这些想象让我们幸福。"

高齐说："我觉得诗词可以为我们带来知识和幸运，有很多故事可以用诗词表达出来。"

乐山说："读诗的时候我就会想起过去的生活，这是一种美好的回忆。"

一些思考

在中华民族五千多年的文化中，诗词如同一颗颗璀璨的珍珠，串起了我们的生活，也为我们展现了中华文化的特有意境。

我们带着孩子们从最喜欢的那首诗开始，他们与古诗之间的距离一点一点拉近，在历史的穿越中感受着中华文化的内蕴。古人的所思所想、中国人独有的生活和情感，就这样映照在了孩子们当下的生活中。

还有几天，清明节就要到了。清明怀念祖先的方式有很多种，我们吟诵古诗，又何尝不是一种怀念呢？

与李洋老师的对话

胡华：你们班举办了一场诗词大会，这场诗词大会和我们在电视中看的诗词大会有什么不同？

李洋：我们的诗词大会更像是孩子们的一个游戏活动。所以，他们介绍"古诗词"的方式也各不相同，有人是背诵，有人是一边唱一边跳，还有人表演了情景剧。这场诗词大会，我们没有任何排练，都是孩子们自己的创造，所以他们很放松，即便是忘词了，也能很轻松地说一句："我一会儿再来。"我们都很享受这样的时光。如果有压力的话，我感觉这场诗词大会就不会那么有趣而热烈了。

胡华：诗词大会之后，你们还做了一次关于古诗词的讨论，为什么要有这样的安排？

李洋：其实，当时我对孩子们的选择的多样性是非常惊讶的，有那么多的古诗词，但每个孩子都能找到自己喜欢的，每个人喜欢的理由也不一样。他们在朗诵的时候，带着骄傲、喜悦，我特别想知道，诗词在孩子们心中是什么样的存在？在讨论中，我发现，孩子们能够感受到古诗词的那种韵律和节律，大人觉得朗读起来很困难的诗词，对他们来说，是朗朗上口的。我还发现，他们似乎能够很容易地感受到诗词所描绘的那种意境，比如四季的变化、农人的耕作，还有古人丰富的情感等。所以这次讨论，让我对孩子们学习古诗词有了新的体会。他们在文化上和祖先的心灵是相通的。

胡华：生活化课程的功能在于传承和创生，这句话听起来有些宏大，你是怎么理解的？

李洋：文化就是我们日常生活的一言一行、一举一动。对于孩子来说，他们在社会环境中生活，需要遵循一定的文化来完成自身的社会化。作为中国人，我们有几千年的文化印记，它无时无刻不在我们的生活之中，我们很难分清哪些是生活，哪些是文化。我能感受到两种形态，一种是我们需要让孩子们潜移默化地受到文化的熏陶，比如使用筷子等习俗；还有一种，是我们要有意识地让孩子们感受民族文化的魅力。在幼儿园里，如果我们不去引导，就有可能出现文化的断层。在生活化课程中，我们和孩子们一起生活，这时候，文化不是死板的、教条的，它和我们每一个人都息息相关。我很愿意成为这样的文化传承者。

胡华：对这个活动，你有什么特别的体会吗？

李洋：我总能够想起自己小时候学古诗的样子。当时家里有一本古诗书，上面还有配图和小故事。孩子们也是这样，他们并没有觉得学习古诗是一件枯燥的事，反而能找到很多乐趣。米粒儿学习了妈妈最喜欢的《陋室铭》，大谅一个人就能背诵20多首古诗词，星星是通过唱歌学会古诗词的。人们常说"越是民族的，越是世界的"。在这个活动中，我也在思考，怎样才能让中华民族的文化在孩子们的心中扎根下来。

古诗词的韵律对孩子们来说，朗读起来非常容易，诗词所描绘的内容，也给孩子们留下了美好的空间，当他们朗读"儿童散学归来早，忙趁东风放纸鸢"的时候，头脑里是有画面感的。一首诗，就可以串联起我们所有人关于历史、关于童年、关于春天的美好记忆。

音频 3—2
李洋老师的教育故事

创造性的生活满足了孩子，也满足了自己

　　"生活化课程"的核心是通过还原儿童本真的生活，帮助他们能够从不同的层面认识自己，理解他人。在课程实施过程中，儿童的经验、情感、态度、表达都会被尊重。"生活化课程"引导儿童"按照自己的节奏呼吸与思考"，帮助他们建立内在的秩序感，这会给他们的内心带来极大的安全感与满足感。而实现这一切，需要教师对自身、对生命有更多的体察，在课程的生成当中，理想的人生形象才能得以扩展，提升生命的境界，个人在教育中的价值以及对儿童的影响才能不断得以彰显。

——《幼儿教师的教育哲学观》

（第五章　生活化课程——幼儿教师建构教育哲学观的沃土，第78—79页）

孩子们建造了一座"流动图书馆"

李美杰 老师
写于2021年3月31日

> 当我们共同完成创造的时候，教师的心流和儿童的心流合二为一，每个人都从中获得了滋养，美好的教育也就自然而然地发生了。

　　小小的流动图书馆，承载着孩子们大大的梦想，在创造中点燃对阅读的热忱。
　　你听说过"流动图书馆"吗？在图书数量不足的时候，每个人从家里带书来，书的种类不限，所有人的书汇聚在一起，就成了一座"流动图书馆"。

小时候的我从来没有去过图书馆，直到上了高中，学校里有图书馆，我才有机会进去。我永远记得第一次进图书馆，看到琳琅满目的书一排排地摆在书架上时的那份惊讶感。来花草园工作后，我发现，这里竟然每两个班就会有一个图书馆，孩子们随时可以在图书馆里找到他们感兴趣的图书。每每看到他们专注、沉浸的样子，我心里无比羡慕。

随着三月耕读月课程的深入，孩子们也将学习的视角聚焦在拥有最多图书的地方——图书馆，通过前期与家人了解城市中各种各样的图书馆，互相分享借阅心得，孩子们非常渴望能够建造一个属于我们自己的图书馆。

参观图书馆后，我们开了一场分享会

上个周末，孩子们和爸爸妈妈一起去了不同的图书馆参观。来园后，孩子们分享着自己的收获。

陶陶说："我在图书馆发现所有的书都是按照一定的分类标准摆放的，有历史类的书、文学类的书、法律类的书、经济类的书……"

可心说："我去的是中国国家图书馆，它是亚洲最大的图书馆，分为总馆南区、总馆北区和古籍馆。我去的是总馆北区，它看起来比较现代，一进去有一个特别高的电梯，看起来很震撼。我长大以后也要设计一个特别高、特别大的图书馆。"

鹏博说："图书馆是一个安静的地方。我们在图书馆里可以看到很多我们想看的图书，也可以借回家看，你借过来我借过去，这样图书会在你和我之间流动起来，有一种流动感。"

听了鹏博的话，很多小朋友都开始表达自己的想法：

小满说："幼儿园的书我们也可以借回家，但我们看完之后要还回来，因为这些书是幼儿园的。"

轩轩说："我们能不能像这次一样，从家里把《西游记》的图书都带来幼儿园，然后请小朋友看。虽然带来了幼儿园，但这些书还是我们自己的。"

听了孩子们的话，我回答道："当然可以啊，你们把自己想带来的书带到幼儿园分享给其他小朋友，其他人也可以借回家，这样我们就有了一个属于自己的'流动图书馆'，每个人都可以看到更多的书。"

"流动图书馆"如何建？

诺诺说："我们要先从家里把自己想带来的书带到幼儿园，可以是自己最喜欢的书；如果自己舍不得，可以拿一些自己想分享给别人、即使坏了自己也不心疼的书。"

二宝说："我们要制定一个'借阅规则'，比如借阅前要登记、借阅时间是多久、借阅期间要爱护图书等，我们每个人都要遵守这些规则。"

小满说："图书馆里的书都会分类放好，并且每本书都有一个统一的标签，我们也可以设计一个。"

鹏博说："还需要设计一个标志，比如"流动图书馆"，这样别人一看到这个地方就会知道是干什么的了。"

在讨论如何设计"流动图书馆"的标志时，孩子们也很有自己的想法：

暖暖说："我们是花草园，图书馆是建在花草园里的，所以要有一些花花草草。"

可心说："在流动图书馆里借书的主要是我们小朋友，可以画一些小朋友上去。"

诺诺说："因为图书馆是可以互相借书的，图书在我们之间流动起来了，可以画一些箭头来表示。"

鹏博说："我们可以把标志设计成书的样子，然后在书的两边画上翅膀，代表可以流动。"

说做就做，周四一早，班里很多小朋友都从家里带了书来，有的带了3本、有的带了10本、有的带了18本……"流动图书馆"还没有建立起来，孩子们就迫不及待地开始分享彼此的图书。办公室周老师帮我们设计、制作了图书标签。孩子们在自己带来的书上贴好标签，并写上了自己的名字。

一起布置"流动图书馆"

畅游日当天，我们和孩子们一起布置"流动图书馆"。

首先确定了"流动图书馆"的位置——三层走廊西侧，这里刚好可以摆放两个书架，侧面的柜子也可以充分利用。一部分小朋友按照之前的讨论，开始设计标志，蜜枣小朋友自告奋勇写好了"流动图书馆"几个字，其他小朋友在空白区域画一些花草、小人儿、图书等装饰。沉浸在创造中的他们完全不被周围的声音所打扰。

渐渐地，"流动图书馆"一点点有了图书馆的样子，孩子们也围在一起，津津有味地看起了书。

看着自己亲手布置的图书馆，孩子们迫不及待地想借书了，不停地询问着："什么时候可以借书？"看着他们期待的眼神，我笑着说："现在就可以啦！"于是，孩子们拿起自己早就挑好的图书，开始排队等待填写"借书登记表"。

一些思考

鹏博小朋友说："你借过来，我借过去，这样图书就会在你和我之间流动起来，有一种流动感。""流动图书馆"建成之后，孩子们也会和这座图书馆产生一种情感联接，从家里带来图书能够与别人分享，那种喜悦是独自阅读不能取代的。

在建造"流动图书馆"的过程中，他们思考和讨论了很多细节，从前期参观图书馆的活动中积累经验，在小组分享中思维碰撞，在表达中明晰自己的想法和困惑，也在完成的过程中重新建立秩序感。孩子们在一点一点地学习，也在一点一点地创造。

在图书并不匮乏的今天，"流动图书馆"对于孩子们来说仍然有着特殊意义。这项创造从头到尾都是属于他们自己的，给他们带来很大的成就感和满足感，而这就是我们想为孩子们创造的生活。

与李美杰老师的**对话**

胡华: 花草园每两个班就有一个图书馆，孩子们为什么还想建一个"流动图书馆"呢？

李美杰: 当孩子们提出，想把自己的书带到幼儿园里让其他小朋友看，也可以借其他小朋友的书回家看的时候，我觉得这个想法很好啊，说明他们对阅读以及图书馆有了更深的认识和理解。我小时候没有机会接触图书馆，图书馆对我来说是充满幻想和期待的地方，所以孩子们想自己动手建一个图书馆，我是一定会支持的，因为这里面也有对自己情感的一种满足。孩子们的阅读经验并不完全来自幼儿园，更多的来自家庭。他们的这个"流动图书馆"也可以叫"幼儿园里的家庭图书馆"，它帮助孩子们完成了一次经验迁移，也为孩子们的阅读经验搭建了一个桥梁。他们自己设计、布置、管理图书馆，整个过程中他们运用已有的经验，建构了一个新的认知体系，我觉得这是非常有价值的事情。

胡华: 儿童的"经验"是我们需要特别重视的。在这个故事里，你发现了什么？

李美杰: 流动图书馆启动的时候，孩子们轮流当"图书管理员"，他们"工作"非常认真，把书整理得整整齐齐。借书的孩子认真地填写借阅登记表。他们在"流动图书馆"里自主借阅、自主归还、自主进行图书漂流，这些经验对他们来说是全新的。我们给孩子们营造了一种自由、宽松的表达环境，鼓励、支持孩子们用自己的方式与周围的人进行交流。这样的经验建立过程是开放的、流动的，随时随地都能发生。

胡华: 在建造"流动图书馆"的过程中，有什么让你特别难忘或有趣的事情发生吗？

李美杰: 有一个小朋友一直坐在圆垫子上看书，完全不被周围的事情打扰，感觉世界只剩下书和他自己了。还有一个小朋友，平时很少分享自己的书，但是他妈妈说，这次流动图书馆，他把家里自己喜欢的书都拿到了幼儿园，这让我很惊讶，看来，流动图书馆在孩子们心中是很重要的。因为"流动图书馆"里的书都是孩子们从家里带来的，所以他们和这个图书馆也有了一种特别的情感。他们喜欢在这里看书，更愿意和好朋友分享图书馆里自己的书。他们和书、和好朋友之间的情感也随着书而流动了起来。每次有其他班级小朋友经过这里的时候，孩子们就会主动地上前介绍流动图书馆里的书以及如何借书……一副骄傲、自豪的样子。

胡华：在这个故事里，你谈到了童年的渴望，它触及了你在工作中对生命的思考吗？

李美杰："流动图书馆"本来是孩子们的一个活动，我也不知道会做成什么样，在和孩子们一起创建的过程中，变成了这样一个温馨、安静又美好的地方。这个过程也唤醒了我的童年记忆。我家中的书是非常少的，只有我和姐姐上学用的一些课本，课外书几乎没有，也没有机会去图书馆，就像文章中我写的那样，直到上高中时才第一次走进图书馆，这样的活动也弥补了我童年的一个缺憾吧。在建造流动图书馆的过程中，我把自己还原成了一个孩子，和孩子们一起去建一个心目中的图书馆，有自己喜欢的书，可以选择自己喜欢的姿势看书，我觉得内心很温暖、很满足。可能就是因为这些小时候的生活经历，现在的我很喜欢和孩子们一起过有创造性的生活，在这个创造的过程中，不光满足了孩子们，也满足了自己。我不只将这些事情当作一个工作来做，其实也是为我自己而做的。

音频 3-3
李美杰老师的教育故事

教师深度思考，
儿童才能深度学习

　　对教师而言，"生活化课程"需要他们从原先的那种较为狭窄的视角，变成开放的、有成长性的宽泛眼界。教师也应是儿童学习环境中重要的组成部分，她们必须意识到：要尽可能使自己成为环境最好的组成部分，这样的教育系统才是健康、可持续发展和有生命力的。这套课程本质上是一套认知结构与哲学结构的叠加课程，教师也得以与真实的自己对话，他们获得的不仅仅是专业的成长，也对生命有了更深的知觉。成人只有在哲学思考时，似乎才能回到本源，用经验重构对世界的认识，生命的整体感伴随着豁达再次呈现，更有机会重新去审视这份工作的意义和价值，这也是在"生活化课程"中教师很难产生职业倦怠的原因。

——《幼儿教师的教育哲学观》

（第五章　生活化课程——幼儿教师建构教育哲学观的沃土，第74—75页）

深度学习的秘籍是让知识保持鲜活感

曹云香 老师

写于2021年4月21日

　　成年人思考问题，总想找到问题的答案。但儿童却不局限于所谓的答案，而是"天马行空"地展开想象，他们也总是能够完成很有深意的探索。

草长莺飞四月天。花草园的课程生活也跟随着万物生长的节律，开启了生长月。这个月，大班的课程围绕着"身体的秘密"展开，讲述关于自我的故事。这是我正式组织大班下学期课程的第一个月，带着一份共同探究每一个"我"的期待，以及一份在过程中拓展未知的志忑，我们一同开始了认识自己的旅程。

学习对于孩子们来说是一件极其有趣的事情。他们天马行空地想象生命的来源，探讨"我是谁，我从哪里来"。进入第二周，进行"走进我们的身体"具象的课程时，我却有些不知所措了。

孩子们的学习给了我很大的震撼，我所有的经验和成人视角在不断地被打破、重组，我也有了一些不一样的思考……

在课程开始之前，我和经验丰富的田巍老师沟通了自己的想法，同时也对课程内容进行了一些构想，我预设孩子们的问题可能会集中在头、四肢躯干、肚子等可以看见的身体部位，所以我事先邀请孩子们画了一张人体图，打算当孩子们提出问题的时候，随时在图上做标记。

但当我向孩子们提出第一个问题"你知道自己的哪些身体部位"时，孩子们的回答超出了我的预期和认知范畴。

洋洋说："腹股沟。"（第一个回答就让我觉得很"高级"了）

邦邦说："寸关尺。"（这个名词我还是第一次听说，网上记录它是中医切脉的位置）

果果说："海马体。"（比"大脑"的表述更加具体且专业）

小宝说："脉搏。"（一个很"虚幻"的身体"部位"）

瑄瑄说："鼻毛。"（如果不说，很容易被我们忽略的身体组成部分）

贝贝说："喉结。"（男孩的观察很有性别特点）

旺旺说："肛门。"（引起了大家的哄笑）

……

我预计孩子们可能会回答一些显而易见的答案，但是孩子们的回答很专业，而且涉及的角度很丰富，我开始感觉自己有些招架不住了。

当孩子们说出我不知道的身体部位时，我感到很紧张。紧接着我提出了第二个问题："对于身体，你有什么问题想和他人一起解决？"孩子们基于当下的经验，提出了自己的问题。

彤彤说："人的眼睛为什么不全是黑眼珠？眼白是干什么用的？"

淳淳说："耳垂为什么是软软的，它有骨头吗？"

小荔枝说："大脑里面为什么会有迷宫，这个迷宫有什么作用？"

尹尹说："我们为什么不能没有脖子？直接一个头连接身子行不行？"

汤圆说："为什么别人挠我的脚心，我会感觉到痒？"

……

这时我的大脑出现了短暂的空白，很多问题我从来没有想过。不知道为什么，在成年人看来是常识和理所当然的问题，被孩子们提出来之后，却带有哲学思考的意味。

成年人思考问题，总是想找到问题的答案。但儿童却不限于所谓的答案，而是天马行空地展开想象，但他们的问题却很有道理，富有探索的深意。

这些问题我们在次活动中也无法得到所有答案，于是我选择采取"孩子们提问，孩子们回答"的方式展开接下来的活动。

在这个过程中，同一个问题，提问者总是可以得到不同视角的回答。以彤彤提出的问题"人的眼睛为什么不全是黑眼珠？眼白是干什么的？"为例，第一个回答这个问题的人是她自己，她认为眼白的作用是美观，如果都是黑眼珠，看起来会有点吓人。似乎提问本身就意味着答案。旁边的童话却认为，这是人与生俱来的样子，女娲造人的时候已经决定了，这很正常。米亚从科学的角度解答了这个问题，她认为眼白里有营养物质，会给我们的眼睛带来很多营养。而且有了眼白，眼睛转动的时候会更顺利。

再如长生小朋友提出：为什么人碰到尖的东西会受伤流血？瑄瑄的回答是：因为人身上有很多血管，有东西扎破了皮肤，伤口就会流血。波妞补充道：我们的血液会凝固，凝结的血痂会止血，伤口流出来的血会慢慢变少……

孩子们一方面在提出自己的问题，另一方面也在寻求问题的答案。他们的问题和回答五花八门，我想了一个办法：用手指比出数量的方式做了简单的统计，左手代表自己回答的问题，右手代表自己帮别人解决的问题。每个孩子都可以直观地看到自己和他人提出了多少个问题，回答了多少个问题。

这次活动与其说是要解答问题，不如说是变成了一堂思辨课，孩子们的思想自由地在当下的时空里发生着碰撞。

我发现，孩子们对问题的回答通常趋向于三类：

第一类，追寻一个标准的答案。这类答案主要是对知识性问题的解答，通常在书中也有答案，且是大家公认的，具有科学性。

第二类，令自己满意的答案。这个答案更多的是基于儿童自己的想象与创造，答案的内容和形式没有任何限制。比如彤彤就对自己给出的"每个人都是黑眼珠多不好看"这个答案很满意。

第三类，很难找到答案，而是在寻求答案的过程中又生发出了新的问题。这些问题本身就很有深意，孩子们在其中建构着自己的认知，这些问题也会成为下一次学习的契机。

一些思考

打破预期，忠于当下

在这个活动中，有两个部分打破了我的预期。但如果我坚持按预期走，孩子们可能就不知道应该表达什么，他们只会跟随我的脚步，对学习的兴趣会消减。

作为教师，我要做的就是打破自己的预期，和孩子们在当下同频共振，将他们的问题和思考带到更远更深的地方。

虽然带着预期进入活动，内心会更有底气一些，但就是这种伴随着未知的当下，给我带来了不期而遇的美好，孩子们迸发出来的点子也激发了我和他们共同深入学习的热情。

对深度学习的重新认识

很多时候我们认为深度学习似乎是人为可以创造的"深"，但在这堂课上，我感觉深度学习是很有现场感的，我们都不知道学习的触角可以伸向哪里，能做的就是不断地跟随当下的感受，向下延伸。

生活化课程的"深"，体现的不单是知识的"深"，还有思考问题的"深"，学习方式的"深"，对自我、对社会、对他人理解的"深"，这样的"深"对这个年龄段的儿童更为宝贵。这种"深"需要现场的碰撞以及孩子们集体智慧才能拥有。

不要让知识占据思想，而是学会让知识保持鲜活，让孩子们更多地体验心灵式的学习、更深层次地赋予学习者各种可能性。这是我在这个课程之后，体会到的深度学习的内涵。

也许在很多人眼里，我的这堂课是不太成功的，但它带给了我和孩子们深度的思考。

与曹云香老师的对话

胡华：这个故事中，你最满意的是哪一部分？

曹云香：最满意的是孩子们没有受到束缚，自己深入到了一个广阔的地方。当时，我如果按照事先准备的那张人体结构图延伸下去，指着图上的身体部位，按照一定顺序请孩子们来抢答，可能这就会成为一个获取知识的课程。很庆幸自己没有选择那样的方法，而是用一个开放性的问题，依据当下孩子们的兴趣和经验自然而然地深入课程，那一瞬间给了我很多冲击。这一部分我觉得是最美妙的。

胡华：你改变的时候，孩子的学习方式也发生了改变，这会给你带来成就感吗？

曹云香：是很有成就感，一种比教授知识更丰富的成就感。这个过程有点儿像藤蔓一直往上的感觉，呼吸到了新鲜的空气，感受到了风的力量，看到了更广阔的天空。那一刻，我们彼此都处于一种心灵自由驰骋的状态，在另一个地方交融了。

胡华：作为一个工作时间不长的新教师，你认为幼儿教师的教育哲学观是指什么？

曹云香：跟孩子们生活，我的一言一行都蕴藏着丰富的个人色彩。我的教育思考、观点、行为，我说出的每一句话，都会对孩子们产生影响。有时候，我不确定自己的所作所为会不会对他们的未来产生影响，我担心，会留下一些不好的影响。这是不是就是我的教育哲学观呢？

胡华：在教师教育哲学观的形成过程中，思考很重要吗？你一般会怎么思考问题？

曹云香：幼儿教师的教育哲学观是一种价值选择和价值判断，如果没有思考在里面，会飘忽不定，也可能会很肤浅。我在教育现场时，会有一些下意识的东西在，它可能与我个人的成长经历、成长环境有关，也与当时一件事情带给我的感受有关。思考的作用在于，它让我对当下做了一个判断，有时候会发生一个转念。现在，我思考的时候，考虑最多的不是怎样节省时间，而是我这样做会对孩子产生什么样的影响。如果是不好的影响，我就得改变自己的行为。

胡华：你很在乎对孩子们好不好这件事，怎样做才叫对孩子好呢？

曹云香：帮助孩子们实现他们的心愿，让一件事情向美好的方向发展，我觉得就是好的。没有实现孩子的愿望，阻止了他们的想法，甚至因为自身的狭隘阻碍他们的时候，我觉得就是不好的。

胡华：哲学观的萌芽来自一些个人朴素的认识和判断，你感觉，自己的教育哲学观现在处在什么阶段呢？

曹云香：我的教育哲学观形成的第一个阶段是，内存善念，一种把事情做好的善念，希望自己的工作可以给孩子们带来一些好的影响。现在的我可能处于第二个阶段，就是开始对自己的实践进行反思，明确哪些是做得好的，哪些是做得不好的，希望下一次遇到这样的情况，能有更好的办法来解决，带着孩子们进入一个更广阔的世界。

音频 3—4
与曹云香老师的对话

当内心的炽热与儿童相遇

"生活化课程"作为文本，其丰富性也在于为我们提供了对话的自由空间，课程不再仅仅是物化的材料，而是包括教师、幼儿对文本的理解以及师幼之间的交往，这是一个不断创生意义的过程，也是教师教育哲学观逐渐生成的过程。

——《幼儿教师的教育哲学观》

（第五章　生活化课程——幼儿教师建构教育哲学观的沃土，第81页）

五月，我们与彩虹色的夏天相遇

李洋 老师

写于2021年5月10日

> 能和孩子们产生默契感是很幸运的。这份默契感的形成，不是我们刻意地去做了什么，更多的是我们用心和孩子们生活在一起后，自然而然地产生的。

五月，多姿多彩的夏天来临。这个月的课程是带领孩子们探索身边的夏天。在孩子们眼中，夏天是有颜色的，我们将和孩子们一起，从对夏天的感受入手，运用各种方式去发现夏天。这一周，我们打算先用颜色来认识夏天。我们将这一周的活动命名为"颜色周"。

我们也给家长发去了通知，请他们为孩子们的下一周准备好不同颜色的衣服。

红色日——夏天是热烈的

周一是红色日。一大早，孩子们穿着红色的衣服走进了幼儿园，目之所及的是一片红色，让夏天平添许多热烈。

"今天，我们做什么呢？"我问孩子们。

"夏天这么热，我们可以做一个红红的西瓜，然后吃掉它。"米粒儿提议。

她的提议得到了很多小朋友的赞同。于是，我们来到了游戏台前，开始做纸西瓜。不一会儿，就听到了一阵阵的叫卖声："卖西瓜喽，卖西瓜喽！"循声望去，只见二顺、土豆、晞晞几个男孩手里拿着几个"西瓜"在电车里叫卖，他们的声音很快就吸引来一堆人的围观。"我要买""我要一个西瓜""我也要一个"，叫卖声和买西瓜的声音混合在一起，此起彼伏。

一开始，大家都在围着"电车"买西瓜，渐渐地，买西瓜的人越来越少。卖西瓜的小朋友开始嘀咕起来，"怎么都没人，真没劲。""你们可以上门去推销西瓜呀！"老师的建议被孩子们采纳了。这一天，我们小二班到处弥漫着"卖西瓜"和"买西瓜"的声音，孩子们乐此不疲地沉浸在游戏之中，感觉他们手里那一个个纸做的"西瓜"，好像变成了真正的西瓜。

身着红色衣服的孩子们，这一天内心是快乐的，笑容也是热烈的。

绿色日——夏天是清新的

绿色日，花草园有个保留节目，就是在操场边的"丛林"里玩"躲猫猫"游戏。但我们班的孩子们想怎样度过这一天呢？我询问了他们的想法。

Mickey说："我们可以玩一个'打水果仗'的游戏，就是准备一些绿色的猕猴桃，然后用它们来打仗。"

呈程说："我想玩一个青苹果游戏，一个小朋友当树，其他的小朋友抱着他的手和脚当青苹果，看谁先掉下去。"

……

他们提出来很多新游戏的玩法。就这样，我们将他们的游戏愿望尽可能地一一实现。

身着绿色衣服的孩子们，这一天内心是满足的，笑容也是清新明朗的。

紫色日——夏天里的草木染

紫色日的一天，从观察门口桑葚树的变化开始。孩子们在桑葚树下捡拾掉落在地上的桑葚，小心翼翼地放进碗里，然后把他们碾压成汁，再准备一块白色的布，还有小印章，开始用桑葚的颜色扎染布。他们开心地创造着、讨论着、欣赏着。

身着紫色衣服的孩子们，这一天内心是绚烂的，笑容也是浪漫的。

白色日——夏日里的一场释放

周四，白色日如约而至。可天公不做美，这一天是阴天，那我们就用废纸屑下一场白色雨吧！孩子们将废纸撕碎，"3~2~1！"随着倒计时的呼喊声，孩子们尽情地将纸屑抛到空中，再感受着它们落下时的惊喜。孩子们在"白色雨滴"的下落中感受一场夏日里的释放。

身着白色衣服的孩子们，这一天内心是释放的，笑容也是绽放的。

彩虹日——夏天里的多姿多彩

关于夏天，一百个孩子心中就会有一百种颜色。周五的畅游日，我们选择了彩虹色，让孩子们体验一把色彩斑斓的夏天。

他们先是在滑梯和彩虹伞搭建的彩虹小屋里捉迷藏，又在院子里举办了一场彩虹艺术展，在彩虹实验中感受颜色的多端变幻，最后，用一场彩虹花瓣雨为颜色周画上了句号。

这个夏天，虽然天气一直没怎么热起来，但是，夏天彩虹般的热烈我们都感受到了。

一些思考

夏天是个火热的季节。夏天的到来，让我们每个人的心都"热"了起来，这一周，我们以"颜色周"为名，用不同的游戏让夏日开启得格外有趣。一周过去后，每个人的心都被"涂"成了彩虹色。

这次的活动，我们的体会也是很深的。如果遵循经验，我可能会在"颜色周"的活动中，采用以前的做法，毕竟那个方案已经非常成熟了。但这一次，我决定和孩子们来一次大胆的尝试。

一周过去了，我也体会到了胡老师所说的"将熟悉的事物陌生化的过程就是审视它、理解它、创造它，然后完成超越的过程。这一过程，也是教师教育智慧形成的过程"。这周的体验，是我带小班后的一次巅峰体验，真让人回味无穷啊……

与李洋老师的对话

胡华：四季中，你最喜欢哪个季节？夏天对孩子们意味着什么？

李洋：我最喜欢夏天。我是一个非常怕冷的人，夏天天气热，所以到了夏天我就会感觉特别舒服。我也是一个比较怕黑的人，夏天白天长，我可以度过一个长长的白天。每到夏天，就会想起小时候和小伙伴们一起在外面玩游戏的情景，我们玩到太阳落山才回家，每个人都满头大汗，但就是不愿意回家。

对孩子们来说，夏天是一个生长的季节。他们的生命从春天走到夏天，有了更加生机勃勃的景象。孩子们一点都不怕热，他们可以在外面玩很久，每次都不愿意回教室。我们甚至不用准备什么游戏活动，丰富的自然足够他们尽情嬉戏了。

胡华：当个人的感受和孩子的感受相遇的时候，会有很多美妙的碰撞。在你工作的这些年里，这样的碰撞多吗？

李洋：我觉得还是挺多的。刚开始工作的时候，我心里总有顾虑，担心自己的想法不够多，带给孩子们的太少……现在，这份担心消失了。当我能听到孩子们声音的时候，想法也会如泉水般涌出。

记得刚来花草园的时候，您说："新老师如果什么都不会，那就去和孩子们游戏在一起。"就这样，我发现自己和孩子们之间的碰撞越来越多。开始的时候，能听到他们的声音，后来，我想到的点子也是孩子们心里的点子，我们总能不谋而合。

最近有一件事。刚开学的时候，孩子们会从家里带一些自己做的卡片送给好朋友。无论是拿到卡片的小朋友，还是送出卡片的小朋友，都非常开心。我很好奇卡片上到底写了什么。打开一看，发现原来是他们用自己的视角观察的对朋友的认识与期待。我想，是不是可以设计一个全班小朋友参与的"卡片时间"呢？于是我和孩子们讨论，给每一个人都设置一个信箱，想给谁写信就给谁写信。就这样，我们利用一面墙，设计了一个大二班小朋友的专属信箱。孩子们每天都会写信，也会查看自己的信箱，我们感觉每天的生活都特别美好。

胡华：你怎么看待我们和儿童之间产生的那种默契感？

李洋：我感觉，能和孩子们产生默契感是很幸运的，这也是教育中一种比较高的境界吧？就像诗里说的，"身无彩凤双飞翼，心有灵犀一点通"。这种一切尽在不言中的感觉也是人与人之间相处的最高境界了。这份默契的形成，不是我们刻意地去做了什么，更多的是，我们用心和孩子们生活在一起自然产生的。这又让我想起了一句诗："随风潜入夜，润物细无声"。

胡华：我们的生活化课程是有完整的课程计划的，你喜欢打破吗？

李洋：您经常对我们说，生活化课程不是一个固定的课程形态，而是一种课程思想，每一个人都可以在课程中有自己的个人理解。所以我也有底气去做些新的尝试。另外一个原因是，我是一个对自己有很高要求的人，我希望自己有亲身经历后的体会。所以，也不算是打破，只是按照自己的理解去设计了课程、体验了课程。

胡华：你对花草园的教师文化是怎样理解的，你感觉它有什么独特的地方吗？

李洋：花草园是有要求的，但是这份要求不是强迫，而是默默地引导着我们每个人去创造、去坚持、去超越。在这里，我们总是充满动力地和孩子们生活在一起。当然，我们也会遇到一些困境，每当这时候，我们学着不抱怨，而是接受、坚持和超越当下。我们自觉地追寻这些超越人性的东西，这也许就是花草园文化的特殊之处吧。

音频 3—5
与李洋老师的对话

反思需要面对真实的自己

　　哲学是人对自身思想和实践的反思，一线的教师身临教育情境，真切地感受着教育生活的细节，而且他们自己就是教育活动的有机组成要素。倘若他们愿意经常性地回顾自己的思想和实践，必然会产生一些深刻的体验。我们认为，恰是这种向"真"之教育的认识与追求，将教师推向了对方法和技术背后的思考理性之中。

——《幼儿教师的教育哲学观》

（第六章　幼儿教师教育哲学观的构成与特点，第89页）

关于"本领"这件事，
大人们和孩子们的认识一样吗？

甄珍 老师

写于2022年9月21日

　　我们所遇到的一切事物，都被成人习惯性地划分为"有用"和"无用"两大类。对孩子们来说，恰是这些看似无用的本领，不仅影响着他们掌握有用的本领，也影响着他们未来的生活品质。

　　九月，我们班的孩子升入了中班，他们都非常兴奋，也很自豪，觉得自己长大了。这个月，我们的课程也围绕着"我升班啦！"这个主题展开。课程进行到第二周的时候，我们和孩子们围绕着"本领"这一话题展开了讨论。

周末，孩子们和爸爸妈妈在家围绕自己的"本领"展开了讨论，也在爸爸妈妈的帮助下制作了思维导图。周一来园后，孩子们开始分享自己的本领。

"我的本领是……"

在第一组孩子们的分享中，我们发现，他们对本领的认识很具体，基本上都是围绕着知识或技能来描述的。

慕泽说："我能从1数到100。"

越堂说："我能背诵很多古诗。"

启辰说："我能记住自己坐过的所有公交车的名字，400、569、944……"

昀啸说："我的本领是骑马，因为我最喜欢骑马。"

依宁说："我的本领是骑平衡车，我还参加过比赛，得过奖牌。"

安琪说："我在学习游泳，我可以憋气很长时间。"

……

看来，此时孩子们对本领的认识深受成人的影响，更多是停留在"有用"之上。

难道，孩子们的本领就只局限于此吗？

"本领"原来有这么多啊！

下午户外活动时，孩子们在葡萄架下游戏，玩着玩着，我突然听到孩子们哈哈大笑的声音，原来是园长妈妈在和孩子们聊天，不知道聊到了什么有趣的事情。走近一听，发现是孩子们争着和园长妈妈分享自己的本领呢……

启辰说："我的本领是可以放一个很臭、很响的屁。"

霄霄说："我的本领是可以看电视不眨眼睛。"

宥洵说："我能像小青蛙一样睡觉。"

思允说："我有一个和姥爷不吵架的本领。"

启宁说："我的本领是能听懂小花小草说的话。"

……

不知道园长妈妈施了什么魔法，孩子们对本领的认识的表达和上午竟然完全不一样。

孩子们太开心了，以至于回到班里还不停地分享着自己这些稀奇古怪的本领，虽然这些本领在大人看来，显得那么无厘头，也不能算是什么"本领"，但在孩子们眼中，却是他们对本领的另一种理解。

这次的分享像一个开关，打开了我们对本领的认识。之后，在其他小组的分享中，孩子们分享的本领也在不断地拓展。

而我也开始"发现"了孩子们更多的本领……

冠霖说："我的本领是我的眼睛亮闪闪的。"

昱言说:"我有每天都能自由开心游戏的本领。"

雄赫说:"我有很多的好朋友,还有能和他们合作游戏的本领。"

加一说:"我拥有让自己开心的本领。"

涵钰说:"我有能让自己放松下来的本领。"

霄霄说:"爱这个世界就是我的本领。"

……

每个人的"本领"都独一无二

户外活动时,坦坦带着一块圆垫靠着树屋的柱子坐了下来,我看到他的额头上有汗珠,便提醒他可以找一个凉快点儿的地方。坦坦闭着眼睛说到:"我喜欢阳光,我在享受我的独处时光。"哈哈,好吧,我被他的表达"惊"到了。这个平时有些停不下来的坦坦,此刻让我看到了他独属的本领。

小池塘边,小沐脱下鞋双腿盘坐在那里对着小鱼说话。不一会儿她邀请好朋友甜筒也坐了下来。两个小朋友坐在垫子上面对面,一起唱起了歌。我录下了这个场景。她们完全沉浸在游戏里,一首接一首地唱着歌,还会一个人唱一个人听。不唱歌时,她们开始分享彼此的心事……

班里几个男孩在滚筒上玩"荡秋千"。元宝站在砖垛上够到了一根枝条,把它扔给了坐在滚筒上的番薯,如此反复,这根枝条变成了两个小朋友之间摇摆的"秋千"。很快,他们又发现可以拉着枝条来回"荡秋千",需要跑着助力往高跳着前行。

创造性的游戏此时就发生在孩子们身上,这项孩子们天生就拥有的本领,很多大人早已遗忘了。

一些思考

今年是我第四次参与中班关于"本领"课程的学习了。

几乎每一次关于本领的学习活动中,家长和孩子对于本领的认识都存在着差异。为什么会有这样的现象呢?作为大人的我们,是不是很容易在孩子身上看见显性的知识和技能本领,而很少去探触孩子们的精神世界呢?他们是如何看待自己的本领的?

《庄子》中说到:"无用之用,方为大用"。从小到大,我们所遇到的一切事物,都被成人习惯性地划分为"有用"和"无用"两大类。其实,人生最重要的东西,都是看起来没有什么直接用处的,如同孩子们对本领的认识一样,恰是这些无用的本领,不仅影响着他们掌握有用的本领,也影响着他们的未来生活。

当我们尊重当下发生的一切,看到每个孩子认识自己本领的不同视角,也能在他们的分享中生成出课程的新线索。

当我们真诚地发出赞叹时,儿童的深度学习就这样悄然发生了……

胡华：在和孩子们关于"本领"的讨论中，你从一个微小的问题入手，表达了一种认识，找到了一种思考方向。这种习惯是在工作中形成的吗？

甄珍：孩子们关于本领的认知学习，对我来说已经是第四次了。回顾前些年和孩子们的讨论，只能听到孩子们在表达：本领是什么、像什么……这一次孩子们的表达特别触动我，他们提到了很多不一样的本领。人在这个世界中赖以生存的本领究竟是什么？孩子们的回答和我们是非常不一样的，他们能一下子道破本质——爱自己就是最大的本领。

记得那天您问孩子们，你们都有什么有趣的本领啊？元武说，他的本领是可以放一个很臭、很响的屁。回到班里，孩子们不停地分享着自己稀奇古怪的本领。您和孩子们的对话像是一个开关，打开了我们重新认识本领的开关。

胡华：如果那一天我和孩子们谈话，听到孩子们说"我的本领是放一个响屁""是打一个最大声音的嗝儿"时，我找到你们说："你看你们教孩子们的是什么！这算什么本领？你们这个活动根本就没有达到应有的目标。"如果是这样，你们会有什么感觉？这一切美好还能发生吗？

甄珍：哈哈，这种假设在咱们幼儿园是肯定不会发生的。我经常听我的大学同学抱怨，她们在幼儿园里，根本没办法像我们一样，和孩子们讨论这些有趣而深刻的话题。如果您当时真的来找我们，否定我们和孩子们关于"本领"的讨论，感觉肯定是挫败的，也会产生怀疑、愤怒情绪。这样，孩子们美好的表达就不会被记录下来，我的心也不会向外打开，更不会有进一步的思考和提升了。

胡华：哲学是人对自身思想和实践的反思，假如我们愿意经常性地回顾自己的思想和实践，必然会产生一些深刻的体验。为什么说这是一件很难的事？

甄珍：回溯自己的思想和实践，需要面对真实的自己，这需要很大的勇气。很多人从来没有感受过向回看能够带来什么改变。对于习惯反思的人来说，会有一个全新的认识，向回看，否定的只是自己的某些行为，而不是自己这个人。人格不够成熟的时候，我们会把我和我的行为等同起来。在花草园的这些年里，我们知道真实的表达和向回看意味着什么，会带来怎样的改变。所以，我们才会有勇气不断地向回看。

胡华：如果你给哲学下一个定义，会是什么？

甄珍：这几天没有上班，我有意识地专注当下，也有了更多时间去向内观，向回看。当我拥有了哲学思考的习惯后，就不太轻易被纷扰的外界所裹挟。一次一次的思考、反思，让我看到了自己内心的真善美一直在。这就是一种生活哲学吧。

音频 3—6
与甄珍老师的对话

不要局限于一种方法

实践性智慧在实践中也表现为教育者对教育情境瞬间、直觉的整体感知和把握，表现为一种超越性的、能够迅速认识到现实教育情境的复杂本质，并做出恰到好处的创造性反应的过程。对于幼儿教师来说，没有创造性，就没有实践智慧。[1]

……在实践中，幼儿教师必须发挥自己的创造性，才能根据幼儿的兴趣、需要及时调整课程和教育策略，并随时对不确定、偶然性和不可预见的突发事件与瞬间做出合适、恰当的决定和对策。应该说，创造性是幼儿教师实践智慧的核心要素。

在幼儿园的教育实践中，每天都有新鲜的事情发生，教师的创造性就发生在那些流动的瞬间。

——《幼儿教师的教育哲学观》

（第六章　幼儿教师教育哲学观的构成与特点，第94页）

对"分组学习"的一次尝试

李文 老师

写于2022年11月2日

人不可能凭空信任一些没有见过的东西以及没有体验过的事情。随着对孩子的了解，我慢慢地进入到了一个抛弃原有方法、开始相信自己的过程中。

1　张亚妮. 论幼儿园教师实践智慧生成——以"学习故事"行动研究为进路 [D]. 陕西师范大学博士学位论文,2016.

我们花草园的生活化课程采用的是"3+1+1"的课程模式。每周主题确定后，孩子们将分三天进行小组学习，周四的集体学习通常会对前三天的小组学习进行小结，将零散的信息结构化，完成一份学习的思维导图。周五的畅游日是用游戏的方式对主题学习进行一次儿童化的回应。

对老师们来说，前三天的小组如何分，用什么方式分，这两个问题是我们在课程开展过程中，最关心的问题。

上周，中班十月的主题课程"我家在社区"进行到了最后一周。经过前几周的学习，孩子们对自己生活的社区有了很多的认识。这周的主题是"未来社区"，孩子们在已有经验的基础上，畅想未来社区的样子，并尝试打造出一个理想社区。

周末，孩子们和家人利用废旧材料，创作出了理想社区的建筑和设施模型，家长们在班级群里分享着他们和孩子们一起创作的过程，我们也很激动，期待着孩子们周一的分享。

四个常规的"小圈圈"

周一早上，我先和孩子们说明了这周学习的安排。之后，按照之前的方式，我们将四个要分享的小朋友分成了四个小组，其他小朋友可以选择其中的一个组参与讨论。

小组分享开始了。四个小组中栎栎的"未来停车场组"很吸引孩子们，小伙伴们拿出区域里的小车互动了起来。一辆辆车不停地从车场里开进、开出，玩得不亦乐乎！分享人讲得认真，伙伴们听得投入。

被邀请的欢喜与期待

有七个小朋友带来了自己和家人的作品。和昨天一样，七个小朋友找好了位置准备分享。这时候，堃堃跑到了雯君身边，要看雯君的作品。雯君说："堃堃，你先走开！"可堃堃依然想加入这个组："我就要选择听她分享。"雯君不让，两个人争执了起来。

这时候，我给孩子们提了一个建议："今天，我们换一个方式进行小组分享，好吗？昨天我们自由选择自己想参加的小组。今天我们让这七位小主人自己邀请吧……谁邀请你，你就去那个组，怎么样？"孩子们一听会被邀请，都大声回答"好的"，语气和表情里充满了期待。堃堃依然坚持说："我要被邀请到雯君那组！"

当七个小朋友听说可以邀请伙伴形成学习小组时，也变得积极起来，这个积极里有了一份谨慎，他们的小表情顿时变得严肃起来。很快，七个小组就组成了，堃堃也终于等到了雯君的邀请，加入到了这个小组的学习之中。羞涩的梧桐小朋友今天也邀请了两个伙伴，虽然这个小组只有三个人，每个人脸上都绽放着笑容。

这一天，小组学习的过程变得非常热烈。虽然每一组的人数差异有些大，但每一组的分享状态都积极、活跃。分享人的声音比前一天的分享者洪亮了许多，状态也更积极了，孩子们之间的互动明显增加。

"自己选"和"被邀请"，你更喜欢哪个？

分享活动结束后，我问了孩子们一个问题："'自己选'和'被别人邀请'，你们更喜欢哪种方式呢？"大部分孩子都说喜欢"被邀请"，也有的孩子选择了"自己选"。我追问他们："你们的理由是什么呢？"

顺顺说："我朋友过生日就邀请我去，我很开心！"

雯君说："我觉得别人喜欢我才会邀请我，这让我很开心。"

梧桐说："我想邀请自己喜欢的人一起分享。"

堃堃也高兴地说："我喜欢的雯君这次邀请了我！"

米乐说："我喜欢被邀请，因为被邀请是件很值得高兴的事情。"

这时候，小白问了大家一个问题："我选择'自己选'，这样，我就能选自己喜欢的作品。因为万一别人邀请我，但是我不喜欢他的作品怎么办呢？"

嗯，这确实是个问题……之后，我问了他一个问题："别人邀请你的时候，你的感觉如何？"小白说："是很高兴的。""是啊，就像顺顺说的，别人邀请他去参加生日会，他很开心。也许他对生日蛋糕不感兴趣，但心里是高兴的。因为被邀请，就是我们被朋友们认可了、接纳了，内心一定是非常高兴的，我们可以学会先享受这份喜悦……"

被邀请的也会有困惑

第二天，孩子们继续邀请同伴分享自己的作品。这时候，又出现了一个新的问题：小碗小朋友同时被一一和高兴两个小朋友邀请了，小碗犹豫着不知去哪一组好。我和小碗说："这时候，你可以自己选择一组，也可以先去一组，时间允许的话，再去另一组。这样，两个好朋友的分享你都可以听到。"小碗点了点头，选择先去高兴小朋友的那一组。等高兴的分享结束后，小碗又去了一一那一组，一一看到小碗过来后，把原本就要结束的分享又给小碗讲了一遍。

一些思考

进入中班后，我们的小组学习从由老师主导的小组学习转向了由孩子们自主形成的学习小组。孩子们会根据自己的兴趣、学习方式自由选择学习小组，这次，我们用邀请的方式组建学习小组，让每个人都有了更积极愉悦的分享与讨论状态。虽然每个组以及一个小组每天的人数都不相同，但学习的氛围却更好了。

小组学习一直是我们开展课程的重要方式。看似平常的分组学习，也蕴含着很多学习的可能性。对我而言，这是一个有挑战性的课题，这样的分组方法孩子们接受吗？这样做会产生积极的效果吗？对孩子们而言，这一选择不仅意味着要遵从内心的选择，也要考虑如何改变自己的行为，让社会交往能力得以提升。

其实，无论是“自己选”还是“被邀请”，这两种方式都超越了教师的直接安排。日常工作中，我们愿不愿意做进一步的思考，把学习的主动权交给孩子们呢？幸运的是，老师们在教学中是有很大自主权的。胡老师总说，相信自己的感觉才能更好地完成探索与创造，不要怕出错，正确与否，试一试就知道了。

与李文老师的**对话**

胡华：我们的生活化课程学习过程中，分组学习是一大特点，对孩子们来说，分组学习和集体教学的体验会有哪些不同呢？

李文：如果我是孩子，可能每天都希望是分组学习。分组时感觉和老师的距离更近了，老师会更多地注意到我。

对于分组学习，我们也一直在摸索之中。如何分组更好？孩子们喜欢什么样的分组学习？什么样的分组学习方式对他们更有效？集体教学对教师来说，可以用最省时省力的方式直接传授给孩子们知识。那我们为什么还要浪费时间进行分组学习呢？因为老师直接、快速地教授，只是让孩子们将信息记在大脑里。只有孩子真正意义上的参与，知识才能属于自己。

在花草园，我们的分组学习有点像自由选择区域活动一样，他们可以根据自己的兴趣选择探索的内容。这时候，老师只是辅助他们学习，我们需要跟随着孩子状况随时调整和跟进。我们的分组学习实际上是把孩子们的学习过程拉长了，而且还不能马上看到结果。但孩子却确确实实地体验和感悟了很多东西，这样的学习对孩子的成长来说是非常有价值的。

胡华：到现在我们似乎也没有找到一种更好的儿童分组学习的方法，你认为这是什么原因？在这件事情中，你是否感觉自己已经找到了方法？

李文：“分组的时候，怎么关照每一个组的儿童学习？”这是很多幼儿园教师的困惑。现在想来，其实也没什么可关照的，因为孩子们自己就可以学习得很好，我们没必要只相信自己的力量。我们需要更相信孩子。当孩子们成为学习的主导者，他们会彼此倾听、相互讨论，反而能够关注到更多学习中的细节，学习也会变得更加深入。这次尝试，我感觉自己又往前走了一步，找到了一些更适合孩子学习特点和学习意愿的分组方式。

但我肯定不会只局限于这个方法的。局限于一种方法，意味着失去了寻找更多、更好方法的可能性。如果我们用认知作为判断孩子学习结果的标准，似乎确实有一些方法。但孩子们的学习并不是以知识为主导的。对他们来说，方法就在当下，孩子们当下的情感和经验都很宝贵，当我们给他们机会的时候，学习会成为一种乐趣。如果我们把方法变成了一种结构性的东西，方法的作用也就消失了，毕竟一个方法不可能解决所有的问题。而且很多时候，方法就像我们的电脑程序一样，无法把握孩子们即兴的情感和心灵状态。

胡华：你觉得是方法带来了创造？还是创造带来了无数可能的方法？

李文：人不可能凭空信任一些没有见过的东西以及没有体验过的事情。刚开始工作的时候，我还是习惯按照自己看到的、学到的一些方法开展活动。随着对孩子更多的了解，以及对他们学习特点的认识，慢慢地进入到了一个抛弃原有方法、开始相信自己的过程。

从大学校园来到幼儿园，我们头脑中的方法是有限的。但花草园特别保护我们的天真和质朴，让我们在一次一次的实践中，不断地接近自我，寻找教育智慧，实现一种超越。正是因为有了这样的体验，我们内心才会不断地去创造更多的可能性和方法。

胡华：你谈到了自己在工作中的成长感悟，你感觉花草园教师的成长遵循了什么样的路径呢？

李文：刚来花草园的时候，您说过，"新老师来到幼儿园，就先跟着孩子们一起玩，听他们说话，和他们聊天"。这句话看似寻常，但对于新入职的老师来说却是非常有帮助的开端。在花草园，每个人来到这里，没有说要跟着谁学习如何做教师。您提倡让我们跟孩子在一起，自己寻找自己的教育之路。您经常和我们说"谁的方法都有局限性，把自己作为方法就好了"。也正是因为这样，我们都慢慢地寻找到了属于自己的教育智慧。就像您在《幼儿教师教育哲学观》这本书里说的那样，每个人都可以成为教育家！

特别想说的是，您从来不敷衍我们，您对我们的每一个创造或每一步探索都抱有非常真诚的兴趣。您对待我们就像对待孩子那般真诚、耐心和欣赏。所以在这里，我们内心没有过多的担忧，这里给了我们很大的自由和很多的时间，让我们自己去体会、去寻找教育真谛。很多幼儿园老师都在模仿我们的教育模式和方法，其实我们只是用最真实的情感、最朴素的心来对待孩子、对待这份工作。如果非要说有方法的话，就是您经常和我们说的那句话：方法从心起，心生万法生！

音频 3—7
与李文老师的对话

接受改变需要更大的勇气

　　对教育艺术与教育美的追求是幼儿教师通过教育哲学观走向教育诗意的一个全新过程。如果教师能在实践中体验到把教育当作是对教育艺术的追求过程，而不是一种世俗意义的工作，就会逐渐具有教育者的一种诗意境界。另外，教育本身就是一个非常有韵律感的事情，在探索中，教师也会慢慢寻找到教育自身所带的韵律感与美感。

　　幼儿教师的教育哲学观依赖于某种思维艺术，这一思维的艺术方式能够帮助教师从看似纷繁无序、杂乱无章的教育现象中，寻找出教育的规律并做出科学的判断和推理。教师教育哲学观的形成过程也是个体向"美"的一种教育追求过程。

——《幼儿教师的教育哲学观》

（第六章　幼儿教师教育哲学观的构成与特点，第 90 页）

日子阴晴不定，
我们依然可以把生活过成一首诗

李洋 老师

写于 2022 年 11 月 18 日

　　当我们和孩子们一起生活的时候，文化不再是死板的、教条的，它和我们每一个人息息相关，我们都成了文化的传承者与创造者。

最近，我和孩子们在畅谈"变化"，不禁想起某个日落的黄昏，我在大学图书馆读到的《平凡的世界》里的一句话："对大多数人来说，生活的变化是缓慢的……也许人一生仅有那么一两个辉煌的瞬间，甚至一生都可能在平淡无奇中度过。"[1]变化无声无息，也无时无刻不在发生。作为普通人，"好"的变化发生时，我们为之欢欣鼓舞，"不好"的变化发生时，我们或多或少地为之沮丧。但也有一些人，无论世事如何变迁，他们的心稳如磐石，坚持创造自己的生活。

只要我们真诚地面对生活，就会发现，美好就藏在日常的琐碎之中、时间的纹理之中。只要投入生活，就能寻到人间烟火中的"诗意"。

周四，孩子们又一次居家了。在做电话回访的时候，家长们对当下有更多的接纳。点心妈妈说："点心因为不能去幼儿园给园长妈妈庆祝生日正在号啕大哭呢。"Mickey爸爸说："当下的形势确实如此。我们每个人都可以尽量让自己的生活有常一些，孩子们就是我们有常生活的重要部分。"元元妈妈感慨道："花草园真的是用心过好每一天，面对时时刻刻发生的变化，依旧尽力坚持带着孩子们不辜负每一天的生活，创造着美好。"

我回忆起了这个月和孩子们在一起时的几个美好片段：

孩子们创造的过程就是艺术

孩子们一直期待着能亲手制作出一张纸。上周，他们大展宏图的时候到了。我们聊的第一个问题是，纸是从哪里来的？郭佑佑说："纸是从树木中来的，人们砍了树，然后把树皮放在水里泡很久，再用锤子锤，就可以做纸了。"王安安说："纸是从花花草草中来的，因为花花草草中有漂亮的颜色，会送给我们彩色的纸。"星星说："有两块小纸，一块是纸爸爸，一块是纸妈妈，他们在一起结婚就可以生出很多纸宝宝。"在孩子们心里，纸的起源可以有很多，从树叶里来，从食物中来……这些看似有点奇怪的猜想，背后有着孩子们自己的逻辑，大米是白色的，纸也是白色的。树叶是薄薄的，可以撕开，纸也是可以撕开的。

看完花草纸制作的视频后，我们准备自己做纸。孩子们自发地分成了寻找工具组、场地准备组、撕纸小组和清扫小组。他们三三两两地围坐在一起，把手里的纸撕开。我走近他们，想听听他们在聊些什么。他们有的在讨论爸爸妈妈的职业，憧憬着自己未来的职业，有的在聊俄罗斯和乌克兰的战争，有的在聊回家后发生的一些趣事……奇怪的是，屋子里一点也不吵闹，充盈着安静且热闹的美好。

1　路遥.平凡的世界[M].北京：北京十月文艺出版社.2012:246.

对孩子们来说，创造的过程本身就很有艺术感，而沉浸的艺术创作也不一定是悄无声息的吧……

纸里长出了不一样的花

周三的早晨，孩子们来幼儿园的第一件事，是跑到窗台边看前一天泡的纸浆怎么样了。

元元说："我今天带着一颗美好的心情来做花草纸了。"

文文说："我带着幸福的心来做花草纸。"

W安安说："我带的是一颗幽默的心。"

Larry说："我带的是一颗等不及了的心。"

麦子说："我带的是一颗尝试新事物的好奇心。"

F安安说："我带的是正在做的事情的心。"

Mickey说："我感觉心湿漉漉的，很潮湿却很温暖。"

仿佛就是这一颗颗与众不同的心，为孩子们手中的花草纸注入了灵魂。糖糖说："这些花朵好像是从纸里长出来了的一样。"

这个过程中，孩子们有了更多的发现：

贝贝说："抄纸的时候要轻轻放，轻轻摇，轻轻撒花瓣。"

W安安说："你可以搭配一些不同的花瓣，让你的花草纸更好看。"

糖糖说："不要铺得太薄，也不要太厚，适中就是完美。"

佑佑说："做花草纸的时候要带上艺术细胞，他们会跑到大脑里，跑到心里，然后再到手里。"

我也惊讶地发现，平时看起来大大咧咧的男孩们，做出的花草纸一点也不比女孩们做的差，似乎还更加平整、均匀一些呢。

今天，星星妈妈发来了星星在家做花草纸的照片，她在窗台上静静等待晾干的花草纸，等待着阳光的到来。

一些思考

造纸是中国人流传千年的技艺。我们带着孩子们从了解纸的历史开始，完成了泡纸浆、抄纸、装饰、晾晒等过程，在动手之中，古老的技艺已经内化于心中。

看着纸浆在孩子们手中的变化，我也在思考，这个活动真的只是让孩子造出一张纸吗? 不是，我们更希望孩子们能用自己的双手去创造，学做生活的享用者。

平淡的日子正是因为这些美好的创造，不经意地改变着我们的生活态度。让我们确定，日子阴晴不定，但只要有一颗热爱生活的心，依然可以把普普通通的日子过成一首诗。

与李洋老师的**对话**

胡华：写这篇教育笔记的时候，是在新冠肺炎肆虐的那三年里，每天都有层出不穷的变化发生，你是怎么看待变化的？

李洋：当变化发生的时候，我的心里其实是有很多担心的，担心会有一个不好的结果，担心失去对生活的掌控感，所以很多时候，我是不太愿意接受变化的。但是不管愿不愿意，变化总会发生。在花草园的这几年，我一直在学习不再惧怕变化，尝试去拥抱变化。只有当我们主动拥抱变化的时候，才会看到创造美好生活的契机。当变化发生的时候，从惧怕的情绪中走出来，去接纳变化，并且主动去拥抱变化。这是一种思维的艺术，也是一种思想的艺术，一种个人生活哲学的艺术。

胡华：你觉得自己现在拥有拥抱变化的能力了吗？

李洋：坦白地说，我觉得自己还没有这种能力。面对变化，我还是会焦虑，会睡不着觉。前段时间，我生了一场病，在一些事情上也没有之前那么努力了。我不太能接受这样的自己，甚至有的时候会苛责自己为什么没有努力做事情。所以在拥抱变化这件事情上，我可能还要走很长的路。

胡华：最近，总有人谈生活中的松弛感，你是怎么看待教育中的松弛感的？

李洋：对我来说，最大的挑战可能是"说到容易，做到难"吧。当有了想要改变的心愿的时候，会去做，但是在做的过程中，就会发现，有时候自己并没有足够的勇气去拥抱变化，还是会退缩。有时候，终于鼓起勇气去改变自己了，但是做了一段时间又坚持不下来。大多数时候，我的困难是我会发现在尝试改变后，自己并没有什么改变。比如说，我一直觉得自己是一个比较紧绷的人，就想尝试着松弛下来，可是到头来，发现自己和原来一样紧绷着。

作为一个没有松弛感的人来谈松弛感，感觉有点心虚。或许教育的松弛感不是我们一定要做到的事情，而是我们所追求的目标。对我来说，当下的松弛感可能就是并不是每一件事都必须做，而是有的事情可以做，也可以不做，给自己一些选择的空间吧。

胡华：这篇书写对你而言有什么特殊意义吗？

李洋：诗意生活是我们每个人的美好憧憬。我喜欢过这样的生活，这篇书写是一份记录，更是一份向往……

音频 3-8
李洋老师的教育故事

"从怕麻烦到不怕麻烦"

教育哲学观的形成过程处于永不停息的动态整合协调中。随着教育教学活动的变化，新情境不断出现，新问题不断产生，教师的教育系统又会出现某种不协调的状态，随着教育问题的解决，新的智慧又得以生成，如此往复，螺旋上升。

——《幼儿教师的教育哲学观》

（第六章　幼儿教师教育哲学观的构成与特点，第95页）

十一月的几个难忘"瞬间"

王彩霞 老师
写于2022年12月2日

> 心境的变化像是追求一个信仰，心灵变得更简单、更纯粹了，就更容易集中到事情的本质上。因为突破和改变，我们不会永远停留在"原地"。

十一月，是花草园的艺术月。这个月，我们的课程是向内沉浸，"找寻"充满"个性化"的艺术创造。

"发呆"里的艺术创造

午饭时，窗外的阳光有些刺眼，我随手拉上了一半的窗帘。稳稳突然停止了咀嚼，呆呆地看着窗外，我想提醒他赶紧吃饭，稳稳好像一下子看出了我的心思，他对我说：

"你看，爬山虎的影子出现在了窗帘上，还有咱们班挂在窗户上的树叶（尤加利叶），多好看啊，影子动来动去的，真美啊……"顺着稳稳的目光看过去，光影真的在窗帘上印出了特别美丽的画面。从那之后的每个午餐时间，我们都会拉上一半的窗帘，让孩子们一边看欣赏着"光影"，一边继续进餐。

没想到第二天，孩子们带来了很多树叶。他们开始拿着树叶在有光影的地板上、窗帘上比划来比划去，玩起了找树叶影子的游戏。地板上的树叶影子因为无法固定，所以很难寻找。我们想了一下办法，将麻绳的一头绑在桌子腿上，一头夹到树叶上，这样树叶的影子就出现在了地板上，孩子们开心地观察着树叶和光影带来的变化，持续了很久。

到了户外，孩子们发现树叶和花朵更多了，他们在阳光中不停地寻找凋落的竹叶，元宝将竹叶黏在葡萄架上，顺着阳光的方向，竹叶的影子就投到了纸上。坦坦将一盆花放到了桑葚树下，专注地记录树叶的影子。这时候，张芬老师给他拍照，他大声地喊："老师，你挡住我的阳光了……"

一本以前不敢看的书，终于敢看了

我们的书架上有一本关于"影子"的绘本。很多孩子说这个画面黑黑的，看起来有点恐怖。当我们完成了树叶和光影的游戏后，孩子们对这本书产生了浓厚的兴趣。我在午餐前给孩子们讲了这个绘本，这一影子没有颜色、没有声音，可紧紧跟随着我们身边的一切，还有各种各样的奇妙形态。

六六说："原来影子不可怕，影子很奇妙啊！"

等待里的改变

腾腾很少参与我们的活动，更多的时候，他喜欢安安静静地坐在一旁。周四，我们用泥土拓印树叶的叶脉，没想到，腾腾主动要求和同伴们一起游戏。活动快要结束的时候，他跑到我的身边说："我还想再玩一次。"这时候，腾腾的脸上浮现出了一种特别喜悦的表情，是那种"非常儿童"的表情。

一些思考

11月的艺术月，是花草园里生机勃勃、充满创造的一个月。每个孩子在艺术海洋里恣意地创造，用自己的方式触碰艺术，用自己的心灵感受艺术，用"艺术"来创造着多变的日常生活……

这个月，我的心灵也是打开的，因为"艺术"让我们在纷乱的世界中为自己的"心灵"开辟出了一片"绿洲"。当我的心安静下来之后，原本一些难以发现的细节总能轻易地被发现。

这个艺术月，我最大的感受是，艺术不是一种结果，追求美好的过程就是一场行为艺术……

与王彩霞老师的对话

胡华：我们每年都在重复同样的课程，但教育的形态却从不相同。你怎么看待这个现象？

王彩霞：工作之初，我觉得"一成不变"更省心、更省力、更省时，操作起来也更容易。进入生活化课程的探索后，在和孩子们一轮一轮的学习中，感觉自己的心态发生了很大的变化。每次的课程内容虽然相同，但是因为孩子不同，我对当下课程的思考也会不同，会不自觉地推翻以往的经验，根据当下的孩子、家长、自己的心态来做调整、拓展和补充。

作为教师的我们，一直"生活"在课程里，而生活是变化的，生活会推着我们向前走，这种变化也总能让自己进入到一个更广阔的天地里，寻找比上一次更好的体验。突破和改变，让我们不会永远停留在"原地"。

胡华：花草园的教师们总在突破自我，你认为这其中的动力是什么？

王彩霞：在花草园，与其说是老师在开展课程，不如说是老师和孩子们创造着每一天的生活。在生活的河流里，我们有机会向内觉察，这时候，我们会发现自己和职业之间有了一种本质性的接触。

每天的活动，我们都带着自己生活中的"心境"，这样很自然地就和孩子们存在于同一时空中，生活的流动感也随之而来。我们一直在生活的河流里"徜徉"，心境也变得越来越纯粹、干净。

拿我来说，有一个词特别能描述我心境的变化：不怕麻烦。以前开展课程活动的时候，我会考虑这样做会不会太麻烦？因为要考虑活动的开始、中间支撑的环节，还要考虑这个活动最后会呈现什么样的效果。担心这个、担心那个，最后就不想做了。但现在，我不会考虑这么复杂，只是走到这了就去做，至于最后的结果，似乎也没有那么重要，反而是孩子们常常会带给我们无限的惊喜。

心境的变化像是追求一个信仰，心灵变得更简单、更纯粹了，很少考虑周围的环境会怎么样，会给我带来什么麻烦，因为减少了对外在的思考，更愿意集中到事情的本质上来。有了一颗向上的心，想做得更好，就不会怕麻烦。

胡华：你这个案例就是一个"不怕麻烦"的例子，影子是变化的，最后你们竟然想到了用一个方法来固定实物。当时你是怎么想的？

王彩霞：在花草园里，我们有很大的自主权，可以决定每天什么时间开展什么活动。有了一个新的发现、好的想法，我们就想去做、去尝试，我们都希望能超越自己以往的经验。孩子们需要的是一个跟他们一起"完成生活"的人。作为教师，我们能做的就是帮他们完成创造，成为和他们一起创造生活的人。

胡华："生活"也是一个动词，当你和孩子们一起生活的时候，也获得了极大的享受。这份工作带给你的快乐是什么？

王彩霞：这种快乐更多时候是我们和孩子们沉浸于当下的一种满足感。这份职业也燃起了我对幸福感和职业信念的追求。对我而言，最大的改变是生命力的改变。从怕麻烦到不怕麻烦，感觉自己在心灵上经历了很多，自己的工作、生活，甚至是思想都会有起伏，虽然有时很平淡，有时也会走入低谷，有时会原地停留很久，但我们一直在路上，一直往前走，就会越走越有力量。

音频 3—9
与王彩霞老师的对话

敏感性
让我更容易读懂儿童

幼儿教师在有关儿童"心灵为何"的理解上，每个人都有自己的见解。在实践中，他们会发现，儿童不是一个"空坛子"，等着来填装由教师提供的"客观知识"；相反，儿童的文化背景知识是超出教师所能了解的认识范围的。儿童的文化与心灵异常复杂，需要教师对其具有特殊的"敏感性"，并能够赋予"同情性的理解"。

——《幼儿教师的教育哲学观》

（第三章 "庶民教育理论"对幼儿教师教育哲学观的启示，第 31 页）

两个瞬间，让我对儿童有了更深的认识

■ 李文 老师

写于 2020 年 12 月 2 日

> 看到孩子们清澈、信任的眼神，我告诉自己，不能回避，要真实地面对他们、面对自己。

进入艺术月的最后一周，孩子们与艺术的碰撞、交流丝毫没有减少。

月初，班级书架上更换的几本和艺术相关的书，孩子们每日必读。其中《原始艺术展厅》是孩子们都很喜欢看的书，书中描绘了许多精美的艺术品，每一件艺术品都有超出表象的意义，它们独特的造型不仅美在自身，更是蕴含着一种神秘感，吸引着

孩子们。虽然每一件艺术品背后的故事很短，但孩子们却听得十分专注。每天的读书时间，分享这本书成了他们最期待的事情。

太阳和月亮，男人和女人……

转眼已到月底，这一天，我们读到了书中的第十二个艺术品"插着羽毛的月亮"，它是一个彩色木质面具，是月亮神的灵魂。在变成夜空中的星星之前，他是一位俊美的男子，他有一个姐姐，虽彼此相爱，但由于某些原因无法在一起，所以他们决定离开人间，躲进另一个世界里。于是，他们就变身了——姐姐变成了太阳，他变成了月亮，从此就这样生活着。读到这里，我疑惑地说了一句："为什么不是姐姐变成月亮，弟弟变成太阳呢？"靠近我的诺诺听到了，立刻说："就是啊，应该是男人变成太阳，女人变成月亮才对啊！"一旁的望仔说："就是这样的，在我家，就是我妈妈最大，女人就是太阳啊！"望仔的话引起了我的注意和好奇：男人和女人，太阳和月亮，孩子们是怎么看的呢？

把故事讲完，我和孩子们一起就这件艺术品里，男人、女人对应的月亮和太阳进行了讨论：你觉得男人和女人，谁是太阳，谁是月亮？为什么？

西贝说："我觉得女人很温暖，更像太阳。"

萌萌说："我也觉得女人是太阳，因为女人更容易发脾气，发脾气的时候就像一团火一样。"

抱抱说："不对，女人应该是月亮，你看夜晚的月亮多美，女人也很美丽，就和月亮一样。"

诺诺说："我觉得男人是太阳，因为男人力量大、能量多。"

絮絮说："不对，不对，你看孙悟空，他就会各种变化，就像月亮一样，所以男人应该是月亮。"

小满说："月亮会变出不同的形状才像女人呢，你看女人每天都换不一样的衣服，男人就很少换。"

鹏博说："我觉得，男人和女人，都是有时候是太阳，有时候又是月亮。"

我追问为什么。

鹏博说："我爸爸白天工作忙，只有晚上才有时间给我讲故事，就像月亮只能在晚上看到一样。他白天工作的时候就像太阳一样，始终都充满能量。妈妈每天起得很早，做早餐，就像太阳早晨升起来一样，这一天都很温暖。"

鑫鑫说："后羿射日，后羿是个男人，他射下来的是太阳，所以太阳代表男生；嫦娥奔月，嫦娥是个女生，所以月亮代表女生。"

可心说："是的，我之前看过一本书也是这样说的，这是中国的文化，和国外的不一样。"

是的，这件艺术品出自北美洲，西方文化和中国文化有很大的差异。有关月亮和太阳的神话、传说还有很多，感兴趣的孩子们，又会有哪些发现呢？

"魑魅魍魉"，你会读这四个字吗？

第二天，我们分享了一件来自非洲的艺术品"木鼓"。当读到："哪怕是**魑魅魍魉**，听到我的节奏也要舞动起来……""**魑魅魍魉**"这几个字由于在日常生活中使用频率不高，一时间我竟然想不起来该怎么读。是跳过去不读了？还是随便读一个音，让孩子们毫无察觉地继续听下去？或者，直接转译成妖魔鬼怪，继续往下读？

看着孩子们认真、专注又期待的眼神，我不忍心简单跳过去。我怯怯地说："哦，下面这两个字我有些忘记怎么读了。"话音刚落，抱抱（班里认字最多的小朋友）起身走到我面前："我看看是哪两个字？"他仔细看了一下说："我也不认识。""我知道这个词是妖魔鬼怪的意思，等一会，我去查查前面两个字怎么读再告诉你们。"我刚说完，就听到西贝用怀疑的语气说："老师也有不会读的字？"我接过西贝的话："当然啦，老师也不是什么都会的。你们是不是觉得老师什么都会？"孩子们都点头。我接着说："老师也像你们一样，是需要不断学习的，包括学习不认识的生僻字。而且，中国的汉字非常丰富，如果能把所有的字都认识，是非常不容易的。"诺诺突然说："活到老学到老，对吧！""非常对，人的一生都需要学习，每个阶段都有需要学习的内容，老师其实和你们一样，也在不断地学习，不断地成长！"小树听到这里，很天真地问："难道老师还没有长大？"我告诉他："老师在年龄上是已经长大了，但是在知识的学习上还是需要一直成长的。"孩子们看着我，像是明白了一个什么大道理一样，我接着给孩子们往下读这本书。

一些思考

在花草园里，每个月的课程开始前，老师们都会准备跟主题相关的绘本、书籍，摆放在孩子们便于取阅的公共书架上。在艺术月的学习中，《原始艺术展厅》这本书就是我跟孩子们一起发现的"宝藏"。但一开始选这本书，我的内心是有些"打鼓"的，不确定孩子们对文字这么多的这本书是否感兴趣，没想到第一次打开后，孩子们就爱不释手了。看到孩子们如此喜欢这本书，我为自己的想法感到惭愧，还是低估了孩子们的能力啊。

在和孩子们一起阅读的过程中，我一直在思考，为什么他们会喜欢这本书？从孩子们对书本内容的讨论中，我发现：孩子们能够把书中无形的思想与情感和自己的真实世界建立起联结，在他们的内心有对书中作品的深深共鸣。某种意义上他们能够与书中的那些艺术品神交，对作者写这本书的意图心领神会，这让我很惊叹！

当意识到这一点的时候，我很庆幸这份职业带给我的"额外福利"。不仅让我可以不断修正自己的儿童观，更重要的是这份职业让我一次又一次地重新认识自己。

在孩子面前，成人不是万能的。看到孩子们清澈、信赖的眼神，我告诉自己不能回避，我要真实地面对他们，面对自己。

真实、自然、不做作，不就是教育的本色吗？

与李文老师的对话

胡华： 这个故事表达了很多东西，你最想表达的是什么？

李文： 当时写这篇教育笔记的时候，是想记录一下两个让我很有触动的瞬间。一是，孩子们对于艺术的喜爱和理解的程度让我很惊讶。一开始我在图书馆看到这本书的时候，还猜想孩子们可能不喜欢这本书。但转念一想，反正是和艺术相关的，就先拿出来放在图书角吧……结果却出乎意料，孩子们对这本书异常喜爱，他们每天都很期待老师给他们读这本书，并热烈地讨论里面的艺术品。他们对月亮、太阳以及男人、女人的讨论，让我很惊叹：原来孩子们的知识那么丰富、宽广。二是，我和孩子们分享这本书的时候，"魑魅魍魉"这四个字，我不知道该怎么读，心里有些犹豫和斗争，该怎么面对孩子？孩子们清澈、真挚的眼神，让我决定，真实地面对他们，也真实地面对自己。

胡华： 这个故事里，显现了"儿童的文化背景知识是超出成人所能了解的认识范围的"，你觉得儿童的文化是从哪里来的？

李文： 虽然我已经工作了十几年，和孩子们打交道这么久，但对孩子们的认识和理解还是很有限的。他们用什么方式来学习？他们如何和艺术保持着一种天然的联系？这确实有一种很神秘的感觉，我还在不断地认识和探究中。对"儿童的文化与心灵异常复杂"[1]这句话，我是非常认同的。他们如何全身心地投入学习之中，全方位地认知世界，这仿佛都在我们的认知之外，他们是不是有一种特殊的学习方式呢？他们对太阳和月亮、男人和女人及其对应关系的思考都非常独特，我觉得这就是他们对文化的理解，这确实超出了我的认知范围。我们要对儿童保持一定的敏感性，用虚心的态度来和他们相处。当和孩子们在一起时，遇到了不会读的字，潜意识一下子跳了出来，觉得成人就应该比儿童

1　胡华.幼儿教师的教育哲学观[M].上海：复旦大学出版社，2022:31.

懂得多。我发现自己读不出来"魑魅魍魉"这四个字的时候，内心是有冲击感的，一种傲慢和保持真实之间的冲撞。最后，我选择了后者，这也算是一种自我突破吧！

胡华：这个故事让你悟出了什么？

李文：回忆这两个让我久久不能平静的瞬间，心里也如同翻江倒海。写完之后，感觉孩子们的形象一下子高大了很多，对他们顿时有了更多的敬畏感。自己的内心更加平静了，头脑也越来越清醒。和儿童在一起，他们不断地启发我思考，也在警示着我，对世界要时刻保持一种虚心的态度。我想，尊重儿童就是尊重文化，尊重世界。

音频 3—10
李文老师的教育故事

我发现了
儿童精神世界的秘密

　　他认为，生活世界是建构科学世界的基础，生活世界是一个比科学世界更具有基础性和本源性的世界。在他眼中，生活世界具有四个基本的特征，即非课题性、奠基性、主观相对性和直观性。[1]与"生活世界"的四个特征相呼应，教育也应该满足人们在形象中感受生活以及自然地生活的内在需求。生活世界是我们"经验"到的世界，它是我们生活的最初逻辑和本源。因此，生活应是教育的出发点和归宿点，教育与生活之间有着内在的精神契合性，儿童的教育同样需要以"生活"为基点进行审视。这也是"生活化课程"的根本切入点。只有课程的本质、价值诉求和内容均体现出生活化的特征，方能彰显儿童生活的精神性，让教育回归儿童生活的本真。

——《幼儿教师的教育哲学观》

（第五章　生活化课程——幼儿教师建构教育哲学观的沃土，第67页）

请以"食物"的名字呼唤我

罗希悦 老师

写于2021年12月6日

儿童的学习方式和成人不同，他们是运用情感与想象完成学习的，这让他们的学习变得更加有趣，更打动人。

1　[德] 埃德蒙德·胡塞尔.欧洲科学危机和超验现象学[M].张庆熊，译.上海:上海译文出版社,1988:81.

十二月，花草园里的"美食月"正式拉开序幕。为了迎接美食月的到来，我们用一个"小仪式"来开启——给自己取一个"食物名字"。

这个想法源自艺术月（十一月）。在艺术月的最后一天花草园举办了一场艺术展，当孩子们看到艺术展上大班哥哥姐姐们制作出形态各异的食物纸（Food Paper）的那一刻，他们不仅被作品本身吸引，也开始酝酿着把这些美妙的创造迁移在自己的生活中。美食月是紧接着艺术月到来的，当我们聊起各种各样的食物，才发现所有美好的事物变成话题之后，总能立刻引起大家的共鸣，并且得以迅速深入和展开。

"如果你是一种食物，你希望自己是什么食物呢？"周一早晨的圈谈，我们围绕这个话题展开。

孩子们不假思索地分享起来：

乐为说："梨！我觉得一个字的名字很酷，我也很爱吃梨。"

力行说："黑枣！这是我好不容易想起来的最满意的名字，我很喜欢枣，艺术月里我还用红枣做了发卡，它现在变成了黑枣。"

子柠说："小柠檬，因为我的大名里就有一个'柠'字！"

璟然说："棒棒糖，这是一个很甜的名字，我希望大家一叫我的食物名字就会感觉到甜甜蜜蜜的。"

正心说："面包，我妈妈做的面包最好吃！"

萧瑞说："零食，我平时最爱吃的食物其实是零食……"

梓瑶说："小辣椒，虽然我还吃不了太辣的东西，但是我很喜欢辣椒带给人的感觉。"

以恒说："苹果，我喜欢吃苹果。"

语涵说："草莓，草莓甜甜的，小小的，红红的，很可爱也很好吃。"

心昕说："大白菜，虽然很普通，但是好吃又有营养。"

诗瑶说："意大利面，这是我们全家都爱吃的食物。"

瀚泽说："枣糕，我以前都没发现枣糕这么好吃！我在幼儿园吃过一次之后就让妈妈给我买了好多！"

博尧说："西瓜，我的小名就叫西瓜，也是一种食物吧！"

恩和说："南瓜，我的好朋友叫西瓜，那我就叫南瓜吧！"

祺格说："冬瓜，哥哥叫南瓜，那我就叫冬瓜吧！"

很快，每一个小朋友都拥有了一个自己取的"食物名字"。

"那你们希望别人在什么时候叫你的真名，什么时候叫你的食物名字呢？"我问道。

"上课的时候！这样就需要大家保持注意力，以前老师叫小朋友真名的时候，就有小朋友不注意听，就会错过。"李硕扬说。

"喝水的时候！老师说'草莓来喝水'，听起来就像我们要喝草莓汁一样！"语涵说。

"点名的时候就可以，刚才有好几个小朋友的新名字我没记住，老师再点一次名我就记住了。"力行说。

"我觉得户外活动的时候不行，因为外面有很多不同班级的小朋友，如果有重名的小朋友就会分不清楚。"子柠说。

"我觉得什么时候都可以，因为是我们喜欢的名字，什么时候都可以叫。"恩和说。

"我要回家也给我爸爸妈妈起一个食物名字！"俣湜说。

就这样，按照孩子们的想法，我们从点名环节便开始进入"新角色"。

一些思考

有趣的不仅是食物名字，更有趣的是孩子们对于为何起这个名字背后原因的描述，爱吃零食的孩子就叫"零食"，家里严格控制垃圾食品摄入的孩子给自己起了快餐的名字，食物名字可能来源于妈妈最拿手的那道菜，也可能是一种甜蜜美好的滋味。但每一个不同的名字有着一个共同的特点：都是孩子们当下最爱的一种美味。他们所起的名字，也是他们所在意和期待的生活，而教育，不就是关注儿童的当下并共同生活吗？

美食月课程的开启需要一些仪式感，仪式感从何而来？或许是全家一起制作一道美食，或许是分享自己最喜欢的一道菜，每一位老师都会用自己的教育智慧来开启。既然点名是我们每天都要做的事，不如就让我们从点名开始，请以"食物"的名字呼唤我！这样是不是充满仪式感？

与罗希悦老师的对话

胡华："儿童的教育，要以生活为起点进行审视，生活是教育的出发点和归宿"，这句话你是怎样理解的？

罗希悦：我写这篇教育笔记的时候正好是我们的美食月。当我跟孩子们用食物的名字来点名的时候，好像是在做一个游戏。这个游戏就是我们当下教育的一种开启，因为孩子们在游戏中所获得的经验，会帮助他们投入新的生活。生活对于儿童来说是一种自然状态，有自己的节奏。在生活中，他们并不认为这是一种学习，能够轻松地找到自己的兴趣所在。如果我们需要帮助孩子们获得未来生活的能力，为什么不可以让他们现在就去体验呢？

胡华：儿童是运用想象来完成学习的，所以他们的学习方式和成人有些不同，儿童会运用想象让学习变得更加有趣，更富有情感。这个故事展示的就是这样的过程，他们用食物命名自己，童年的时候你有过这样的经历吗？

罗希悦：我童年也有过类似的经历。我姓罗，小时候小伙伴们给我起了一个外号"萝卜头"，一开始我并不喜欢这个外号，但是后来慢慢地喜欢上了这个外号。点名是我们现在每天都要做的事情，我想，能不能换一种方式来点名呢？我们班有个小朋友的名字叫西瓜，没有食物名字的小朋友是不是也可以拥有一个食物名字呢？我们想把这种方式作为开启美食月的一个小小仪式。

胡华：你现在的微信名叫"罗不愁"，这和你童年的那段经历有关吗？

罗希悦：是的，胡老师，我现在的微信名是小时候那个外号的谐音。我很喜欢，希望自己每天都可以开开心心的，不用发愁。

胡华：作为幼儿教师，能和孩子们"共舞"是非常重要的。你这个故事就是一个"共舞"的故事，"共舞"的背后，你有什么样的收获和发现呢？

罗希悦：我今天问我的家人"你想给自己起一个什么样的食物名字？"这个问题对他们来说似乎很难，半天都想不出来。但是在跟孩子们一起玩这个游戏的时候，他们脱口而出，而且每一个人的食物名字都不一样。大人总是在寻求正确的路上，而儿童总是在寻求有趣的路上。跟他们一起聊天、一起做游戏的时候，我们好像在跳舞，是一种心灵的共舞。这个过程中，我能看到很多过去自己不曾注意的细节，也跟孩子们的心贴得更近了。

胡华：你觉得儿童精神世界里最核心的东西是什么？

罗希悦：儿童精神世界最核心的东西就是真实。趣味性是支撑儿童生活非常重要的一种方式，趣味性是靠想象来获得的。成年人的无趣也是因为缺失了这一份本真吧……在和孩子们心灵共舞的过程中，我窥见了自己的童心。当我能和孩子们一样率真的时候，趣味和美好便出现了。

　　每一个人的心灵都像一颗珍珠，成年人的珍珠可能早已蒙尘，但我们可以用本真擦拭落在上面的尘土，让它重新焕发光彩。我们非常幸运，和孩子们一起，才能看到"珍珠"上的尘土。

音频 3—11
罗希悦老师的教育故事

从儿童的"好奇"出发

我们希望，"生活化课程"是一个儿童与自然、社会、家庭紧密联结的，具有宽阔视角的课程体系。我们力求从个体经验中最朴素的一些好奇开始，用文化作为解读生活与生命的钥匙。

——《幼儿教师的教育哲学观》

（第五章　生活化课程——幼儿教师建构教育哲学观的沃土，第70页）

我们可以在幼儿园真实地做饭吗？

王彩霞 老师

写于2021年12月10日

> 更多的教育契机，蕴含在日常生活的点滴中，它既是我们创造生活的一部分，也是我们创造和孩子"新"关系建立的一部分。

十二月，我们迎来了美食月。借着这个月"家长学校"的热乎气，我们邀请家长利用周末时间和孩子们一起制作美食。

扑面而来的烟火气

分享活动从周末开始，班级群里的照片、小视频纷至沓来，每家都用心记录着周末热腾腾的生活。早饭、午饭、下午茶、晚餐，小甜点……

手心妈妈分享的是手心和爸爸妈妈一起去超市采购食物，之后去姥姥家，请姥姥指导的过程视频中的手心穿着小围裙剥蒜、摘菜、摆放餐具，忙碌而又兴奋。稳稳妈妈分享了全家一起做馄饨的过程。稳稳先和爸爸去超市买肉馅儿、大葱、白菜、馄饨皮，然后回到家里洗菜、搅菜、拌馅儿，之后是包馄饨、煮馄饨，全程参与。爸爸因为怕他包的馄饨露馅儿太多，几次拿零食引诱他，他都没走。等馄饨煮好后，他大声地说：我自己包的馄饨是最好吃的!

这个周末的活动也让家长们发现，厨房不是孩子们的禁地，而是可以学习探索的另一个天地。

我们可以在幼儿园真实地做饭吗?

转眼到了周五，我们用照片和视频与孩子们分享着他们在家中制作美食的场景与趣事，孩子们一下子就打开了话匣子，纷纷表达自己在家里做饭的感受。

我们决定，今天在幼儿园也和孩子们做一次饭。甄珍老师和孩子们讨论，我们做什么好呢? 孩子们最终选择了大家都很喜欢的五彩面条。之后，孩子们兴奋地问：我们真的能在幼儿园做饭吗? 是用真的蔬菜榨汁和面吗? 用真的锅把面条煮熟吗? 在得到肯定的回答后，孩子们顿时忙碌起来。洗菜、切菜、榨汁、和面、抻面条……最后亲手将面条放在锅里煮熟。吃面的时候，孩子们兴奋极了，将面和汤吃了个精光。

一场美食的接力

我们十一月种下的蒜苗，这周已经长得很高了，孩子们用剪刀将蒜苗剪了下来，装进了小袋子，贴上了标志。细心的甄珍老师在每一个标志上都写上了一句话——美食月的第一份礼物。就这样，蒜苗走进了每个家庭，又实现了新的创造。孩子和爸爸妈妈做了蒜苗炒鸡蛋、蒜苗炒土豆丝，还将蒜苗放入汤中提味……

我们班的美食接力一直没有停下来。希曼和爸爸在家制作了比萨，他很想带到幼儿园和小朋友们一起分享，爸爸还将比萨的用料与做法写在了一张纸上，这样，我们每个人都可以在家里自己做比萨了。

甜筒在家里制作了糖葫芦，她很想和大家分享，妈妈说：水果去皮了，第二天食用会有点不卫生，甜筒难过得哭了，让妈妈一定要将制作糖葫芦的视频和大家分享。

这段时间，每天都有小朋友和我们分享他们在家里制作的美食，班里也和家里一样，变得热气腾腾的了。

一些思考

美食月，每个人都感觉到了生活的美好。是"家的味道"打开了所有人的感官，那种扑面而来的视觉、嗅觉与味觉体验，带来的却是丰富的情感联结。食物一旦和人有了联结，就会储存很多情感。

这个月，也改变着很多家庭对生活的感受与教育的认识。他们发现，生活得最有意义的人，是那些对生活最有感受的人。他们陪伴孩子感受着真实的生活，也在这样的陪伴中获得了幸福与成长。

而我们，也在这样的创造中获得了工作的幸福感。

与王彩霞老师的**对话**

胡华：孩子们真的可以在幼儿园做饭，这件事对孩子们来讲意味着什么或者有什么样的教育价值呢？

王彩霞：您问这个问题时，我的脑海中还能清晰地浮现出孩子们问"真的会在幼儿园做真的饭吗？"时特别好奇的语气和表情。当我们从他们的"好奇"开始，把"好奇"当成一个小问题，或者是当成一个生活的出发点，我们彼此就有了共同实现"梦想"的可能性，我们在幼儿园里、在教室里真的能实现和在"家"里一样的活动。

其实对孩子们来说，"家"是在入园前最熟悉的地方，那里有亲近的家人，有天天能见到的场景，还有熟悉的味道，熟悉的味道肯定也是从妈妈做饭开始的。如果真的能在幼儿园做和家里一样的事情，这里就会幻化成的孩子们的另外一个"家"，孩子们的"好奇"能被看到、被肯定，想法能被尊重，最重要的是孩子们一下子会被这种"家"的感觉"包围"起来。

就像您一直提到过的"家文化"，我们用"做饭"的方式建构了与孩子们的关系。您说，建构关系需要一把"钥匙"，我想，"做饭"这件事就是我们和孩子之间建立关系的一把"金钥匙"，它模拟了一个家庭的日常生活方式，让孩子们能持续地感受到"家"的氛围；也改变了亲子关系，父母觉得厨房不再是个禁忌的地方，而是一个教育的场所。

胡华：让家长觉知教育实际上是一件非常难的事儿，你认为这是一个非常有效的方式吗？从中你发现了一种什么规律？

王彩霞：我觉得这个方式不只是有效，而且还是一个特别轻松的方式，我们用了生活里面特别常见的一个小方法，这一把"小钥匙"就能让家长们看到更多的教育契机，都蕴含在日常生活中。生活的点滴都能成我们创造的一部分，创造生活的一部分，创造和孩子"新"的关系的一部分。

这样在生活中自然而然建立的美好关系，一定是能让所有人感受到的。十二月里我们一直用这样的方式和孩子们生活，月底，班里的蒜苗也长好了，我们在班里面和孩子们又一起做蒜苗炒鸡蛋，鸡蛋是孩子们在做"腌鸡蛋"的活动时带来的，蒜苗是孩子们在班里一点一点照顾着长大的，孩子们把剩余的蒜苗带回家之后，在家中和爸爸妈妈创造了更多的"蒜苗美食"，布置温馨的进餐环境，播放和幼儿园一样的进餐音乐，孩子们又把在幼儿园的生活现场灵活地运用到了"家"中的生活现场。我们在不同的时空，用不同的方式来做同样的事情，潜移默化地对家庭产生了影响，然后又共同对儿童产生了影响，我们所有的人和事是同频的，我们所有人在不同的时空里面，置换着相同的美好能量。对于家长而言，改变不是通过说教，而是让他们自己去感悟和觉知，且是在生活中感悟和觉知来完成改变。

和您谈到这个地方，我觉得教育不是"高高在上"的，不是我们必须要说出一些"高大上"的理论，它就是在我们和孩子们、家长们生活的点滴之间，有时候可能是孩子们突发奇想的一个小问题，有时候是我们遇到的困难，其实就蕴藏在我们生活中"角落"的地方，它反而能让我们找到教育中最质朴的规律——越是简单、真实的事情，蕴含的教育契机越丰富。

胡华：如果我们不做生活化课程，做一种知识导向下的教育，你觉得这一切的美好能发生吗？

王彩霞：我觉得一定不能。对于我来说，工作的时候我尝试过两种课程模式，一个是常规意义上的"课程"，一个就是"生活化课程"，它们最大的差别就是评价方式不同。评价方式不同，我们的关注点就会发生变化，在原先知识导向的时候，我会关注孩子们掌握知识的状态，而在生活化课程中，一切都是自然的，每个人都有自己的节奏：有的孩子特别感兴趣，有的孩子略有兴趣，有的孩子可能坐在旁边当观众。如果我们做知识导向性的课程，那我觉得所有的孩子就像一个模板一样，他们被刻画成标准模样，孩子们的眼睛中也就没有了灵动之气；但在生活化课程里面，每个孩子都像一朵小花儿，一点儿一点儿地按照自己的时间、节律去绽放，一开始他可能是一个花骨朵，但是到后面他一定可以盛开为一朵鲜花。

生活化课程完全能让孩子在一种很轻松、很愉悦，而且很真实的环境里面从内到外去完成一种改变，或者是完成对自我的创造。

胡华：对做饭和吃饭这两件事，你是怎样理解的？

王彩霞：我最直接的感受就是，其实吃饭和做饭是我们平常生活里面最琐碎也最日常的事情，但是我们要用什么样的心态，或者我们要用什么样的方式，把这种最平凡的生活过成一种最有意义的生活，这把钥匙就在我们每个人的心里面。

文化，就在一箪一食之中，食物蕴含着的巨大能量，它可以是我们认识世界的通道，也可以是慰藉心灵的情感支柱，最主要的是食物蕴含了我们对生活的热爱。一旦食物被赋予了情感，我们和制作食物的人产生了联结，那么吃饭便不再只是吃饭，我们在"吃"的过程中自然就创造了一种文化。

就像我们经常听到的那句话：人间烟火气，最抚凡人心。

音频 3—12
与王彩霞老师的对话

允许孩子"成功"和"获得"，
也允许他们"失败"与"反思"

在研究中，我们发现，以自传和生活史研究为进路，可以"回到教育本身"，即回到教育发生的现场，以更加直观的方式和真实的态度去"看"、去"听"、去"感受"，这时，教育不再是空洞的理论、抽象的概念，而是实践的、正在发生的、鲜活的、生动的过程。教育哲学观的实践品格和教育哲学观的理性品格共同地决定了幼儿教师必须对他所处的"生活世界"有所察觉，也需要开始重新理解真实教育场域中的各种对话关系。

——《幼儿教师的教育哲学观》

（第八章 幼儿教师教育哲学观的研究进路，第 111 页）

我们第一次做"粉条"，却失败了……

张蕾 老师

写于2021年12月15日

正是因为这次"失败"，不仅家长们有了更多参与和表达的机会，对孩子们来说，这也是一次宝贵的学习，他们学会了接受失败，并尝试着从失败中汲取经验，总结方法。

每周五上午，家长们都会守在班级微信群里，等待我们发畅游日的照片和视频。每每看到孩子们鲜活的学习状态和令人惊喜的学习成果时，爸爸妈妈们都会在群里"啧啧称赞"。

但是，上个周五，直到接园前我都没有发照片，因为我们原来设计的畅游日"做粉条"的活动"失败"了……

美食月的第一个畅游日，我们的活动却"失败"了……

每年的美食月都是孩子们和老师们最期待的一个月。这个月，我们会回到生活的源头去，一起制作美食：蒸馒头、做泡菜、点豆腐……在探寻食物的储存方式时，孩子们会在幼儿园的某处挖地窖、储藏"过冬"的食材。今年，我们还想探寻更多的方法。

在前期讨论时，有小朋友发现，自然角的红薯（十月份园长妈妈送给孩子们的礼物）已经存放了很长时间，干瘪了但还没有腐烂。我们就讨论了一个问题："如何更好地储存红薯？"我们查找资料后发现，有一种储藏红薯的方法就是将红薯制作成"红薯粉条"。

作为北方人的我，喜欢吃各种"粉"。据我了解，南方和北方的"粉条"也不一样，南方喜欢用"米"制粉，北方更多用"红薯淀粉"和"土豆淀粉"来做。

当我把这个想法跟孩子们说了以后，孩子们一下子兴奋起来：

"我喜欢吃粉条，妈妈做的粉条炒肉最好吃！"

"我妈妈爱吃酸辣粉，我想吃又有点怕辣！"

……

在做之前，我们查找资料，发现：粉条是中国人独有的发明，已经有千年的历史，最早的文字记载出现在北魏《齐民要术》一书中，是我们中国人餐桌上必备的日常食材。粉条以红薯、马铃薯、绿豆等为原料，经磨浆、沉淀、加工后，制成的丝条状干燥的特色传统食品，可以当主食，也可以当副食，在中国人的家常菜肴中，扮演着特殊的角色。

中国人的生活智慧令人叹服。我们的祖先发现可以将吃不完的土豆、红薯等食物制作成粉条。这激发了孩子们对"制作粉条"的期待。

之后，我在班级群向家长们征集红薯、土豆、擦丝器、电磁炉等物品，爸爸妈妈们表示，十分期待孩子们的制作成果。

终于等到了星期五的畅游日，一切材料准备就绪，"制作粉条"活动正式开始！

第一步：提取淀粉。我们请保育老师和我们一起把红薯和土豆用工具削成丝状并浸泡在水中，大家都感到很新鲜，使劲儿地又揉又搓，教室里"热火朝天"。

看着乳白色的淀粉水，我们太开心了！可静置了半小时才发现，十多斤的土豆、红薯洗出来的淀粉只有薄薄的一个盆底儿！好在我们提前准备了一些现成的淀粉。

第二步：溶解自作的淀粉和准备好的淀粉。没想到，当淀粉遇到冷水后，却突然结成了"硬块"！

第三步：烧水、打浆、下锅……本以为冷水中的淀粉入锅后会改变性状，没想到淀粉还是粘在一起不成形状，不仅搅不动，锅也很快糊底了。

就这样，一上午的时间过去了，孩子们从开始的激动到后来的失望。看来，今天做粉条以"失败"告终了。

晚上，我怀着失落的心情在班级群发了一段话："家长们，上午我们做粉条活动失败了，想下周一再尝试一次，如果这个周末大家有时间，可以和孩子们一起尝试制作。也欢迎大家在群里分享一下做粉条的经验。"

班级群里的"回声"

本以为活动没有成功，家长们也就悻悻然地散去了。

没想到，赫赫爸爸突然在微信群中@我："张老师，得把新鲜红薯用豆浆机打碎，用纱布过滤沉淀即可得到淀粉，红薯量得足够多，不然淀粉析出太少，都溶在水里了。"

赫赫爸爸接着说："以前我老家到出红薯的时候家家都去村里的一个压碎薯机把红薯压成泥，回家用纱布一过滤就得到淀粉，然后用平底锅一蒸，就做成粉皮了，再切成细条，晒干就成了粉条。"

"用蒸的方法会更好！难怪我们煮在水里就化了呢。"我又学到一招。

正正妈妈也在群里说："用水煮也可以，但一定要多用干粉，硬一点煮在锅里就不会化了……"

之后，又有许多家长在群里出谋划策。

赫赫爸爸感慨道："小时候能耳濡目染，包括自己家做豆腐、炸豆泡，等等，现在大家都去买了，家里几乎都不做了，现在孩子们在幼儿园太幸福了，还能有这么多的体验！"

说到做豆腐，我赶紧跟家长们预告："下周我们要制作霉豆腐啦！"

千晴妈说："千晴的奶奶会做，这周就先在家里做一做，录制一个视频给大三班的小朋友们。"

没想到，一个"失败"的畅游日活动，居然激发了家长们的参与热情。相比以前的畅游日，家长们在群里更多的是赞叹和欣赏。而这一次，当我呈现出"无助"的状态后，家长们却将自己带入到了活动之中，献计献策。

粉条终于做成了！

周一，正正带着自己在家做好的粉条飞奔进教室，小朋友们高兴地围住了他。

正正爸爸也给我发来了一段话："生活中需要孩子们做的和孩子们自己能做的东西都越来越少，这种脱离生活本质只注重所谓学习的状态对孩子们个人的成长和整个社会的发展都是不健康的。花草园的生活化课程不仅是教孩子们生活技能，更重要的是让他们亲身体验、感知生活、热爱生活，同时也提醒了我们这些父母，生活本就是丰富多彩的，学习也应来自生活的点点滴滴。"

我们决定，总结经验，再尝试一次！

这一次，我们成功啦！

一些思考

孩子们制作而成的"白白胖胖"的粉条，虽然和之前想象的不一样，但在我们的心里却是闪闪发光的。从第一次尝试的失败，到再次尝试，这份成功的喜悦让孩子们欢欣不已。他们把双手插入粉条中，感受着粉条从自己手中"溜走"的那种感觉，这一刻，每一个孩子都很安静。

虽然第一次的"失败"让我有点沮丧，但正是因为这次"失败"，家长们才有了更多参与和表达的机会；对孩子们来说，这也是一次宝贵的学习，他们学会了接受失败，并尝试着从失败中汲取经验，总结方法。

生活化课程就是这样，可以让我们每一个人"去创造"，没有时间、方式、目的的限制。因为我们很确定：问题比答案重要！过程比结果重要！

与张蕾老师的对话

胡华：这份工作你做了十几年，有职业的倦怠感了吗?

张蕾：肯定是有过倦怠感的。因为每天日复一日的工作，有很多琐碎的事务，尤其是疫情这几年，除了常规工作，还有许多额外的防疫任务，这些压力也让我感到烦躁。另外，遇到一些儿童的问题和家长的问题时，我也容易产生倦怠的情绪。每当焦头烂额时，就会有想要放弃的念头。

胡华：有过想放弃的念头，但一直没有放弃。是什么让你选择了坚持?

张蕾：对我来说，"放弃"就是一种一闪而过的情绪，因为大部分时候，我们的工作都是新鲜、有趣、美好的。花草园人不喜欢"一成不变"，我们总是和孩子一起创造、一起感受生活里的美好和"意外"。比如"做粉条"这件事是以前的课程里没有出现过的。我们备课的时候，跟我同是西北人的海霞老师提议，你们可以带着孩子们做一次粉条啊，那时的我瞬间就兴奋了起来。最重要的是，这些年在生活化课程的影响下，我逐渐找到了自己的工作信仰，也找到内心对这份工作的热爱和坚持。当内心充满稳定力量的时候，就不会再被那些一闪而过的情绪干扰了。

胡华：在"倦怠"和"纠结"中，老师们总是能够找到方向继续前行。这个"方向"是如何找寻到的？

张蕾：在寻找"方向"的过程中，我个人经历了几个阶段。最开始是追随您，因为您的专业和修为都是我非常敬重的，我认为，只要追随着您，就能找到方向。后来您带着我们探索生活化课程，鼓励我们在课程中找到"自己"，我才逐渐意识到，生活化课程赋予了日常生活的丰富性、文化性、哲学性、艺术性。这个过程中，我渐渐地学会了一种心态，充满热忱地与生活相遇，这样内心就会有方向。这个阶段，是生活指引着我的方向。

胡华：你们借由生活化课程进入到了一条宽阔的"河流"里，这是一条生活之河，也是一条"意义之河"。在河流里沐浴，你收获了什么？

张蕾：我找到了更好的自己！这对我来说是一件非常重要的事情。刚工作的那几年，我总想着去模仿老教师，觉得那样才是对的、安全的。但是心里总感觉有一块是缺失的，现在想，缺失的那部分就是"我自己"。生活化课程弥补了这块"缺失"。在课程里，我们可以做任何尝试，哪怕失败了，还是会有很多人"托举"着你，我也学着从失败的经验中完成新的创造。我感到生活的每一天都是新鲜的，自己也好像变了一个人，慢慢地成了更喜欢的那个自己。

胡华：生活化课程可以给教师带来很多变化，那它给儿童带来了什么？

张蕾：生活化课程是一个很有"穿透力"和"未来感"的课程，它能够穿过当下，一直看到远方，它是教师和儿童共同成长的课程。前两天跟我带过的孩子翰宏的妈妈聊天，翰宏今年上高一，就已经和高二、高三的学生一起参加全国物理竞赛，取得了北京赛区第一名的好成绩。他是我们生活化课程的第一批"受益者"，记得当时我们班尝试做豆腐，他说了一句令人震撼的话："中国人的生活智慧真是太厉害了"！妈妈说："他在花草园生活、学习的这几年，让他的童年拥有了最美好的积淀，这也是他一直对世界充满兴趣、对未来充满自信的原因。"生活化课程不同于那种外显的、专门传授知识的课程，但却教给孩子们比知识更重要的东西。就像这个故事，我们不是只允许孩子"成功"和"获得"，也允许他们"失败"与"反思"，它教给孩子们的是一种人生的道理、人生的哲学，能够让他们对生活的热情一直在，这样的学习能让孩子们走得更远一些。

胡华："教师应该是环境中的重要组成部分，你们必须意识到要让自己成为环境的最好组成部分，这样的教育才是健康的、可持续的和有生命力的"。通过这些年的努力，你感觉自己做到了吗？

张蕾：我不能说自己完全做到了，但一定正行走在这条路上，努力成为教育环境中重要的组成部分，这不仅需要专业成长，也需要一种生命的成长。现在回想起来，探索生活化课程的这十多年里，我也有幸把每个年龄班的课程都经历了两三轮，每一年，我都会发现一个不一样的自己。这个感觉很奇妙，就像一个人，身体里的水永远是活的，总有新鲜的东西流进了我的身体里……

音频 3-13
与张蕾老师的对话

生活经验
给了我一种专业追寻方向

　　幼儿教师教育哲学观的最终归宿是实践。幼儿教师教育哲学观起初内隐于教师的日常教育教学工作中，需要在关键事件中觉察和顿悟，才能在已有的经验与知识之间重新进行思考。之后，在深刻的反思中，教师的知识与经验将被重新归类、整理，那些隐性的、模糊的认识将被归纳成为显性的知识系统，以期实现自身知识的增值与经验的扩充。在知识与经验之间游弋的过程中，教师的教育价值观逐渐形成，最终，他们又将其重新投入到实践之中。

——《幼儿教师的教育哲学观》

（第三章　"庶民教育理论"对幼儿教师教育哲学观的启示，第38页）

课程中讲自己的故事也很重要

田巍 老师

写于2020年12月23日

> 在教育现场，我们不可避免地运用自己带来的个人的"印记"与"符号"。当这些经验被唤起时，会有强烈的自信与自豪感，让我一下子拥有了热情和勇气。

　　12月，是花草园每一个人都期待的一个月！

　　这个月，我们追随祖先的足迹，和孩子们一起探寻了中国人的生活智慧，品味文化留给我们的宝贵财富。孩子们不仅要了解中国人的饮食文化，学习如何制作美食，还要探索影响食物制作的诸多因素，与其中蕴含的科学原理，更要体会食物背后那份来自家庭的浓浓温情。在这里，食物被赋予了特殊的意义，也成了孩子们联结生活、家人的最好的学习材料。

我们从食物的风干、腌制、发酵、研磨等角度去体验中国人的生活智慧。今天，孩子们带来了自己和爸爸妈妈一起利用周末时间制作的各种泡菜、酱菜、咸菜等。教室里香气扑鼻，瓶瓶罐罐中不仅装满了各种美味，同样勾起了在北京已经生活20年的我——一个东北人对小时候腌酸菜的美好回忆。

不论走到哪里，那一口让人口齿生津的酸，是童年的味道、故乡的味道……

一缸酸菜——家的味道

在东北人眼里，没有什么事是一顿酸菜汤解决不了的。如果有，那就是再加一张饼! 酸菜，在东北人心目中的地位，堪比四川人对火锅、陕西人对面条、山东人对煎饼、广东人对早茶的热爱……

在20世纪80年代，东北人家里有两样东西不可或缺，一是酸菜缸，二是压酸菜用的大石头。家家如此。

我印象中冬天除了窖藏的土豆、萝卜和大白菜之外，吃得最多的家常菜就是酸菜。每年到了秋天白菜收获的季节，就有人用解放牌大卡车把大白菜运到各个家属院门口卖，各家各户都会买成百上千斤的白菜。全院子的人都动员起来，有人在一板车一板车地运白菜，有人在规划好的地上垫车皮布，然后把自己家的白菜整整齐齐地码在上面。

赶上好天气，就把白菜一颗一颗地抱出来"晒太阳"；遇上雨雪天，就抱回去摞在一起，用车皮布盖好。冬天放学回家后，我做的第一件事就是抱白菜，第二件事才是写作业。到了腌酸菜的日子，抱白菜、往白菜上撒盐是我最喜欢做的事情。等到酸菜腌好，邻居们会互相赠送用酸菜做的美味食物，品尝今年酸菜的味道，切磋腌酸菜的心得，似乎有了一缸上好的酸菜，这个冬天就非常富足了……

离家多年后，有一天路过一个小饭馆，一股窜鼻子的酸味突然冒出来，唤醒了身为东北人的我的胃里一直藏着的那个叫"酸菜"的馋虫。对酸菜的思念时刻提醒着我，自己是从哪里来的……

把"我们"的故事镶嵌进课程中

带上一届大班时，在十二月的课程中，我和孩子们一起腌了酸菜。看着可爱的白菜变成了黄色的酸菜，又变成了餐桌上的酸菜汤时，我的心情十分激动，把自己的生活技能变成课程内容的成就感油然而生。

今年，又到了腌酸菜的日子。当我和孩子们说要腌酸菜时，他们特别高兴，我们一起讨论了腌酸菜的方法以及需要准备的材料。然后，大家就开始分头行动。

铛铛和瑄瑄在小池塘中找到了压酸菜的石头；汤圆、小宝虽然没找到腌酸菜的大瓷缸，但找到了几个大盒子；宇铭、墩子从楼顶找来了大白菜；王老师从食堂借来了腌酸菜必不可少的盐，一切准备就绪，"腌酸菜"活动开始了……

孩子们一层层撕掉白菜叶，尝试用刀把白菜心切开，但不切到底，在每一片菜叶上均匀地抹上盐。他们似乎都掌握了腌酸菜的秘诀，熟练地往盒子里码一层白菜撒一层盐。男孩把洗干净的石头压在白菜上面时，看似已经完成了所有腌酸菜的工序，但邦邦提议："我们在大石头上画上符号，一起守护这些食物吧。"于是，孩子们开始在石头上画自己喜欢的符号，然后一起喜滋滋地把酸菜盒搬运到了阴凉通风处静置。此刻，我仿佛感觉到了年味……

在"腌制食物"的吸引下，作为北京儿媳妇，我向我的家人们——两位老北京人取经，尝试制作了芥末墩儿。不光是我，来自湖北的于师傅、来自四川的王老师和来自云南的香香老师，每一个人，都借着腌制的"春风"，做了具有代表性的地方美食：湖北腌鱼、四川泡菜、宣威火腿……

这种缓慢的生活，让我有了脚踏实地一步一步走下去的笃定……

一些思考

生活是每个人的，智慧也是每个人的，生活化课程就像一个"漩涡"，把每一个人"卷"入其中。就这样，我们很自然地在课程中"镶嵌"上了自己的故事。

就像童年时邻里间互相帮助腌酸菜时的热络与亲切，此刻，我们每一个人都带着属于自己的那一份对生活的热爱与共享，全情投入。我想，这不仅是生活本来的样子，也是教育本来的样子。

当我们每个人把自己的生命体验卷入其中时，课程焕发出了更旺盛的生命力，而我们又被这种力量滋养着，循环往复，生生不息。

与田巍老师的对话

胡华：形成个人的教育哲学观有很多种方式，其中一种就是讲自己的故事。讲自己的故事，要在教育的现场唤醒自己曾经的感受、经验。你如何理解"自传和生活史是教师教育哲学观的一个成长进路"这句话的呢？

田巍：每个人都带着自己的文化符号来到这个世界上。当我和孩子们在教育现场时，不可避免地会运用自己所带来的过去的"印记"与"符号",那些经历、生活习惯是刻在我的骨子里的,就是这些非常个人化的东西造就了"我",也是"我"很重要的部分。当这些经验被唤起的时候,会有一种强烈的自信和自豪感,让我一下子就有了热情和勇气。当我带着这种热情和勇气投身教育现场,好像一切都变得容易了。

胡华:谁给了你教育的勇气?

田巍:我仔细地想了想,是我自己给了自己教育的勇气吧!自己过往的生活成了我教育中的财富,我发现,它取之不尽,用之不竭。这个东西是我很熟悉的。那种熟悉的感觉,也让我对教育中的问题不再恐惧。这样的教育是有"根"的。我觉得,这也是花草园的生活化课程特别棒的地方,让我们没了恐惧,联通了自己的经验和教育生活。

胡华:每一年的美食月,你都会讲不同的故事,你还讲过什么故事?

田巍:我一下子想起了好多故事。咱们刚有美食月的时候,您给我们带了很多柿子,孩子们想到了用晾晒的方式做柿饼,先把柿子的皮削去,然后悬挂晾晒。当时,很多家长报名参加。牛奶小朋友的妈妈是陕西富平人,那里盛产牛心柿,她给我们带来了这种柿子,还给我们讲了做柿饼的方法。大家一起动手忙活了一上午,看着挂起来的像小灯笼一样的柿子,感觉日子特别红火,特别让人满足。那是我第一次见识到在课程中讲述自己故事的魅力,一个小小的柿子,竟然把我们所有人都联系起来了。有一年我带小班,当时进行的是关于鸡蛋的学习,我一下子想到了小时候,看爷爷奶奶腌制咸鸡蛋的事,我把它放到了课程中。在学习米面的课程中,我想起了老家东北的习惯,过年的时候一定要吃年糕,寓意"年年高",我也把这个内容放进了课程里。去年带大班,是我婚后的第一个冬天,我的生活发生了变化,讲的故事也变了,我和孩子们一起做了老北京人爱吃的白菜芥末墩。现在,我做的芥末墩经常被预定,我和周围人的关系更亲密。每年的美食月,我感觉自己都有讲不完的故事。所以,十二月是我最爱的月份,这个月,我对自己的教育能力是很笃信的。

胡华:教师的教育哲学观要求教师必须对生活有所觉察,你经历了这么多个不一样的美食月课程,对自己有了怎样的觉察呢?

田巍:以前,我对自己的教育能力不是那么自信,但是自从有了这样的经历后,我感觉自己找到了一条路,在生活里我拥有了无限的可能性,不再焦虑、不再惧怕。在这样的课程形式里,我对自己的教育能力是非常自信的。

胡华：我们生活化课程特别有活力、有能量，你觉得这份活力与能量来自哪里？

田巍：这份能量来自每一个人的真实的生活经历，在和儿童的互动与对话中，这份能量在当下的时空里是完全打开的，所以，它才能不断地涌入我们每个人的心里。

音频 3—14
与田巍老师的对话

第四部分

家园合作

家园合作——我们是"同行者"

我们是"同行者"

　　"家"对孩子来说是最安心、最温暖的地方。孩子们对家庭幸福的感受比成年人更敏感，只有家庭成员间心与心的联结与交流才能让孩子们产生幸福感。"生活化课程"中，我们希望父母在孩子成长的过程中，能够耐心倾听、用心陪伴，用生命完成对另一个生命的陪伴。而这种用心陪伴的过程，既是奠定儿童对周围人与事物判断的依据，也是儿童获得幸福的力量与源泉所在。

——《幼儿教师的教育哲学观》

（第五章　生活化课程——幼儿教师建构教育哲学观地沃土，第74页）

爸爸参与到"生活化课程"中，
会给教育带来什么改变？

王钰诗 老师
写于2021年3月10日

> 当所有人都能够相互看见的时候，我们之间就形成了一个能量系统，这个系统一旦运转起来，就能相互滋养。

　　随着新学期的到来，孩子们也开启了全新的幼儿园生活。

　　3月，我们的课程主题是"和爸爸妈妈一起的阅读时光"。孩子们会邀请爸爸妈妈们和自己一起阅读，通过共读、一起游戏、一起表演等方式，完成阅读体验。

开学后，我们从孩子们分享的假期故事开始，进入了主题学习。在活动开展的过程中，我发现怎么都是妈妈在参与，孩子们说的也是妈妈陪着自己看书，给自己讲故事……爸爸们去哪里了？

爸爸故事时间

当有了这个发现后，我们在班里进行了一个小调查："你更希望家里的谁给你讲故事？"结果发现，班里竟然有55.95%的小朋友希望爸爸给自己讲故事，只有38.1%的小朋友希望讲故事的人是妈妈,5.95%的小朋友希望祖辈来讲故事（因为爸爸妈妈太忙了，没时间）。

就这样，我们想在这个月的主题活动中，注入更多的爸爸力量。我和孩子们商量，来一场"爸爸的故事时间"活动吧……

一波三折的"爸爸故事时间"

为了让更多的爸爸参与到活动中，我们设计了两种方式：一种是"爸爸电台"，即爸爸根据自己的孩子对图书的喜好，选择一本绘本，录制成音频，在孩子们每天的午睡前播放;另一个方式是"线上故事大王"，我们和家长约定时间,通过在线视频的方式,爸爸给孩子们直播讲故事。

活动设计完成后，我们很兴奋，以为这样的活动设计，一定会打破空间、时间的壁垒，让爸爸灵活地参与到这一活动之中。当我把活动的邀约发到班级群后，却如同石沉大海一般，没有一位爸爸报名。我顿时慌了，在心里不断地问自己：是活动的意图没有说明白吗？还是活动的形式没有说明白？还是我们班的爸爸们就甘愿成为孩子成长中的"隐形人"？我们的活动还能如约进行吗？

第二天早上的"圈谈时间"，我和孩子们谈到了自己遇到的难题。孩子们说，他们会和爸爸说这件事情的，因为他们都想听到自己的爸爸讲故事。我也把和孩子们的讨论记录发到了班级群里，希望用孩子们的力量唤起爸爸们参与的勇气。

一个上午就这样过去了……等孩子们午睡后，我打开了班级群，一看有很多条未读信息，打开一看，原来是爸爸们在群里讨论自己如何成为"线上故事大王"。看到爸爸们的报名，我的心也渐渐安定了下来。妈妈们也在就"如何给孩子们讲一个好故事""用什么方式能够吸引孩子们的兴趣"支招，那一刻，我感觉自己的心和家长们一起共舞。

晚上9点多，我陆续收到了爸爸们在班级群里发送的电台故事，这一晚，收到十多个爸爸讲的故事，听着爸爸们讲的故事，我也美美地睡了一觉。

就这样，我们的午间"爸爸电台"活动正式开启啦! 孩子们兴奋极了，每个人都在认真地听，还会讨论这个故事是谁的爸爸讲的，谁的爸爸讲的故事最好听，谁的爸爸讲的绘本他还没有，也想买一本……爸爸们富有磁性的声音，似乎有一种神奇的魔法，每个孩子脸上都洋溢着一种喜悦、幸福和满足。"爸爸电台"终于开播啦！

"线上故事大王"活动开启

随着"爸爸电台"活动热火朝天地推进，"线上故事大王"活动也开始了。在活动中，孩子们的眼睛就没有离开过大屏幕，爸爸们讲的每一个细节都不想错过，遇到自己喜欢的片段会哈哈大笑，真想让时间停留在那一刻。

虽然隔着屏幕，但无论是屏幕里的爸爸，还是现场的孩子们，心是紧紧连在一起的。孩子们被爸爸温柔的声音包围着，被爸爸的陪伴感染着，被爸爸的认真打动着……

活动后的感受交流，让爱再次流动起来

在活动推进的过程中，我们会和孩子们聊一聊听完爸爸们讲故事后的感受。康康说："爸爸讲了《猜猜我有多爱你》，这是一个我特别爱听的故事。小时候爸爸经常给我讲这个故事，虽然在家的时候已经听过很多遍了，但是这次爸爸在视频中给我们讲故事，我觉得故事都变得更好听了。我感觉爸爸真的在陪我，我更加爱他了。"小暖说："在家里，一般都是外婆给我讲故事，如果妈妈工作不忙的话，妈妈会给我讲故事。但是，我很少听到爸爸给我讲故事。爸爸讲故事的那天，我一下子就听出了他的声音。能在睡觉前听到爸爸的故事，我感觉就像收到了礼物一样开心。"……

我们将孩子们这些真挚的感受发到班级群里，和家长们分享，也希望借由这样的分享形成一种能量的流动，让爸爸们知道，或许他们的音色不那么完美，或许他们讲的故事不够精彩，但只要是爸爸们讲的故事，都是孩子们心中最美好的礼物，能给他们带来更多的力量……

当家长们看到孩子们的表达，他们也开始表达自己参与活动后的感受。

西瓜爸爸说："作为一个花草园的'老'家长，很享受参加花草园举办的活动。因为疫情原因，我们无法进班参加活动，但是通过这次爸爸'云'进班活动，又来到了花草园，看到了依然熟悉的班级环境，和一群小班的小精灵。通过讲故事、提问题，和孩子们进行互动，看到孩子们天真的笑脸，一切成年人的烦恼都被暂时屏蔽了。我一直觉得，花草园是一个很神奇的地方。希望花草园以后多组织这样的活动，调动爸爸们的积极性，让爸爸们积极参加。短短半个小时的时间，真的能够建立我们和孩子们之间的联结。"

源源爸爸说："给幼儿园孩子讲课，比给大学生讲课累多了！要投入更多的情感，拿出人性中最本初无瑕的东西，才能与孩子们同频，走进他们纯洁无染的心灵！我给孩子们讲故事，受到了一次童真的洗礼，回到真正的心灵家园！"

瑶瑶妈妈说："不能享受亲子共读时光，一直是忙碌工作的爸爸的无奈和遗憾。'爸爸电台'以一种神奇的创意满足了爸爸的小心愿，也把我们都带回了慢时光的年代。

手机里缓缓传来期待中的神秘声音，一端是爸爸们亲切安静的讲述，另一端是孩子们全神贯注的倾听，爸爸和孩子们在电波流动中完成了一次穿越时差的对话。"

看到家长们在群里热烈地表达自己的感受，我真切地感受到，因为爸爸们全情的投入和参与，才让彼此的爱意流动了起来，大家都感受着这一份暖暖的爱意，从家流动到了花草园，又从花草园流向了教育的远方……

一些思考

对于儿童来说，有两件事很重要：建立安全感与联结感。如果父亲能够读懂孩子的渴望，陪他们一起面对生活，对孩子成长的意义是巨大的。

通过这次活动，我也在反思，怎样才能让父母发挥自己的作用，参与到教育之中？我们希望，父母能够借由我们的生活化课程和孩子在生活上、学习上、思想上完成一场零距离的沟通。当父母和孩子们共读一本书、一起制作美食、一起建造一座桥时，才能把自己的生命能量和孩子的调整到一个频道。

就这样，这个月的课程中，我们将家庭的力量巧妙地镶嵌了进去。我发现，如果父亲参与了儿童的学习过程，孩子会因为父亲的用心陪伴、耐心倾听获得强大的内心力量。

与王钰诗老师的对话

胡华：你觉得父亲参与家庭教育，对孩子有什么积极影响？

王钰诗：我们班有一个小男孩叫西瓜，小班的第一学期每天上学时都哭着来幼儿园，第二学期，虽然不是每天都哭，但情绪却不怎么好。"爸爸电台"活动开启后，西瓜爸爸第一个报名参加。等西瓜爸爸讲完故事后，神奇的事情发生了，西瓜来幼儿园可高兴了，和以前简直判若两人。所以，父亲参与家庭教育可以让孩子感受到来自爸爸真实的爱，他确定地知道，爸爸是爱我的，这份爱让他们很有安全感。从那以后，西瓜能够每天高高兴兴地来幼儿园了。这是我们第一次尝试用这样的形式让爸爸参与到课程中来。在工作中，我发现，妈妈会带给孩子更多温柔的力量，而爸爸会让孩子们更有勇气面对外面的世界。我还有一个新的发现，爸爸参与幼儿园教育，好像也能够改善家庭中爸爸和妈妈的关系呢。

胡华：这种形式是特殊时期家庭参与幼儿园教育的一种新形式的探索吗？

王钰诗：在疫情防控常态化的那段时间里，家长们是进不了幼儿园的，家长进园参加活动的方式没办法实现，怎么办？我很想试一试线上的方式。说实话，这种方式我自己也不确定能不能行，但总觉得要试一试，哪怕失败了，就当是积累经验了。没想到的是，这样的方式特别成功，既让爸爸们了解了孩子们在幼儿园的生活，又让他们自觉地参与到了课程的实施中。这是线上交流的方式与爸爸特质之间的某种神奇契合吗？

胡华：我们做家长工作的时候，可以直接告诉家长我们做了哪些事情。但是这样的活动要将家长"卷入"我们的课程，这样做有什么意义呢？

王钰诗：我们的教育不是让家长们变得更焦虑来凸显自己的重要性，而是要有一种目标。在这个活动中，我们把家庭、幼儿园和孩子联结在一起了，就像是把一根绳子拧到了一起，大家有了强烈的归属感。这个活动结束后，不管是我们班的日常活动，还是家委会组织的活动，我们和家长之间、家长和家长之间的关系都变得更融洽、更和谐了，感觉大家的心更近了。有趣的是，当家长之间的关系变得更和谐之后，孩子们在园里也变得更亲密了。

胡华：这个活动使你产生的最大的改变是什么？

王钰诗：对我来说，这是我工作中一个成功的关键事件，它教会了我如何去做家长工作，我的内心一下子就生出了一股力量，这种力量让我对家长工作不再恐惧和害怕，在面对家长的时候，我变得自信。以前开展家长工作，我总希望自己能做到百分之百的好，还要在活动中凸显自己的重要性，但这个活动让我开始知道，开展家园活动不是为了展示自己的好，而是要引导家长和我们一起陪伴孩子成长。当我能够看见家长力量的时候，他们也能看到我的努力。

胡华：你心目中的家园关系是一种什么样的关系？

王钰诗：我觉得，我们之间是一种相互看见的关系，不是谁来配合谁。这种看见不是我们用眼睛看见，而是用心看见。家长能够看见孩子，孩子能够看见爸爸妈妈，家长看见老师，老师能看见家长，家长能看见自己了，老师也能看见自己了。当所有人都能够相互看得见的时候，我们之间就变成了一个能量系统，这个系统一旦运转起来，就能相互滋养，我们都很真诚，即使有些地方彼此都做得不是那么好，大家也能彼此包容。

幼儿教师的教育智慧——来自实践现场的倾听与对话

音频 4—1
与王钰诗老师的对话

实践智慧不能凭空想象，
需要跟自己的生命相映照

　　教师的实践性知识是特定的教师在特定的环境中，以特定的学习内容、特定的儿童为对象工作时所形成的知识，由于这些特定的教育情境是丰富、鲜活、多样的，因此赋予了教师教育智慧形成的情境性。

——《幼儿教师的教育哲学观》

（第六章　幼儿教师教育哲学观的构成与特点，第95页）

母亲节的祝福方式除了鲜花、卡片，
还可以有什么？

甄珍 老师

写于2023年5月17日

> 对于教师来讲，实践过程中很多智慧并不是凭空想象出来的，是跟自己的生命河流相映照而创造出来的。

上周日是母亲节，周五的时候，我和孩子们一起讨论要怎么给妈妈庆祝节日。

丁丁说："我想给妈妈买一束花，女孩子都喜欢花。"

沐洋说："我想回家抱抱妈妈，我妈妈很辛苦，她累了的时候喜欢我抱抱她。"

牛牛说："我会给妈妈唱一首歌《外婆的澎湖湾》，这是我新学的歌。"

小元宝说：“我觉得准备什么礼物都可以，只要是我送的礼物，妈妈都很喜欢。”

午餐前，我问了孩子们一个问题："你觉得妈妈生下你后悔了吗？"孩子们听到这个问题后，唧唧喳喳地讨论了起来……

"妈妈生下我肯定不后悔"

丁丁说："我妈妈肯定不后悔。我们出去玩，妈妈会帮我搬自行车，我想玩的所有东西都会给我带上，她肯定很爱我。"

宁宁说："妈妈天天抱我、亲我，所以她肯定没后悔。"

加一说："我还有个姐姐，家里有一个男孩一个女孩，所以她不后悔生下我。"

元午说："我妈妈不后悔，因为等我长大了可以给妈妈赚钱花。"

甜筒说："我在家能帮妈妈扫地，所以妈妈肯定不会后悔生下我。"

小元宝说："我妈妈不后悔，我妈妈最爱我了，我知道。"

"妈妈生了我后悔了……"

小Y说："我妈妈肯定很后悔生下我，她天天在家玩手机，不陪我。"

小Z说："我在家调皮捣蛋的时候，妈妈会抓着我的衣服大喊大叫，所以她应该很后悔生下了我。"

小P说："我妈妈生下我很倒霉，因为我不爱学习。"

小Q说："妈妈生了我之后，肚子变大了、身材变样了，所以会后悔。"

六六说："我不确定妈妈有没有后悔。"

我和孩子们商定，回家和妈妈聊聊这个话题……

"妈妈，你有没有后悔生下我？"

汤圆妈妈说："如果没有你，谁陪我一起吃好吃的东西？谁陪我一起在树荫下看蚂蚁？谁陪我一起跳好玩的舞？有没有后悔生下你？答案是从来、完全没有后悔过，因为你是我独一无二的宝贝，而且相信你也没有后悔选择我。"

ππ妈妈说："虽然生产很苦，养育很累，顾虑更多，但是我从来都没有后悔过生下你。你的到来给了我一次自我成长的机会，好像突然有了盔甲，能鼓起勇气去完成之前不敢想的任务。因为和你同吃同玩，尝到了食物的本来滋味，也看到了很多之前不曾注意的美景，解锁了更多的人生体验（打着孩子的旗号理直气壮地玩了很多乐园）。你的世界很纯粹、很温和，我更能从你的角度思考问题、理解生活，变得耐心更多，理解更多，我变得更柔软，也更有韧性。你的到来像一只无形的手，推动着我变成更好的自己。好期待一起成长的我们，也希望你不会后悔选我当妈妈。"

宁宁妈妈说："你是我的第一个宝宝，因为有你，我成了妈妈，从那以后，我不只是女儿、妻子，更是妈妈。每一次的喜怒哀乐、每一次的成长，都让我一次又一次学着如何做得更好，怎样让你成长得更好。我一边看书，一边和别的妈妈交流经验，一边在实践中不断改进，每晚看着你入睡，我都能体会到温馨和幸福。感谢你来到我们这个小家！"

六六妈妈说："对我而言，成为母亲，是一件美好的事情！人生清单上会有很多想做的事情，在内心深处，我也明白，你的到来挤压了留给我自己的时间和空间。养育你的过程，对我而言也是一个刷新、审视自我并重新学习的过程。虽然你和我血脉相连，但我们也是独立的个体，你的言谈举止总能让我有所启发，想起自己的童年，我也被你治愈了。所以，我一点都不后悔生下你。"

丁丁妈妈说："下班回到家，当丁丁问起我'你有没有后悔生下我'的时候，我震惊了。我抱着丁丁，看着他的眼睛，告诉他：'妈妈很爱你，不后悔生下你。因为你给妈妈、给家里增添了很多快乐，哥哥在家里也不孤独了。家人虽然会批评你，但是都很爱你。'丁丁听了后，告诉我，他相信我。"

妈妈们的回复，让我们的心里暖暖的

元午说："我妈妈说她不后悔，但和我认为的原因不一样。我妈妈说她好不容易有个孩子，她就不孤单了。"

菠萝说："妈妈说不后悔，我给她带来了很多的快乐。"

史策说："妈妈说生了我，给她的生活带来了很多的乐趣。"

小之说："妈妈说她没有后悔。妈妈努力了很久才生下了我，是她第一个期盼的孩子，她愿意承担所有生下我带来的后果。"

一些思考

当我问孩子们"妈妈有没有后悔生下你？"这个问题时，我也在问自己："妈妈有没有后悔生下我？"说实话，我的答案并不像孩子们说的那么确定。作为家中的第二个孩子，我一直觉得自己是多余的那个人。因为，妈妈也从来没有表达过她是爱我的，所以，我从不敢去问妈妈这个问题，我怕得到的答案不是我想要的。母亲节那天，我也问了妈妈同样的问题，妈妈很确定地告诉我，她从来没有后悔过。听到这样的答案，我很开心，像猜对了答案的孩子一样兴奋。

"妈妈有没有后悔生了你？"这个问题，开启了孩子们和家人间的深层沟通，让他们去感受和妈妈之间那份独特的温暖与联结。

母亲不是一个称谓，而是一种伟大的付出，也是一种双向的收获。因为这个灵魂拷问，让母亲节的祝福方式有了更深的内涵……

胡华："母亲节"的时候，老师会让孩子们用各种形式对母亲表示感谢。你是怎么想到和孩子们讨论这个话题的呢？

甄珍：以往的"母亲节"，孩子们会制作一个小礼物来表达对妈妈的爱。这样的礼物制作简单，还有可视化的成品，妈妈们也很开心。这次和孩子们的讨论完全是偶发的。这很可能与我自己也是一个母亲有关。当下的很多母亲都有育儿焦虑，总是担心自己做得不够好，更担心因为自己做得不够好而影响了孩子的成长。这种焦虑和担忧是很容易影响孩子的。

在提出这个问题之前，我和孩子们先讨论了一个问题："你特别想感谢妈妈什么？"小元宝说："我特别想感谢妈妈生下了我，她在怀孕的时候高血压很严重，但还是坚持生下了我。"孩子们的表达给我带来了很大的触动。

大部分母亲在意识层面是认可母亲的价值的，但潜意识层面，她们是否相信自己能够承担起母亲的责任呢？我希望借助于这样的讨论，一些模糊的东西能够浮现出来。

胡华：这样的提问对母亲和孩子都是有治愈作用的。你感觉，谁更容易被治愈？

甄珍：和成人相比，孩子们更容易被治愈。他们真诚地相信父母表达的一切。成人的表达需要经过大脑，这样的讨论需要还原到情感中去，拷问自己的灵魂，对母亲来说更难一些。印象特别深的是六六妈妈和六六的讨论。在班里讨论的时候，六六说，他不确定妈妈是否后悔生下他。当他和妈妈在家里讨论这个话题的时候，六六哭了，妈妈也紧紧地抱住了六六，因为他得到了肯定的答案，妈妈对他的爱并不会因为妹妹的到来而减少。第二天早上，六六来园后特别兴奋地跟我分享："妈妈是爱我的，她没有后悔生下我。"就是这样一个简单的问题，让孩子们对妈妈的爱更加笃定。

对于这个问题，班里大多数妈妈也表示，自己以前从来没有思考过，借着这次讨论，她们也有了更清晰的思考，也有了更多的确定感。

胡华：在家庭中，给孩子带来重大影响的人是爸爸，还是妈妈呢？

甄珍：我觉得一个家庭中，爸爸和妈妈都是能够让家庭发生改变的那个人。回顾自己的成长经历，对我改变和影响最大的人是我的母亲。

记得初中升高中的时候，我没有考上区重点，当时觉得特别丢人，把自己关在房间里不出屋。作为家里的老二，上有读高三的姐姐，下有要读初一的弟弟，每年开学时的学费对于务农的父母来说是一笔特别大的开支，所以，爸爸妈妈对于我是否应该继续读书吵了好几架。在村子里，和我一样大的同学都没有选择继续读高中。他们的父母劝说我妈："没考上区重点就别读了，普通高中上了也不一定能考上大学，再说一个女孩子读那么多书也没用。"我妈不与他们争辩，只是坚定地说："只要孩子想读书，砸锅卖铁我也要支持。"其实，我那时根本没有自己的主张，读或者不读，完全在于爸妈的态度。高中开学前，妈妈说去亲戚家散散心，我知道她是去筹借学费去了。亲戚们也大都不支持我继续读高中。后来我才知道，我上高一的1800块钱学费是妈妈从村里借的4分利息的高利贷。在一个人生的分岔口，因为妈妈的坚持，我的人生轨迹就这样被改变了。

我觉得，母爱更坚韧，在关键时刻也更加果敢，更容易站在孩子的角度替孩子思考人生问题。

胡华：对于教师来讲，实践过程中很多智慧并不是凭空想象出来的，是跟自己的生命河流相映照而创造出来的。对你来讲，这是一次智慧创生的过程吗？

甄珍：我觉得是。回过头来看，对"妈妈你有没有后悔生了我"的讨论，孩子们的表达，我和家长的互动，对我自己的内心是有触动的，生命里的一些东西也一下子流淌了起来。借着这活动，我跟妈妈有了一次对话，获得了更多的爱的能量。这是一个起点，让我更愿意用自己的生命状态去呼应孩子们。

我好像找到了一条通道，一条让自己变得更加智慧的通道，我会一直往前走的。您曾说，智慧是心灵的产物，我们必须把心灵置于当下，用自己的心去映照另一个人的心灵，才能将教育做到根底上去。这次讨论让我对自己的成长有了更大的信心。

音频 4—2
与甄珍老师的对话

在这里，孩子可以按自己的节奏生活，老师也可以

儿童对事物、对自己、对他人，都有着很强的敏感度和洞察能力。在"生活化课程"里，我们会经常记录孩子们的感受。当一个人的觉知能力增强的时候，会显现出内在的生命能量，而恰恰是这个能量，使孩子的生活充满直觉、想象与创造，他们主动开始探寻生活的意义和价值。

——《幼儿教师的教育哲学观》

（第五章　生活化课程——幼儿教师建构教育哲学观地沃土，第76页）

新生入园，我们这样做……

李文 老师

写于2021年9月8日

当我们共处于一个情感丰沛的空间时，就能创造出一种巨大的温暖感。

短短五天时间，新入园的孩子们就适应幼儿园生活了。时间这么短，是意料之外，也是意料之中。因为，在这之前，我们做了很多的准备工作……

未入园，先见面

孩子们即将来幼儿园的头天晚上，我和小美老师在群里给孩子们发了一段视频。

我们把班级的环境详细地介绍了一遍。这段视频我们录得很用心，录制了三遍才算满意。

孩子们来园前，我们还会对每个孩子的家庭进行一次访问。通过家访，了解每个孩子在家的生活状态：他们喜欢吃的食物是什么，他们喜欢玩的玩具（或游戏）是什么，他们喜欢读的绘本有哪些，他们喜欢的动画片有哪些，这些都被我们一一记录了下来。

家访时，他们和老师是陌生的。当我们和家长交流时，他们只是远远地看着我们。当他们真的走进花草园后，很多孩子的脸上是轻松的。棵棵对妈妈说："看，这就是小二班！昨天晚上老师们就是在这里说话的。"

就这样，孩子们未入园，我们就已经见过面了。这样的方式让孩子们和老师提前成了"老朋友"！

在自然里，孩子们更放松

相较于老师，孩子们更喜欢花草园的大院子。

来到幼儿园后，他们自然地就去了户外的小池塘寻找小乌龟、喂小兔子、摘葡萄。平平高兴地说："老师，明天我还要来，还要摘葡萄。"

花草园的大院子，充满了探索的乐趣：叶子上的小蜗牛、树上落下的梧桐叶、雨后形成的小水坑，甚至连哗哗流水的下水道都成了他们探索的对象。几个男孩捡起了雨水花园边的小石头投进了水里，溅起的水花让他们特别开心。还有几位小朋友踩过浅浅的水坑，脚和水接触发出的啪啪声让他们异常兴奋。

大自然更容易让孩子们放松下来。他们期待在花草园的院子里继续探索，这也成为吸引他们来幼儿园的一个重要原因。

摆放他们喜爱的绘本

开学前，我们挑选了适合孩子们阅读的绘本。比如和入园相关的，就摆放到图书馆里容易取放的地方。

开学后，我们每天都会和孩子们一起阅读绘本。无论是关于恐龙的书，还是与入园相关的书，图书馆满足着每个孩子的需求。

就这样，每天的阅读时间是孩子们最能沉浸其间的时刻。他们或整齐地坐在椅子上听故事，或席地而坐自己阅读。只要读起书来，他们就变得专注起来。孩子哭闹的时候，只要来到图书馆，一本绘本就会让他们平静下来。

看来，书和大自然，对孩子们来说具有同样的魅力啊……

巧用小动物贴纸

认识自己的名字以及物品也是孩子们重要的入园适应活动。我们会提前准备他们喜欢的动物贴纸。第一天早饭后，孩子们选择了自己喜欢的贴纸，将它贴到椅子上和一些物品上。这样，他们就能通过小动物贴纸很快找到自己的物品了。

这个动物帖纸不仅能帮助他们辨识物品，也成为老师和孩子们游戏的对象。玩手指游戏的时候，孩子们会变成贴纸上的小动物；吃饭的时候，我们会说："让它们先吃好饭再一起玩吧……"一张动物贴纸的作用真的很多啊！

一张魔法卡片

今年的入园适应与以往最大的不同，来自一张小卡片。这个主意来自懂孩子、理解家长的园长妈妈。每天离园前，孩子们都会带回家一张卡片，这张小卡片可以记录老师们与孩子们的对话，也可以写下孩子们分享的一些小秘密，还可以记录老师对孩子们的新发现。老师们会随身装着一支笔和几张卡片，随时记录。借助这张小卡片，每一天，我们对孩子都有了更多的认识。

就是这种简单的方式，让孩子们的初入园生活一下子有了温度，变得鲜活起来。这一方式更是受到了家长们的称赞。小白妈妈在班级微信群里留言说："收到的小卡片我们会一直保留下去，这是财富。谢谢老师们！"

一些思考

对新入园的孩子们来说，当生活节奏被打乱的时候，心里一定是紧张、不安的。

我们的入园适应环节，把倾听孩子们的心声、追随孩子们的脚步放在重要的位置上。他们想在户外玩玩具，我们就把玩具搬到户外；他们想去大自然里探索，我们就带着水壶，让孩子们三三两两地去探索。

这一周，是孩子们入园适应的第一周。我不仅没有慌乱，内心反而感觉非常轻松。因为我们班的大部分孩子都适应了幼儿园的生活，家长们也收获了安心与满足。

与李文老师的对话

胡华：你带过多少届小班了？对新入园孩子的入园适应，你有什么样的发现？

李文：大学毕业来花草园工作的第一年，我带的就是小班。到目前为止，我已经带了5届新小班的孩子。刚开始带小班的时候，觉得实在是太累了，耳朵里充斥着孩子的哭声。甚至下班回到家躺在床上，也满脑子都是孩子们的哭声和老师们忙个不停的身影。那时候，每天早上醒来，都有一种硬着头皮前行的感觉。孩子们焦虑，我也焦虑，甚至连觉都睡不好。

记得有一年，胡老师带着我们小班组的老师专门研讨了如何做好新生的入园适应工作。那一次，我好像一下子就摆脱了焦虑。现在回忆起来，像是心里一下子有了一种场景感：带新小班，就要像在自己家迎接客人一样，先把家里打扫干净，收拾好，然后怀着期待的心情迎接他们的到来。这个发现让我一下子放松了下来，还有了一种欣喜的感觉。

这几年，我有一个发现，孩子们大班毕业的时候，我们回忆起三年来他们的成长，对每个孩子印象最深刻的就是他们三年前的九月份刚入园时的样子。入园适应这件事，对老师来说也是一种非常珍贵的体验。

胡华：对新入园的孩子来说，上幼儿园意味着开始面临一个很大的适应与改变，你觉得我们能带给他们什么？

李文：一直都很羡慕花草园的孩子们，他们能够在这里开启自己的社会生活。因为他们迈入"社会"的第一步，有我们的陪伴！在这里，老师们给予他们满满的安全感和温暖感。我们常常能从他们的眼睛里看出开心与放松。在这里，他们能感受到家一样的爱和温暖，所以他们很快会放松下来，喜欢上这里。

"入园焦虑"是我们常常用在新入园孩子身上的一个高频专业词汇。在花草园，我们不仅是解决工作中的一个问题或者一个难题，我们更想在心灵上去理解孩子，给他们爱和温暖。所以，我们创造了很多种帮助孩子适应新生活的方法，这些方法的背后是什么？是我们发自内心对孩子们的爱、宽容和接纳。这种创造的背后也是一种情怀吧……幼儿教师内心要有很多的慈悲与爱，才能不间断地持续创造。

胡华：你觉得这张小卡片的意义是什么？

李文：我觉得，它最大的意义是能够承载和沟通情感，通过它，家长、孩子和老师之间的情感可以流动起来。我们不只是用眼睛看到孩子们做的事情，还用心地记录下来，并跟家长交流。家长们通过这张卡片，能感受到老师的用心，获得一对一交流的专属感。

记得那时候，孩子每天把卡片拿回家，家长都会拍下卡片的内容发到班级群里。我们也感受到了家长内心涌动的情感。这张小小的卡片是有温度的，力量也是非常强大的。这份力量是什么带来的？是心灵带来的。你的心灵，我的心灵，我们的心灵，当我们都处在一个情感丰沛的空间里的时候，就能创造出一种巨大的温暖感。

胡华：这么多年走过来，你们每一次都在创造和改变。这份工作给你带来的最大改变是什么？

李文：上学的时候我一直戴眼镜，来到这里工作了几年后，自己也记不清楚什么时候开始就不戴眼镜了。都说眼睛主要耗的是肝血，如果人紧张、有压力就会消耗肝血，影响视力。在这里，我是放松的，肝柔，阴血才能生，所以我的眼睛也越来越好了。我觉得这是个神奇的变化。此外，我感觉自己内心更有力量了，我对自己越来越有信心了，随之而来的是身体的变化。身心是连在一起的，我觉得自己越来越好看了，有一种生命焕然一新的感觉。

在这里，不仅孩子们可以按自己的节奏生活，安心、放松、快乐地度过童年生活。我们老师也是这样的，甚至我们的家长也是这样，大家都在同一条河流里沐浴，你能关照到我，我也能关照到你，我们都得到了河流的滋润。

音频 4—3
与李文老师的对话

陪伴孩子成长，
也是父母的二次成长

对家长而言，"生活化课程"也重视家长的被认同感、被满足感与成就感。"生活化课程"主题的开放性与形式的"空筐结构"决定了任何人在其中都能够获得发展。父母不仅是孩子的养育者，也是课程资源创生最宝贵的财富。每个家庭都带着自己丰富的文化印记。在教师的帮助下，家长也可以运用自身的文化优势参与到课程之中。当家长和孩子之间能够建立起真正意义上的连接，对彼此的生命成长都是很有价值的。我们看到，当连接感完成的时候，父母可以真实感觉到孩子作为有灵性的生命的存在，他们开始试着反思、调整自己的行为，也在自我完善的道路上迈出了重要的一步。

"生活化课程"就如同一条文化的河流，在其中徜徉的每个人，都会感觉照耀在文化与生命的双重暖意之中，如同经历了一场文化的沐浴，焕然一新。

——《幼儿教师的教育哲学观》

（第五章　生活化课程——幼儿教师教育哲学观的沃土，第75页）

一封"神秘人"的回信，让父母与孩子
之间彼此倾听、相互理解

王钰诗 老师

写于2023年4月2日

不止是孩子，即使是成年人，自由探索和反复尝试也总是优于书本知识和授课式的指导。

我们班里有一间"解忧杂货铺"。"杂货铺"里，每个人有一个自己的信封，他们可以将自己遇到的困惑画下来或写下来，我们会在孩子们离园后，一一给他们回复。

上周六的家长会，我请爸爸妈妈来解答孩子们的问题。在家长会的最后一个环节，我设计了一个活动，请家长找到自己孩子的信封，根据孩子们诉说的问题，给孩子们写一封回信。

打开信封，走进孩子的世界

每个家长打开孩子的信封后，发现孩子们遇到的问题是不一样的。"最近情绪总是不好，我该怎么办？""我到了陌生的地方，总是会胆小怎么办？""我的爸爸妈妈都不陪我睡觉，只有星星灯陪着我，我有点难过……""在记东西的时候，怎样可以更快一点呢？"

看到家长们认真作答的样子，我的心也暖暖的……

"神秘人"回信啦！

周一早上，吃完早餐的孩子们查看自己的信封，惊奇地发现了回信。

拿到回信后，识字的孩子，找了一个安静的角落认真地看。不识字的孩子，排成长队，等待老师读信。还有的小朋友想要把信带回家，和爸爸妈妈一起看。

1. "最近情绪总是不好，我该怎么办？"

当你生气时，可以慢慢说出来，这样别人才能知道你的想法，才能理解你。

如果你特别生气想发脾气，可以试试用腹语，也就是在肚子里、在心里说出想说的话，或者把让你生气的人或事想象成一个大西瓜，这样你就不生气了！

——来自力行的妈妈

2. "我到了陌生的地方，总是会胆小怎么办？"

你好，源源！我是出租车司机叔叔，你是个有礼貌的小朋友，我拉过这么多小朋友坐车，只有你向我问好，对我说再见，我心里很温暖。

你好，源源！我是游泳课的前台老师，你真勇敢，每次都向我挥手问好，说再见，我记得你以前还会躲在妈妈身后，你在一点点变得勇敢，恭喜你！

你好，源源！我是点心奶奶，你长大了，也学会表达自己的想法了，每次见到我都打招呼，你真的长大了！你遇到陌生人，不要害怕，去打个招呼，别人就知道你是一个长大的男孩了。

——来自丰源的妈妈

3."我的爸爸妈妈都不陪我睡觉，只有星星灯陪着我，我有点难过……"

亲爱的孩子：

我非常理解你难受的心情。

其实你的爸爸妈妈也非常想陪着你睡。但是孩子，你长大了，要独立了，自己睡是独立成长的第一步，希望你能勇敢，开心地走好每一步，我相信，你的爸爸妈妈一定非常爱你，祝你快乐成长！

——来自梓瑶的爸爸

4."在记东西的时候，怎样可以更快一点呢？"

有很多方法可以让你的记性更好，记东西更快。下面是我经常使用的方法，你也可以试试哦。

① 多联想、发散思考，把要记的东西和你之前的经历联系起来，看看有没有什么关联。

② 做成思维导图，这个方法适合要记很多东西的时候，可以形成一个体系，更好地把握整体和部分的关系。

③ 多重复，并把它多运用到实际生活中。这样你就不容易忘记要记的东西啦！

——来自以恒的妈妈

之后，我们一起讨论了这一封封来自"神秘人"的回信

海平说："我感觉到了一种亲密感，这个写字的人好像是我熟悉的人。"

子柠说："感觉神秘人特别了解我，其实我不需要爸爸妈妈每天都陪着我，只要有一天陪伴的时光，我就会特别开心。"

俣湜说："我知道爸爸很忙，我不会跟爸爸说这个小困难，谢谢神秘人，你能听到我的困难，我也相信爸爸一定在不忙的时候会陪着我的。"

力行说："谢谢神秘人告诉我的这个好方法，以后如果我遇到情绪不好的时候，会按照你说的方法，把情绪想象成大西瓜，慢慢地吃掉它。"

乐为说："在神秘人的回信中，我获得了一个启发，遇到问题可以换一个新的方式去解决问题。"

博尧说："谢谢你的回信，对我很有帮助，今天，我用你教我的方法去和小朋友交流，真的很有用。"

珂珂说："看到这封信我很惊讶，虽然方法对我有点不管用，但是我心里还是暖暖的。"

史安说："谢谢你知道了我的坏情绪。"

刘瀚泽说："神秘人，以后遇到困难我还是会找你的，这一次的回信对我很有帮助。"

其实，很多孩子都猜到了"神秘人"就是自己的爸爸妈妈，但他们似乎很享受这样的沟通方式。

这个活动因为有神秘感，所以孩子们每天都特别期待。这一段时间，孩子们会流连在这个区域，阅读"神秘人"给他们的各种建议。而作为"神秘人"的爸爸妈妈就这样走进了孩子们的生活……

一些思考

这是一次孩子与父母的深度交流，他们彼此倾听，彼此理解。正如瑶瑶妈妈所说："有点惭愧，有点感动，不能因为孩子大了就把注意力放在他的学习上，还是要多聊一聊孩子遇到的困难，了解他们希望爸爸妈妈帮助他们做什么。"

过去，在面对家长的时候，一旦我发现家长对孩子的需求漠不关心，总想告诉家长应该怎样倾听孩子的想法，应该怎么做。这次的活动让我意识到，好的家长工作，应该是让家长的内心有触动的，只有这样他们才能主动改变，这样的改变是持久的，也是孩子们需要的。

和儿童一样，父母的成长也需要自由探索和反复尝试，这样的方式优于书本知识，也优于我们的授课式指导。

与王钰诗老师的**对话**

胡华：生活化课程特别强调家长的参与和配合。对于家长工作，你是怎样认识的？

王钰诗：工作中我发现，如果一个孩子的家长不怎么参与我们的活动，这个孩子是不太灵动的，总感觉他的精气神不足。对于孩子来说，爸爸妈妈的关注、参与会让他更有底气一些，内心也能生出一份力量。这份底气与力量，会让他们更自信，这样的孩子是自带光芒的。

好的家庭关系也是这样的，家长和孩子之间的关系就像拧麻花，而不是像两条平行的绳子，没有相交的可能，也不会发生任何联结。当他们像麻花一样紧紧地拧在一起的时候，感觉这个家庭是有韧性的。我们的生活化课程，就是让一个个家庭抱成团、拧成绳，建立起深深的联结感。

胡华：幸福的家庭对孩子的成长是很重要的。你心目中幸福的家庭是什么样子的？

王钰诗：我感觉，一个幸福的家庭里，所有人都能彼此倾听、相互理解、实时沟通。

幸福的家庭并不是说一家人在一起就很幸福，有时候一家人即使不在同一个地方，只要心在一起就很幸福。我们班邓邓的爸爸最近去了新疆工作，每隔三、四个月才能回来一次。当爸爸缺席孩子的日常生活时，孩子总会出现这样或那样的问题，但在邓邓的身上我却没有看到，因为邓邓爸爸每天晚上都会跟邓邓分享自己的所见所闻，和邓邓交流"你今天过得怎么样啊？""有什么开心、难过的事吗？""有需要爸爸帮你的事吗？"……就是这样的分享，让相隔千里的爸爸和邓邓的心紧紧连在了一起。

我还有一个感觉，就是幸福的家庭中总有人是愿意改变的。我记得开家长会的时候，刘乐为妈妈说："其实我没有什么好的教育方式，我就是跟着孩子在重走我的第二人生。第一人生是我自己走过来的，跌跌撞撞。现在养育孩子，某种程度上也是在修复我过往的一些黑洞。所以，育儿也是育己。"

胡华：我们希望家长能够多倾听孩子，在现实中，这容易做到吗？

王钰诗：父母倾听孩子，感觉不是一件容易的事。对父母来讲，他们是有上帝视角的。但孩子倾听父母还是挺容易的，因为小孩子是很有灵性的，他们很容易听到父母，甚至父母的眼神、表情都会让他"听"到心里。

大班孩子的家长，因为面临幼小衔接，特别容易焦虑，有些家长不会考虑孩子真正的需求是什么，而是将自己认为有用的东西强加给孩子，比如给孩子报班，让孩子提早学习书本上的知识，他们会以"我是为你好"来安排孩子们的生活。为引导家长们意识到这一点，我就设计了这样一个活动，让他们听听孩子们内心真实的想法是什么，他们是怎么看待爸爸妈妈给他们安排的生活的，他们有什么困惑……我希望家长们能够俯下身来倾听孩子们的心声。

胡华：我感觉，在这个活动中，你扮演了一个"儿童代言人"的角色来和家长沟通、对话，你觉得这是幼儿教师专业素养中很重要的一个部分吗？

王钰诗：做这个活动的时候，我感觉自己就是一个邮递员，是传信的那个人。只不过，我是在孩子和家长之间传信，把孩子们的心声传递给爸爸妈妈。

在设计这个活动的时候，我们在袋子上面系了一个结，需要家长把那个结打开，才能看到里面的信。这个"结"，也是孩子和爸爸妈妈之间的"结"，所谓"解铃还须系铃人"，我们需要爸爸妈妈自己去打开"心结"。这比给家长讲很多道理和专业知识更能直击心灵。

做家长工作，我们不需要扮演一个说教者或者评判者，也没必要总去和家长谈高大上的理论，或站在道德的制高点上挑剔家长。我们可以利用一些游戏、故事把家长拉回我们的教育现场，让他们倾听孩子，理解孩子，唤醒离他们很久远的一种感觉和意识。

我觉得，这是一种专业素养，是一种需要用心灵去创造的专业素养。

胡华：在幼儿园，我们不仅要"抱持"儿童，有时候也要"抱持"家长，你会有抱怨情绪吗？

王钰诗：我们的心里都装着自己班的孩子。当心里有孩子的时候，面对那些不成熟的家长，我们也会想，这一切都是为了我们的孩子，也就不再对这种家长有什么抱怨了。虽然我也很喜欢那些支持我们工作、积极参与班级活动、认同我们的教育理念的家长，但并不是所有的家长都能做到这样，总有一部分家长游离在外。我们很难去改变他们的个性，但是我们可以借助自己的一点力量，给他们的内心照进一点阳光。"抱持"家长虽然很难，却是在修炼我们的心性，当我们的心量变得更大的时候，和家长也能有更多的共情。

音频 4—4
与王钰诗老师的对话

一个"开关"，
就能将家长带入"儿童的世界"

雅斯贝尔斯说："教育活动关注的是，人的潜力如何最大限度地调动起来并加以实现，以及人的内部灵性与可能性如何充分生成，教育是人的灵魂的教育，而非理智知识和认识的堆集。"[1]

生活问题本质上也是哲学的普遍问题。哲学观的形成是与生活世界紧密相连的，教育哲学具有实践的品格，这种实践品格和教育哲学的理性品格决定了幼儿教师必须对其所处的"生活世界"有所觉察，对幼儿教师教育哲学观的阐释，也应回到生活这一教育的原初状态中。因为只有对本真教育有所思虑的人，才具备了成为具有教育哲学观教师的某种可能性。

——《幼儿教师的教育哲学观》

（第五章　生活化课程——幼儿教师建构教育哲学观的沃土，第66页）

关于身体，有多少"冷知识"是我们不知道的？

罗希悦 老师
写于2023年4月12日

与儿童相处，我们需要对已知保持尊重，对未知保持敬畏，只有这样，才能与儿童共同成长。

1　［德］卡尔·雅斯贝尔斯.什么是教育［M］.邹进，译.北京：生活·读书·新知三联书店,1991:6.

新闻播报，是花草园延续多年的活动。每年中班的小朋友都会以"新闻播报"的方式进行主题新闻分享，用自己的视角，保持对周围世界的关注。

清明后，我们再次开启了"新闻播报"。报什么？怎么报？在"新闻播报"正式开始前，我们一起讨论了这个问题：

米豆说："可以报天气，现在天气越来越好了。"

林林说："可以报新闻，了解这几天都发生了什么。"

金果说："可以介绍我们自己，我们每个人都不一样。"

可乐说："小悦老师给我们讲的'关于头发的故事'很有意思。这个月我们正好在学习独特的身体，我觉得可以播报我们的身体！"

听完可乐的分享，小路立刻去书柜前找出那本《我的身体，我知道》，这本书里有关于身体的各种介绍，我们每天都会分享其中一页的内容，既然大家对身体的关注如此强烈，那么，新闻播报就从"身体"开始吧！

确定好主题后，孩子们决定自选时间，想要播报的小朋友就从这周开始，还没准备好的小朋友就从下周开始；播报什么内容，孩子们可以自由选择；用哪种方式播报，孩子和家人一起做好准备。没想到，从这周四到下周五的"名额"瞬间被"一抢而空"。

这些冷知识，大部分人都不知道

周四下午，第一场"身体"播报开始啦！

顶顶打头阵，为我们介绍了一个关于"眼睛"的冷知识。

顶顶说："我要先问大家一个问题，下列最不怕冷的是哪个器官？A.耳朵 B.嘴巴 C.鼻子 D.眼睛。"小朋友们一下子就猜出是"眼睛"，顶顶一点儿也不意外，沉稳地继续介绍道："是眼睛，因为眼睛里没有'冷感器'，所以不会感觉到冷，我们常听说耳朵冻肿了，嘴巴冻得哆嗦，鼻子冻得通红，但是没有听说眼睛冻得怎么样，就是因为眼睛里没有'冷感器'。"

接着，可乐为我们分享了人体中的重要组织器官："人体里有大脑、心脏、胃、肺、肝脏、大肠小肠、'腰子'和膀胱。大脑是我们身体的总指挥，食物从嘴巴进入胃里，再进入小肠大肠，喝进去的红色草莓汁之所以能变成黄色的尿液，是因为经过了肾的处理，最后进入膀胱，如果你想上厕所，膀胱就会给大脑发出信号。"

我将孩子们的播报分享在班级群中，也引发了家长们的热烈讨论，家长们为孩子们开阔的眼界和清晰的表达点赞。

顶顶和可乐的"冷知识"播报，小朋友们都非常喜欢。第二天，金果一口气分享了四个"冷知识"：

"第一个冷知识：我们怎样才能更聪明？我们的脑袋如果长期不使用，真的会变笨，当我们在思考时，神经元会通过连接彼此传递信号，如果长时间不用脑，没有被连接的神经元就会渐渐消失。

第二个冷知识：人体最硬的部位，其实是牙齿，我们的牙釉质比龙虾壳、犀牛角还要硬，牙釉质由矿化的磷酸钙组成，它是生物能够制造的最坚硬的物质。

第三个冷知识：人体最快的肌肉在眼睛里，眼睛的肌肉在一瞬间可以向所有方向移动，每天帮助我们眼睛聚焦的肌肉大约运动10万次。

第四个冷知识：关于死亡，当一个人去世时，最后失去的感觉是听觉，他能够意识到自己已经死了，即使心跳停止，大脑依然是清醒的状态。"

金果的分享结束后，东东说："好精彩！好感动！没想到人快要死之前也是能听到的，我想在我的新闻播报里研究为什么听觉是人最后失去的感觉。"泽泽说："我一直以为人体最硬的骨头是头盖骨，因为它要保护我们最柔软的大脑。"小路说："金果的分享我一开始有点不理解，但是我觉得他的分享很有道理，我准备回去继续研究关于人体死亡的信息。"

新闻播报带来了一场头脑风暴

对孩子们来说，新闻播报不仅是展示自己的舞台，也是同伴之间"互相取经"的好机会。周五下午，米豆的新闻播报如期开始。

米豆说："大家好，我是×××，我今天要给大家分享人体中两个最重要的部分，一个是心脏，心脏有两瓣，分为左右两部分，它是人体的发动机，负责把血液传送到身体的各个地方；另一个是大脑，大脑是我们身体的总指挥，负责控制我们玩耍和奔跑、说话、看见东西以及帮助我们学习、思考。"

米豆的分享让我想到了去年大班的经典辩论"大脑和心灵谁更重要"，我提出这个问题后，孩子们迅速地给出了自己的答案：

大脑更重要

米豆说："大脑可以帮助我们学习，这对我们小孩子来说非常重要。"

林林说："大脑更重要，因为可乐和米豆都分享过大脑是我们身体的总指挥。"

满满说："大脑可以思考，如果你能思考你就会变得更聪明。"

顶顶说："大脑里面有很多的神经细胞，还能连接身体细胞，是非常厉害的。"

金果说："大脑由左脑、右脑、下丘脑三部分组成，心脏只有左右两瓣，从结构上看大脑更厉害一些。"

"心"更重要

东东说："心跳就意味着你还活着。"

斗三说："心脏连着血管，我们全身都有血管，一旦血液不流动我们也会死。"

可乐说："心脏是身体的发动机，如果没有动力，人就会变成躯壳。"

金果说："对，人要有良心，就是善良的心，但是从来没说过'良脑'。"

大脑和"心"都重要

小路说："身体的两个地方都不能少，一个负责神经，一个负责血液，对我们来说都很重要！"

弟弟说："我们如果要好好活着，大脑和心都重要。"

孩子们口中的"心"，不仅是身体里能够感受到的心脏，也是另一种更接近灵性的觉知。那么，"心脏"和"心"一样吗？

壮壮说："不一样，我每一次想问题，都觉得用心想更容易。"

林林说："'心脏'是我们身体里会跳的东西，'心'是一种心理。"

小路说："'心脏'是一种器官，'心'是一种感觉，是一种我也说不清楚的东西。"

小小的辩论到这里暂告一个段落，"心"和"心脏"究竟有怎样的区别？我们也把思考留给了下一次的讨论……

一些思考

新闻播报作为中班下学期的活动，帮助孩子们在表达、倾听与互动中，扩充对生活的认识，它也是我们生活化课程的另一种形式。播报的主题、时间、方式由我们和孩子们一起决定，家长的参与也必不可少。

四个孩子新闻播报的内容各不相同，但都是他们当下最感兴趣的。他们能够从与身体相关的庞大信息中选取其中的"一瓢"来分享，这也是一种非常了不起的能力。不得不说，儿童关注到的很多"冷知识"，都是我们不曾了解，或因是常识而被忽略了的问题。这一点，我们需要向儿童学习。儿童求知欲强，学习中特别关注那些成人习以为常的细节，对知识的探究过程也更有主动性。我们一旦帮助他们开启了学习通道，他们所展示出的学习结果往往会超出我们的预期。这个过程对教师来说也是学习。我们需要对已知保持尊重，对未知保持敬畏，才能和儿童共同成长。

孩子们的播报也让我对"知识"有了新的认识——"一个人若想真正进入知识领域，必须好奇、纯真，向世界敞开，刨根问底，乐在其中，专注以及不忘初心。"正如胡老师所说，"儿童更应该拥有思想的自由和表达的自由。我们向儿童学习的契机，就隐藏在这些自由里。"

与罗希悦老师的对话

胡华：我们和家长"交流"的时候，其实是有一个"开关"的。如何才能打开这个"开关",将他们带入儿童的世界?

罗希悦：我们班的"新闻播报"从四月开始，主题一直在变，很明显地感觉到很多家长比孩子更期待"新闻播报"。

以前，每个月我都会跟一些家长有针对性地进行约谈。但当我们有了"新闻播报"活动后，约谈就取消了。借由孩子们的播报，能够看到家长在背后的用心准备，也能够看到孩子们呈现出来的那种自信。家长和孩子们一起做这件事情的时候有了情感的深度联结。

我觉得，家长参与这样的活动是有乐趣的。他们非常愿意看到自己的孩子在播报过程中展现出来的那份自信与从容。站在父母的角度上理解，如果能看到自己的孩子站在全班小朋友的前面，这一次比上一次的表达更有勇气、更流畅，对事物的认识有了自己的见解，内心会有非常大的满足感。作为家长，一开始愿意参与这件事情，可能是有一种不甘人后的心理，渴望看到自己的孩子自信地完成这件事情。但最后，他们能够看到孩子学习能力的变化与提升，可能还能看到一些更重要的东西。

胡华：要想让家长发生改变，需要积极引导，但也需要有抓手。大部分教师用的是情感抓手，你用的是知识抓手，同样达到了效果，也通向了情感、通向了改变。你为什么这样选择?

罗希悦：我们班的小朋友特别喜欢学习。孩子们对未知的东西很感兴趣，背后一定有特别支持他们的家长。基于我们班的情况，我选择了以这样一个角度完成家园合作。很多家长也跟我分享，借由孩子们的播报活动，他们不仅对生活中习以为常的知识有了全新的理解，也更加了解幼儿园是如何开展教育的。我发现，家长们在教育孩子的过程中，能够更加敏锐地反思自己，看见孩子的存在，感受共情的力量。

有好几个家长的表现特别打动人。小七的妈妈在四月第一轮播报的时候比较焦虑。我们的主题是跟自己身体相关的知识，小七选了头发，但妈妈说，头发别人已经报过了，我们还能报些什么呢? 她给我打电话沟通播报的主题，我说虽然有小朋友报过头发，但是小朋友们播报的内容都不一样，小七是女孩子，她对头发的关注点也会不一样的，我建议她晚上先跟小七聊一聊，可能就有想法了。结果第二天晚上，妈妈就把PPT发给我了，内容是不同国家女生喜欢的发型，不同肤色的女生适合的发型，一下子打开了我们对头发的认知。当爸爸妈妈愿意参与到孩子们的课程中来的时候，他们会主动去克服困难，也会主动倾听孩子们的想法，做出改变的一步。

这个过程，家长带给孩子的力量，孩子们都能感受到，所以，孩子们的播报一次比一次好，报名也更加踊跃。

胡华：这个过程中，你有什么新的发现？

罗希悦：我们开始发通知的时候，会在群里提前安排好一周要播报的内容。从五月份开始，我们就不在群里发这样的安排了，只是提前跟孩子们确定好时间，然后请孩子们自己回去跟爸爸妈妈沟通这件事情。之后，有的小朋友的爸爸妈妈会在孩子要播报的前一天主动把PPT发给我，还有的爸爸妈妈会先来问我："我们家孩子说他周三要播报，这事是真的吗？"有一位妈妈甚至这样反思："老师，我这样挺不对的，我应该相信孩子。"

胡华：你在谈这些过程的时候感觉特别美好，做之前可能并没有想到这些事会产生这么好的效果，但是，一旦开始，得到的往往比预期的还要多。你觉得自己乐于创造的动机在哪里？你在哪里实现专业扎根？

罗希悦：我渴望有更大的超越感，给自己的生命带来意义感。我时常在想，这份工作带给我的，不管是专业还是个人成长，都有一些让我觉得非常饱满的东西。它帮助我从一个有挑剔心、总是喜欢评价的人，变成了更喜欢倾听别人说了什么的人。我从家长的身上也看到了自己曾经的样子。比如我们都知道一件事情做了就会有好结果，但就是很难去开始。改变是美好的，因为一旦开始，各种美好就会接踵而来。

胡华：工作的本质就是修行，你谈到了改变。家长工作也是一面镜子，可以照见他人，也照见自己。做这样的创造的时候，感觉你特别有能量，这份能量来自哪里？

罗希悦：一开始，我觉得这个能量是来自孩子和家长的反馈。当我们把开关打开后，大家的力量让活动丰盈起来，感觉特别有价值，但这是一种从别人身上获得的能量，它的持续时间并不那么长。后来我发现，当我开始放下对那些不确定因素的担忧，放下对个别家长的看法之后，感觉每个人都在享受这件事情，就会产生更大的喜悦的能量。当能量能够双向奔赴的时候，会流动起来，这种状态增加了我的力量感。

当我能够创造能量的时候，也拥有了本自具足的一份心境。这份职业是能够创造出生命喜悦的职业。我从总想从他人那里获取能量，到自己一点一点地创造能量，发现自己也可以活成小太阳，照亮自己，也照亮他人。

音频 4—5
与罗希悦老师的对话

后记

没有他人的看见，我们无法成为自己

　　这本书终于在年底前付梓，我们给它起名《幼儿教师的教育智慧——来自实践现场的倾听与对话》作为我们两年前出版的《幼儿教师的教育哲学观——通向幸福的教育之道》一书的姐妹篇。因为这本书阐述的依然是幼儿教师教育哲学观的形成过程，只是选择了实践现场的一些真实场景，通过一个个故事展示了幼儿教师教育哲学观形成的心路历程。

　　书中收录了14位教师的45篇教育故事，以及围绕着这些故事我与他们之间展开的一些对话。因为这些故事大都来自教师们的日常书写，充满了细节与情感颗粒度，读起来很轻松，也能感受到文字背后流淌出的真挚与美好。

　　"万物皆有裂痕，那是光照进来的地方。"

　　我一直坚持这样一个观点，真正的教育要从教师个人的生命体验中来。本书中，老师们书写的文字，无论是从描述美好感受开始，还是描述自己的焦灼和困惑开始，都在真诚地描述自己的生命体验。在对话中，我能听到教师们的自我剖析，也能够看到他们为调整、改变所做出的思考与努力……

　　在序中，我提到了这样一句话，"无论哪种教育形态，教师都是最为关键的。教师教育实践中的核心要素是什么？我想，应该是'我是一个什么样的人'这一自我认识。因为在教育现场，教师在儿童面前呈现的是其全部人格，而不只是所谓的'专业'技能"。当下，因为多重因素的影响，"我们建立对世界的感知，越来越通过一些抽象的概念和原则，而身边的'具体性'不再成为理解生活的基础"（项飙）。而这样的书写与对话，让教师身边的"具体性"得以回归，也成为他们理解生活与教育的基础。

书写与对谈的作用有点异曲同工，都是将一种无意识的体验转化为意识的过程。在书写与对谈的过程中，这些无意识会慢慢浮出水面，转化成意识，渐渐清晰，教师们也知道了自己的问题在哪里，成长之路在哪里。他们凭借着对教育生活的叙述与思考，可以自由地进入真实的教育世界与生活世界。这也成为教师触动反思的重要按钮。

荣格说：在一个人身上最有决定性的品质常常是无意识的，而且只能被别人感知，或者借助外力才能努力使之被发现。[1]我们只有透过他人的眼睛的凝视，形成一种看待自己的方式，才能形成自己与他人眼中的自己。

"万物皆有裂痕，那是光照进来的地方。"当我们身处生命成长这条河流的时候，困境也能成为一种资源。甄珍老师在2023年的母亲节来临之际，和孩子们进行了一次讨论，话题是"你觉得妈妈生下你，后悔了吗？"之后，她利用这一契机，和母亲进行了一次深度对话。她感悟道："我好像找到了一个通道，这个通道是让自己变得更智慧的通道。"这个通道也是每个教师拥有教育智慧的一条大道。

重塑一种看见自我的能力

我一直主张老师们要"以自己为方法"，找到属于自己的教育智慧才是通向幸福的教育之道。这样的对话也是我在帮助老师们"以自己为方法"的一种方式。我们一起追问一个个习以为常的现象背后究竟隐藏着什么。

智慧是心灵的产物。这样的对话要求我们必须把心灵置于当下，用自己的心去关照另一个人的心。和他们对话的过程，也是我得以重新看见自己的过程。对话中，我们心心相印，我和老师们找到了一种心灵契合的对话方式，每个人都呈现出了深刻、真诚、明亮的精神世界。

我希望自己能聆听、抱持、联结大家的心，用接纳与爱创造智慧。希望每个人都可以成为自己的光……

本书即将完成的时候，我问老师们：这样的对谈给你们带来了什么？14位教师给出了这样的答案：

李文（教龄16年）

"每次对谈都是一次回望"

很幸运，因为这本书，我有多次和胡老师这样"谈心"的机会。感觉每次交流都是一次回望，回望自己的工作，回望自己的童年，这个感受非常奇妙。如同原本平静的湖面，慢慢地泛起了涟漪，内心涌动出了一股热流。

胡老师时而像儿童，让我感受到儿童般的纯真、赤诚；有时候又像家人，有温暖的

1 [瑞士]卡尔·荣格.原型与集体无意识[M].徐德林,译.北京:国际文化出版公司,2011:11—12.

共情；有时候又像老师，启发思考，指引方向。

她的情感是丰富的、宽厚的，接纳着每一个细腻而灵动的心灵。

郑岚吉（教龄1年）

"这是一场暖心的对话"

被倾听是幸福的。无论是暖心的对话，还是对话后的文字整理，胡老师就像一位园丁，梳理着叙事的脉络，修剪枝丫，让每一株花草树木都得到更好的成长。旁听其他教师与胡老师的对谈，也能从中学习到很多经验，收获很多感动。

唐彬（教龄7年）

"这是工作七年来，我上交的一份专业成长'答卷'"

最开始，我是忐忑和紧张的，感觉就像在"备战"高考一样，还提前准备了一些"模拟题"，感觉只有做足了准备，心里才有底。但真正到了"考场"上，反而没有之前那么紧张与焦虑了。

面对一个个问题，我会把自己真实的感受表达出来。在那个当下，胡老师根据我的回答，向我抛出更深层次的问题，一步一步引导我接近事实、走近内心、靠近儿童。那一刻，我感觉特别舒畅，也充满了力量。

再回首，这是我入职七年来第一次和胡老师这样近距离的"深对话"。我完成了自我突破，也获得了一份心灵的滋养。

郭佳（教龄16年）

"对谈过程对我来说有些痛苦，谈完后却有种身心通畅的感觉"

作为一名老教师，我表面看似轻松，内心有点脆弱。相较于其他老师，我仅有一次与胡老师对谈的机会，有些紧张。起初不太确定这份紧张源自何处。对谈过程中，胡老师帮我直面"买花"这件事背后我内心深处所隐藏的、不愿触及的"秘密"，我也了解到，这份紧张其实源自内心的那个"屏障"。

对谈的过程对我来说有些痛苦，但谈过之后却有种身心通畅的感觉。我一直觉得，买花这件事就是我个人的喜好，从不愿承认我的私心，但当胡老师说"一个人有私心是很正常的"时，那份被尊重、被理解，让我一时哽咽，不知该说些什么……

李美杰（教龄7年）

"这样的专业对谈像是一次深度心理咨询"

有一次对谈恰好是我在生病，总感觉自己不在状态。胡老师提的问题，都感觉没怎么听明白。那次对谈后，我特别失落，觉得自己错失了什么。因为这样一对一的专业对谈与平时的交流还是不一样的。

这样的对谈，像是一次深度的心理咨询，对谈结束后会有一种酣畅淋漓的感觉。

罗希悦（教龄10年）

"那些模糊的东西渐渐清晰了"

和胡老师的三次对谈，每一次都会持续一个多小时的时长，但对我来说，却像一分钟那么短暂，也许这就是"因为快乐，所以觉得时光飞逝"吧！

胡老师帮助我们从书写中"挖掘"出潜意识中的一些思考，再通过对谈，让我们更加清晰地看到自己的教育之路。我已经很久没有体验过这样深入的对谈，更没有过这样深入地看自己了……

曹云香（教龄4年）

"我得以看到了一个透亮的世界"

喜欢与胡老师的对谈，也喜欢默默倾听胡老师与其他老师们的对谈。很奇妙，对谈就像是一股微风，一股从竹林中吹来的小风，能吹散我心中的疑惑。

对谈中，我最大的感受是"明"。在成长的过程中，我们面临着很多"岔路口"。与胡老师的对谈让我有了明亮的光感。我得以思考自己的教育行为背后的东西，拨开层层迷雾，我看到一个透亮的世界。

阎玉新老师（教龄7年）

"当接纳内心那个小孩的时候，我生出了更多的善意与爱"

在胡老师引导下，我向内追溯教育行为背后的驱动力，开始了对自我的疗愈。对谈的开始，我不敢碰触内心那个孩子，因为不触碰就不用再去回想那些害怕与担忧。但在对谈过程中，需要疗愈和爱的部分被唤醒了。

当我愿意去联结自己内在那个被忽视的小孩，去倾听她的声音时，才开始真正地接纳自己，也能用更开放的心态、更多的慈悲去与孩子们建立联结，把善意与爱带给他们。

张蕾（教龄17年）

"我看到了自己十七年的困顿与退缩，也看到了成长与蜕变"

跟胡老师的对谈是非常轻松的。胡老师温暖的声音指引着我走向心灵的最深处，寻找文字背后自我的变化和成长。五次对谈结束后，我心里一些很模糊的影子逐渐清晰起来，看到了自己这十七年的困顿与退缩，也看到了成长与蜕变。

感恩在每个时刻都支持和理解我们的胡老师，让我们拥有了属于自己的教育智慧和生活智慧，也有了前进的动力与方向。

甄珍（教龄13年）

"借由一把钥匙，我照见了只有心灵才能看到的角落"

生活中，我并不总是有勇气和别人谈论一些话题的，但在信任的人面前，会吐露自己的心声。

一次对谈中，胡老师说：一个人某件事情做得不够好，不代表这个人就不好，更不能全盘否定一个人。那一刻，我的心是颤抖的。

胡老师的手中好像有一把钥匙，能够将我们潜意识的东西意识化，挖掘表象背后的深层原因。借由胡老师手里的这把钥匙，我打开了一扇门，看见了只有心灵才能通达的角落。

王钰诗（教龄10年）

"每一个岔路口，总有智者指引"

每次的对谈，都是对关键事件的梳理。

今年（2023年）是我来花草园的第十年。这些年，我从一个希望自己能够按照他人意愿做事、试图以这样的方式获得某种"成就感"的人，转变为一个能够不做太多预设、静待花开的人。转变的发生离不开胡老师的指引与等待。

田巍（教龄18年）

"这是一个逐渐'悟道'的过程"

"悟"到不是"听"到。"听"是接受信息，而"悟"的过程需要对自我的深度触碰，无法用时间和空间来衡量。在这样的交流中，我总能感受到心中的暖流流过，这股力量指引着我获得了更多向内探寻的勇气。

"读万卷书行万里路，不如阅人无数，阅人无数不如名师指路。"何其幸运，我在现在这个年纪还能当"学生"，有名师指路！

王彩霞（教龄17年）

"'哲学'离我的工作与生活越来越近了"

一开始的对谈有些紧张，会有很多担忧：会预想胡老师提出的这些问题自己会不会回答，回答的时候会不会出现错误……当真正进入对谈的过程，发现这些担忧并不会出现，因为只专注于当时的对谈了。

对谈中，我回顾、复盘了自己这些年的工作经历，这拓展了我思考的宽度和深度，更加理解生活的本质，总感觉"哲学"离自己的工作和生活越来越近了。

另一个最重要的感受是，在真诚、尊重和理解的氛围中，与胡老师的对谈总能找到一份独一无二的默契。

李洋（教龄6年）

"这是一段探索自己、爱自己的旅程"

我一共和胡老师对谈了五次。回看这段经历，就像是唐僧师徒去西天取经一样，满怀希望地出发，时而峰回路转，时而柳暗花明，时而一片坦途。作为行者的自己也时而欢呼雀跃，时而眉头紧锁，时而一片茫然。幸运的是，不论怎样，胡老师自始至终都指引着我，鼓励着我，并站在那里等待着我。

对谈之前，教育笔记写完之后我很少回看，更别提站在一个高度进行深入思考了。但胡老师却用对谈的方式，一次次地带领着我从当下出发，回到过去，找到隐藏在这些写作背后的动机与深意。

这对我来说，并不是一件容易的事情。因为每次回望过去，都意味着与过去的自己面对面。这其中有欣喜，也有不堪。我时而鼓起勇气，时而逃避。

感谢胡老师的循循善诱，让我更加坦诚地面对自己的心灵，接纳自己，拥抱自己，让我意识到：当下的自己就是最好的自己。

"幸福的教师才能培养出幸福的儿童"

教师只有感觉到自己被看见、被听到、被尊重，才能感受到幸福，才能为儿童创造出幸福的童年生活，这也是专业的真正突破口。

这些年，我们的工作是幸福的。儿童是生命快乐的创造者，也是美好世界的源泉，他们给人类带来了希望。因为我们和孩子们一起生活，在这片实践的大地上，教育生活也变得鲜活、诗意而美好……

康永久老师说："教育，真正的教育，真正有意义的教育过程……它经常是在一种漫无目的，或者有目的又不明确因而充满善意的心理氛围下展开的。"

我深以为然。

胡 华

2023年11月17日于花草园

图书在版编目(CIP)数据

幼儿教师的教育智慧:来自实践现场的倾听与对话/胡华编著.—上海:复旦大学出版社,
2024.3(2024.12 重印)
ISBN 978-7-309-17266-9

Ⅰ.①幼…　Ⅱ.①胡…　Ⅲ.①学前教育-教学研究　Ⅳ.①G612

中国国家版本馆 CIP 数据核字(2024)第 030824 号

幼儿教师的教育智慧——来自实践现场的倾听与对话
胡　华　编著
策划编辑/谢少卿
责任编辑/夏梦雪

复旦大学出版社有限公司出版发行
上海市国权路 579 号　邮编:200433
网址:fupnet@fudanpress.com　http://www.fudanpress.com
门市零售:86-21-65102580　团体订购:86-21-65104505
出版部电话:86-21-65642845
上海四维数字图文有限公司

开本 787 毫米×1092 毫米　1/16　印张 16　字数 313 千字
2024 年 3 月第 1 版
2024 年 12 月第 1 版第 3 次印刷

ISBN 978-7-309-17266-9/G·2577
定价:65.00 元

幼儿教师专业成长书系

幼儿教师专业成长书系